编织梦想的翅膀

洪都小学蓝梦文化特色办学研究与探索

BIAN ZHI MENG XIANG DE CHI BANG

刘红英编著

江西人民出版社

自　序

　　1982 年,作为"文革"后首届初中毕业生,我考上了南昌师范学校。1985年毕业后,18 岁的我过上了"孩子王"的生活,开始了教师人生之旅。我工作的第一站是青云谱区京山小学,在学校里,我主要教语文,也因为学校需要,教过数学、音乐、美术等,是学校当时出了名的"万金油"。由于年轻听话性格好,不管是领导还是老师,也不管是哪个部门,只要缺人做事就来找我。我不管是有没时间,也不管会不会做,都答应去做,这样不仅得到了好多机会,也落了个好人缘。1998 年,我作为最年轻最有前途的好苗子被提拔为副校级。随后,我被调往青云谱区保育院任副院长。两年后,我又重新回到小学教育岗位工作,到青云谱小学任了三年副校长。2003 年,我被任命为徐坊学校书记,后又任校长。在徐坊学校任校长期间,我通过努力,和广大教职工一道把一个名不见经传的小学校带上了区级名校的行列。2010 年,组织上将我放到洪都小学这所素有东南亚最大的"超级航母"之称的小学任校长。

　　2014 年是我担任洪都小学校长的第五个年头。五年前,在听到领导任命我担任洪都小学校长的时候,我感到非常意外,不禁问道:"为什么会选中我呢?"领导说:"第一,你的教学水平过硬,有丰富的课堂教学经验;第二,我们看到你有管理的出色成果,在徐坊学校的成绩就是证明;第三,你的敬业精神有目共睹,大家对你的评价很高。"洪小当时的情况,我是了解的。洪小始建于新中国成立初期,她与中国航空工业洪都机械厂一同诞生,在历史上一直是一所备受尊重的学校。然而近些年来,由于企业改制等,学校发展陷入困局。洪小是一所有一定影响力的学校,大家的期望值很大,如果学校发展不能破局,终会"噪"得全社会人尽皆知。可以说,此时的洪小是一个"烫手的香饽饽"。担任这所学校的校长,如果搞得好,那就成绩斐然;搞得不好,就有可能身败名裂。记得当时区委领导语重心长地对我说:"你的任务就是,去了以后,把这个学校的形象重新树立起来。如果学校让一个孩子掉队了,波及的是一家三代六口人,更关系到国家重点企业的建设,你的担子很重!"而今弹指一挥间,五年已过,我在教育之路上越走越宽,内心却是淡定多了。古人讲"十年磨一剑",这几年里,我的使命就是做一个用心用智的雕塑者,面对洪小这块原本沉淀了悠长岁月之精华的瑰宝,既要保持它原本高贵、温润而丰富的文化内涵,又要让世人对这块瑰宝解读出新的生命力。好在功夫不负有心人,这几年里,我稳步推进"以打造蓝梦校园文化促学校内涵发展"这个战略,终于又把洪都小学带进了南昌市名校方阵。

从 2013 年开始,我每天都抽出一点时间,来澄心涤虑,反思、梳理自己的心路,这本书正是静心沉淀的结晶。编书不为在教育界扬名,而只是为了记录自己所经历的一段难忘的岁月,也算是对这几年来教育工作一个阶段性总结,谈不上完美,但我问心无愧。

编这本书的过程中,我一直在思考,究竟以什么视角来总结我在洪小的五年教育历程。我想了很多:谈教育,我在实践中积累了对教育的许多认知;谈管理,我的确有属于自己的管理心得;谈做人,我也在教育工作中领悟到了诸多做人之奥妙。不过细细想来,教育工作不外乎由平淡而琐碎的一天天组成,也没有什么惊天动地,终究也谈不上什么高超的教育智慧。

归根结底,不过是凭着自己的一颗真心罢了。用心做事,心之所向,教育之道自在。因为心怀真诚,用心领悟,所以可以屏蔽很多非本质性的问题,透过表面现象,归位到教育的原点上去。

我对教育事业有一份发自肺腑的专注之心。回顾我的人生经历,应该说我们国家正赶上百废待兴的时代,教育是第一生产力成为共识,那时我基本上是在学校里度过;少年时代在学校求学,青年时代回到学校教书,后来又是做校长,除了教书育人,我从来没想过要做其他的事业。自然,在这几十年中我也遭遇到不少的阻力和诱惑,然而我始终告诫自己要保持"心澄如水",保留一点与世无争的清净。

这固然是由于我对教育的虔诚,也是因为我的人生信条就是如此:天得一以清,地得一以宁,人得一而安。人的精力是有限的,一个阶段干好一件事就很不错了,况且是一生只孜孜不倦追求一件事。我这一辈子就是这样率性虚淡,随遇而安的;做教师的时候对自己的唯一要求就是把教师做好,当班主任的时候就要求自己把班带好,做校长的时候就一心扎在教育事业上。自然,我也获得了不少的荣誉,但这些荣誉从来不是我刻意追求的结果,只要我勤勤恳恳把教育事业做好,荣誉不过是顺其自然的馈赠。

我对孩子们怀着深深的爱心。谈及教育,眼下各种概念满天飞,各种方法论铺天盖地,教育又哪里有那么多复杂的技巧和方法可言? 教育的秘诀,就是真心爱你的学生,视如己出。只有打心眼里爱了,才会用心倾听孩子内心深处的声音,才会虚心探索各种教育之道,才会专心钻研教学。坚守教育之道,为学生一生发展负责,这就是我的教育人生箴言。美国教育家托马斯·利科纳(Thomas Lickona)在其《人格教育》一书中说:"有史以来,教育所追求的目标都是双重的,一是帮助青年人开启智慧,二是帮助他们发展良好的品性。"在他的另一部著作《性格要素》中,列出了古希腊人认为对于形成坚强品格最重要的四种美德:智慧、公正、坚忍不拔和自我控制。但托马斯·利科纳认为,还有六种美德同样是铸就坚强品格的必需:爱、积极的人生态度、勤奋工作、正直、感恩和谦逊。这也是我追求的教育理念。诗人艾青这样写道:"为什么我的眼睛里饱含着泪水? 因为我对这土地爱得深沉……"想起那些从学校走出去的孩子们,我也总是在触及某个细节时不由自主地流泪,心灵会在那一刻变得特别柔软,特别温暖。我和我的学生之间拥有的共同的美好记忆,是我这辈子最大的财富。

对教育之道,我有一份属于自己的自信心。当前中国的方方面面正面临着急剧转型,各种思潮涌动,教育的改革之路有时也不免混沌、纠结,各种声音不绝于耳:国家说,学生关乎国家民族未来,应大力提倡素质教育;民众说,教育关乎个人生存就业、家庭幸福,要看升学率;学生说,教育应是件快乐的事,不能有那么多的约束和管理。我要说,"教育最基本的起点应该是要培养内心真正强大的人","教育最朴素的一种是用情感的力量来感化、教育孩子","教育的本质是为学生找到最好的、最适合的未来,而不是现在","教育本身就是一个世界,同时也是整个世界的反映……教育不能脱离当前的现实而存在,但要高于当前的现实而存在"。在现实的困境中,我也曾经彷徨过,迷茫过,但在理想的启迪中,我终于走出一条属于自己的教育之道,那就是:"在要求自己有'批判性'意识的同时,又要求自己有建设性的实践。"如"建构顺应人心的管理";"构筑追逐梦想的课程"、"放飞梦想的课堂";"以学校为中心形成一个有辐射半径的学校、社会、家庭的教育圈子";"既要有趣,又要有教育功能"的第二课堂;既要有教无类,又有因材施教的教学方法;构建多元化的品牌课程等等。不信奉"功利至上"的信条,不迷信"教育速成"的神话,不推崇"规模就是效益"的经营哲学,在基础教育阶段,洪都小学始终关注学生发展的长远利益。紧紧抓住了这个根本,不论社会需求如何变化,洪都小学都不会迷失方向。

在如今这个人心日益浮躁的年代,教育界也不免沾染上种种喧嚣之风。现实把越来越多成年人的内心世界推到了焦虑、功利的边缘,已经远离人心原本的纯净地带,但作为教育者,孩子们的成长和教育是我们不得不面对的核心命题。我始终认为,越是在这样的现实下,教育者越需要保持静心。教育的本质,不就是用灵魂呼唤灵魂,用生命感动另一个生命吗?而如果你自身的心灵都不安静,怀着一种焦躁的情绪去做教育,你本身的状态,也会干扰到孩子原本天真、自然、平和的成长规律,更别提为孩子的成长提供丰富的精神支撑了。是"让人获得自由,而最大的自由就是让人获得心灵的自由",要求自己获得心灵的自由,首先要让自己成为心灵强大的人,一个有梦想的人、一个具有圆梦能力的人,并且具有自然流露的高贵柔和气质的人。

我对生命中邂逅的每一个人,都怀有深深的感恩之心。做教育这么多年,也碰到过失意、彷徨的时候,但如今,回首往事,内心却越发温暖。每年,我的学生都会从各地给我寄来各种贺卡,他们对我说得最多的就是"感谢"。我想对孩子们说:"应该是我谢谢你们,与其说是学校把你们教育成才,倒不如说是你们温暖了我们的心灵,丰富了我们的人生。"在教育之路上,看着孩子们一点一滴地成长,我也在不断地学习、理解、认知、反思,不断地提升自己,努力地历练自己的品行,提升自己的素养,增长自己的才识和智慧,从一个境界迈向另一个更高的境界。

　　总而言之,对中国教育事业的一往情深和拳拳之心,成就了我的奋斗历程,能为千百个孩子的一生发展带来光明,我备感欣慰,执着于教育事业,我无怨无悔。做了一辈子的教育,如今已快到五十知天命的年纪,在蓦然回首的刹那,才明白,秉承了信念、倾注了心力的教育事业才会了无遗憾,如蓝天上那轮静静的满月。

　　我们诚恳地希望,洪都小学的办学理念、校园文化,不再是整天挂在嘴边大而空洞的口号,不再是仅供对外宣传和展览的面目模糊、千篇一律的东西,而是真正成为集体智慧的结晶,是具有高度认同感、归属感、向心力的最高纲领,从而内化成每一位洪都小学师生的生命动力。这也是我编著此书的根本目的。在书籍编著过程中,得到了学校同事朱婷、万志明、杨贤炫、万夕昆、胡雯、陈璐嵘、徐晨晖、李明亮等的鼎力协作,在此一并表示真切的感谢!

刘红英

二〇一四年于南昌

目　录

编织梦想的翅膀

BIAN ZHI MENG XIANG DE CHI BANG

要办好一所学校,必须走内涵发展之路。究"内涵发展"其本质,就是要打造校园文化。校园文化是一所学校的灵魂,是学校发展的核心,它激励着学校向可持续的、具有丰富内涵的高层次方向发展。

——刘红英

校长的话

全校学生升旗仪式

第一节　蓝梦文化的创造提出

一、萌生蓝色的梦想

在英雄城南昌的东南角,有一座航空城——中航工业洪都集团公司,这里是新中国第一架战斗机、第一枚海防导弹、第一辆摩托车的诞生地。洪都集团公司制造的"强五"飞机、k8教练机,曾两次在国庆节飞过天安门上空,接受党和国家领导人的检阅,成就了中航洪都集团公司的辉煌。

创办于1952年的洪都小学就坐落在这座航空城里。学校原名国营320厂子弟学校洪都小学。历任洪都集团(洪都机械厂)领导的关心,为学校的建立与发展奠定了良好的办学基础。学校占地54亩,建有6栋教学楼、1栋办公楼,建筑总面积达32316.84平方米,学生活动面积达24000平方米,绿化面积1200平方米,绿化率达40%。学校教学设施设备一应俱全,教职工251名,在校学生保持在5000人左右。学校历经60年的发展,已经成为一所办学条件优越、办学规模宏大、办学成绩卓著、历史文化底蕴深厚的现代教育航母。2006年根据国办[2005年]4号文件精神,学校建制划归青云谱区政府管理,正式更名为南昌市洪都小学。

20世纪50年代的校园

现在的校园

　　洪都是一座拥有十余万人的航空工业城,是中国航空人才的聚集地。学校的学生、教师、家长都是听着飞机试飞的轰鸣声长大,绝大多数师生生活在航空人家庭,长期备受航空文化的熏陶,他们父辈中有包括洪小发展顾问、中国工程院院士石屏、陆孝彭为典型代表的一大批航空精英,历届洪小毕业生中有许多人都成长为全国乃至全球航空事业的杰出人才。洪都小学与航空文化有着不可复制的历史渊源。

　　"'生命是一张弓,那弓弦是梦想'。从很早起,在我脑海里萦绕着一个蓝色的梦想,这也是我的职业理想,打造一所富有鲜明特色的品牌学校,承载着梦想的人生让我选择了放飞蓝色的梦想。"刘红英来到这所学校任校长之初,考虑得最多的是如何打造学校的办学特色,办人民满意的学校。"洪都小学绝大多数学生的家长都是洪都集团的职工,有的学生家庭几代人都是航空人,有着深厚的航空情结。洪都人讲科学爱科学,讲创新讲奉献,处处释放出时代的正能量,是孩子们学习的榜样。航空文化是洪都小学的母体文化,要办有个性、有亮点、有特色的学校,需要打好'航空文化'这张牌,创立具有鲜明特色的航空文化学校。"为此,刘校长带领学校新一届领导班子确定了"以航空教育为突破口,熔铸学校品牌"的战略思路。

二、启动"蓝梦"的引擎

　　思路一旦明晰,前进就有了方向。学校领导班子认真学习党和国家领导人胡锦涛、温家宝在全国教育工作会议上的讲话、《国家中长期教育改革和发展规划纲要》和《江西省教育厅关于进一步加强学校内涵式发展研究的意见》精神,将中小学内涵式发展作为一个重大课题进行深入而系统的研究。虽然洪都小学原就是办学成绩卓著,文化底蕴比较深厚,办学条件优越,在社会上享有良好的知名度,有着明显的办学优势的一所学校。但办学特色不明显、不突出,尤其是在企业管理阶段,由于学校隶属关系,对外交往甚少,好的经验没有得到很好的总结,好的做法也没有宣传出去,主客观上抑制了它的社会影响。面对新形势、新要求和广大人民群众要求享受更多的优质教育的热切期盼,新一届学校领导班子认为:学校发展到了这种阶段之后,需要从高品位上给它定位,需要对学校的办学使命、学校发展的愿景、学校的价值观给以正确定位;尤其需要加强总结、提炼,提升办学档次,提高办学质量,加强对外交流,改变过去那种"酒香不怕巷子深"的局面,把学校的品牌打出去,让社会对洪都小学有一个全新的认识,以充分发挥它应有的作用。

虽然,客观上学校存在某些不足,但毕竟基础和实力摆在那里。学校发展如何承前启后,如何继往开来,如何与时俱进,成为新一届领导班子所思考的问题。为此,经过领导班子反复讨论、论证,广泛听取教职员工的意见后,提出了以"德育为先、技艺并重、智慧至道"为办学理念,秉承"励志蓝天上,求学大地中"的兴学校训,致力于实现创建"平安校园、书香校园、生态校园、数字校园、文明校园、人文校园"的办学目

刘红英在全国特色教育发展论坛上发言

标,通过"规模大校、质量优校、实力强校、环境美校、素质好校、品牌名校"的发展路径,以"蓝梦文化、空间教育"作为主题文化,打造具有典型意义的航空特色学校。

学校新一届管理团队统一了认识。所谓"蓝梦文化",就是寓意高远的梦想、开放的眼光、包容的胸襟、乐观向上的情怀,安全和谐的境界;"空间教育"是指给师生足够的发展空间,期待健康自由快乐成长。学校推进"蓝梦文化"教育,就是继承航空文化的"洪都精神",从环境文化、教师文化、学生文化等

多维度关注学生成才、教师成长,让每一个"洪小人"都发展成为具有圆梦能力的人。为此,学校需要坚持标准化建设、规范化管理、人性化育人、高效化教学,在办学传统优势中赋予时代元素,从环境文化、教师文化、学生文化、管理文化等多个维度关注学生的学习质量、生命质量,关注教师的工作质量、生活质量,让每一个"洪小人"在这片热土中吮吸营养、发展成长,为学生的终身发展奠基,为教师的职业幸福给力,使学校最终办成"示范全市、引领全省、闻名全国,特色鲜明、内涵深厚、品位高雅的现代化品牌名校"。

有学者这样说:"一个缺少全体衷心共有的目标、价值观与使命的组织,必定难成大器","有了衷心渴望实现的目标,大家会努力学习,追求卓越,不是他们被要求这样做,而是因为他们衷心希望如此"。"洪小人"由此拉开了追梦、圆梦的历程。

三、"蓝梦文化"的诞生

中国工程院院士石屏题词

为弘扬"洪都"的精神,凝聚力量,培育"蓝梦文化",打造航空特色学校,学校紧紧依托中航工业洪都得天独厚的航空航天文化,集众人之慧,出台了《洪都小学品牌形象设计方案》和《蓝梦文化,空间教育实施方案》,全力打造"蓝梦文化、空间教育"的文化特色。学校以洪都航空航天的母体文化为龙头,努力营造高远、宽松的发展环境和成长空间,引导学生形成远大卓越的理想、达观向上的情怀、智慧严谨的态度、健康自由的个性,从而使学生达到自主、健康、可持续发展。

"蓝":指天空,航空人神往之地;

"梦":指梦想,理想,远大志向之源;

"蓝梦":"飞翔蓝天的梦想",就是培养学生做个有梦想的人,有圆梦能力的人。

为了实现这个梦想,一是要树立远大志向;二是要掌握扎实本领;三是要拥有征服蓝天的顽强毅力和科学精神。飞翔蓝天的"志向、本领、精神"就是构成"蓝梦文化"的三维要素。

培育"蓝梦文化"就是塑造一种面向每一个洪小学生的立体的"航空教育",这种教育的核心是航空理想,载体是航空知识,灵魂是航空精神。通过一系列育人活动,激发学生探索科学的兴趣,培养他们达观向上的情怀,追求卓越的精神,做事严谨的态度,使他们成为品行好、人格全、意志坚、具有创新精神和实践能力的"洪小人"。"蓝梦文化"也就是洪都小学的办学宗旨、育人目标和精神内核,具体表现在:

办学目标:将学校办成示范全市、引领全省、闻名全国的,特色明、内涵深、品位高的现代化品牌名校。

办学理念:德育为先,技艺并重,智慧至道。

文化特色:"蓝梦文化"

办学特色的体系:

一个主题特色:航空科技、汽车科技为切入点的"科技生活教育";

两个支点交融:科技和艺术教育并重交融。"科技生活,艺术地展示,艺术活动,融科技元素";

三项科技生活:小航(车)模、小种养、小发明。

四大育人空间:学校"科技文化空间"、班级"航空(汽车)学习空间"、校外"航空(汽车)体验空间"、"520(我能赢)精神加油站";

五个蓝梦社团:"蓝梦科学院"、"蓝梦艺术戏剧院"、"蓝梦文学书画院"、"蓝梦体育院"、"蓝梦讲坛"。

校训:励志蓝天上,求学大地中。

校风:勤谨开放,协和向上。

教风:大处着眼,细节研磨。

学风:明察,细究,做不凡。

教育口号：

学校——飞行，以艺术的形式；科技，将快乐地起航。

教师——给孩子一座天空之城，成为点燃孩子梦想的导师。

学生——做一个有梦想的人、一个能圆梦的人。

教育宣传：从梦想出发，人人追梦，努力圆梦。

第二节　蓝梦文化的理论思考

学校文化建设，意蕴深远，语意悠长。这不仅是一种目标价值的"允许原则"，也是衡量事物发展优劣和境界高低的依据。更为重要的是，全面发展、立德树人的育人观念，需要一种统领全局的载体，承载起能动的信息传播态势；需要一种交流互动的平台，担负起价值转移后的能量再造。正如联合国教科文组织所说："像今天这样零星地进行一些教育改革，而没有一个关于教育过程、目标与方式的整体观念，已不再是可取的了。"

一、"蓝梦文化"的意义

首先，我们必须了解教育的本质要求是什么。专家学者的观点是：提升受教育者的生命质量，为他们的终身幸福奠基。国家的表述是：德智体美劳全面发展，适应社会发展需要。联合国教科文组织则定义为：学会生存、学会学习、学会创新、学会合作、学会关心、学会负责。根据以上不同表述，表明了教育的两个基本要求：一是满足学生自身发展的需要；二是满足经济社会发展的需要。

其次，国家最近颁布的《国家中长期教育改革和发展规划纲要》明确提出"育人为本"，首次把"育人"作为教育工作的根本要求。即人的全面发展是国家发展进步的前提和基础；具有高度科学文化素养和人文素养的国民整体素质,是实现全面小康,建设富强、民主、文明、和谐的社会主义现代化国家的关键!由此可见,促进学生健康成长、关注学生终身幸福,无疑是教育工作的头等大事。

1."蓝梦文化"落实了教育的本质要求

蓝梦是希望之梦。是对所有学生积极向上的人生观的导航,它让每个学生都拥有希望。

"蓝梦"的学校主要从以下三个方面贯彻落实:

(1)在教学目标方面,强调在传授知识、技能的同时,把情感、态度、价值观放在首位,关心每个学生,注重品行培养,养成良好习惯,提高综合素质。

(2)在教学方式方面,倡导自主学习、学会学习、合作探讨、角色体验、自我感悟,激发学习兴趣,调动学生在学习活动中的自觉性、能动性、创造性,在生动活泼的教学情境中,探究问题、发展能力,培养创新意识及能力。

(3)在教学对象方面,尊重个体差异,发展比较优势,鼓励人尽其才,为学生提供适合的教育。对问题生、学困生,一是发现他们的特长并加以引导,二是创造让他们表现的机会,三是设法让他们体验逐梦的喜悦,圆梦的成功。

令人欣喜的是,创建"蓝梦"的学校,把学校办成孩子们的"梦想的家园"这一理念,与《纲要》就"怎样培养人"这一问题所要求的"德育为先""能力为重""全面发展"不谋而合,也与当今实现中华民族的"中国梦"相统一。

2."蓝梦文化"适应了社会发展需求

蓝梦是超越之梦。在现实生活中每个人都有梦,当今的少年儿童怀揣着美好的梦想来到学校学习,就是来圆梦的。学校就是他的梦工场,有责任有义务去帮助他逐梦、圆梦。新的时代呼唤新的人才,今天的学生决定着祖国的明天。作为教育工作者,需要培养更多的追梦人,使他们拥有梦想,培养他们具有不惧挑战、敢为人先的竞争意识,敢于质疑、善于逐梦的创新意识,正确行使权利、自觉履行义务的公民意识,珍爱自然、保护自然的环保意识,对人诚信、对事负责的责任意识以及心系天下、报效祖国的感恩意识;树立不畏艰难、顽强拼搏的奋斗信仰,团结互动、合作共享的团队精神,善待他人、宽容理解的人文精神。总而言之,要把孩子培养成人格健全、心理健康、德才兼备、全面发展、具有较高精神素养的复合型人才。

以人文性、探究性为显著特征的"蓝梦文化",在素质教育与课程改革的实践中脱颖而出,恰好地适应了当前主流社会的发展需要,它也是"中国梦"的组成部分,激励大家形成合力,不断突破,勇往直前。

3."蓝梦文化"激活了学生的内在动力

蓝梦是实践之梦。有句俗语:"千般易学,一窍难通。"这句俗语的意思是学习本身不应成为问题,真正成问题的是学习态度。今天小学生的学习态度,不外乎两种类型:一是"要我学",二是"我要学"。前者迫于外在压力(主要来自父母的和老师的),后者则源自内在动力(好奇心和探究性)。二者虽说仅两字顺序之差,但要实现由前者向后者的跨越,其实有一段漫长而又艰辛的跋涉过程。

"蓝梦文化"的学校能够充分激活学生的内在动力,有效调动学生在学习活动中的自觉性、主动性,原因在于:

(1)"蓝梦文化"尊重了学生的权利

梦想,不仅是孩子的天性,也是孩子的权利。在教育活动中,是扭曲孩子的天性,剥夺孩子的权利,使之服从成人的意志?还是尊重孩子的天性,适应孩子的特点,让学习变得活泼有趣?"蓝梦"学校坚定地选择了后者。通过变革教学模式,逐步形成了一种"逐梦中学、学中圆梦"的新型培养方式,让学生被抑制已久的学习热情,如同骏马冲出樊篱一般得到解放!

(2)"蓝梦文化"突出了人的本性

如果说"蓝梦文化"只是从学习的载体、方式上,增强学生的兴趣,那么强调人的本性,则是从教育教学的内容上,由社会本位回归到学生本位,针对人的需要、发展的需要,人的本质需要。

就教育而言,"蓝梦文化"就是学校紧扣学生的思想脉搏,学生未来生存的需要。因此,学生的生活实际就是教育的主题,绝不会因为与当前各类选拔活动无关就不闻不问。

从教学来说,用教材作为教学平台,但不是简单地教教材,而是积极地整合课程资源,在教材与学生之间搭起一座桥梁,使学习内容更贴近学生的生活,让学生打心眼里认识到,学习确实是自己的生活需要,进而增强学习的自觉性、主动性。

(3)"蓝梦文化"落实了主体地位

通过落实国家课程、地方课程、校本课程的有效配合,让学生体验性、探究性、实践性地学习,给学生一点梦想,让他们去创造;给学生一点困难,让他们自己去解决;给学生一些机会,让他们自己去体验;给学生一些权利,让他们自己去选择;给学生一片天空,让他们自己去飞翔。

在课堂教学生活化的基础上,"蓝梦文化"的学校借助学生互助合作模式、情境社会实践模式、角色扮演模式,大力推进教学活动化,强化学生的主体性,使课堂教学呈现出诸多创造性变化,而最为宝贵的变化,则是学生由厌恶学习向热爱学习转化。当孩子们兴趣盎然地参与到教学过程中来,他们的自主性、能动性、创造性就能得以充分发挥!他们的天赋将得到很好的展示。

二、"蓝梦文化"的内涵

教育要为孩子播种梦想,点燃梦想,最终实现梦想,把自己的梦与"中国的梦"有机地结合起来,让每个孩子都能成为有用之才。"蓝梦文化"就是培养学生快乐学习、积极向上的精神、创新意识以及创造能力的校园文化。其内涵主要包括以下三个层面:第一,从学生的精神生活层面来讲,强调梦的情感体验;第二,从学生的学习生活层面来讲,突出浓厚的学习兴趣;第三,从学生的个性发展层面来讲,倡导发展特长,人尽其才,敢于梦想,勇于追梦,勤于圆梦。它不仅能使儿童身心发展,而且使儿童身心健康快乐。它是以儿童原始生命力的激活为前提,以开放的教育为条件,以好的活动为媒介,以情感为纽带,以生活为根基,全面提高儿童素质和实践能力的现代儿童教育。

三、"蓝梦文化"的特征

"蓝梦文化"的主要特征是:体现了学校发展意志,热爱生命,展示个性,把握了发展方向;因地制宜,立德树人,强化能力,昭示了育人取向。就学习方式而言,倡导自主合作;就学习过程而言,引领探究创新;就育人氛围而言,追求民主开放;就培养目标而言,鼓励人尽其才;就身心发展而言,力求快乐幸福、身心健康。

归纳起来,"蓝梦文化"的学校就是以适应学生的身心特点为办学基点,以促进学生的健康成长为发展目标,以关注学生的终身幸福为价值追求,构建孩子们心驰神往的精神家园、合作探究的创新园地、个性发展的广阔舞台。学校和教师给孩子一座天空之城,学生能做一个有梦想的人、做一个能圆梦的人。

四、"蓝梦文化"的理念

罗素在《论教育》中说道:"教育在于培养本能,而不是抑制本能。"孩子的本能是有梦想的,而且有无数个梦想,有想当科学家的,有想驾驶火箭上天的,有想当兵的,有想当明星的……那么,教育就应该是让孩子获得精彩的梦想媒介。因为,对于还处于童年的小学生来说,还有什么比有梦想的学校、有梦想的课堂、有帮助他们圆梦的老师更感快乐的呢?对于每天面对一批半大不小、似懂非懂孩子的老师来说,还有什么比在一个有梦想的环境,从事梦想的事业,更让他们幸福的呢?所以,教师完全没有必要让孩子去适应教育,而是要保护、爱护孩子那天真烂漫的想法,所以,用"蓝梦文化"的教育价值观来完善教育,就是寻找学校教育目标和孩子梦想的契合点。

"蓝梦文化"的学校,它本着以人为本的理念,在教和学中促进学生的成长,开发学生的潜能,引领学生全面发展。而每一个孩子,无论其智力高低、学业好坏、"通窍"早晚、性格优劣,都可以在学校里得到人文关怀,找到适合自己需要的发展空间,都能够在学校里身心愉悦地健康成长。具体表现为:

1. 学生的人格尊严受到保护

基于人格平等、相互尊重的新型师生关系,对学困生、问题生,老师们不放弃、不遗弃,表现出更多的耐心、诚心、爱心,避免任何扭曲学生人格、伤害学生心灵的行为发生,让每一个孩子渴望尊重、渴望关爱、渴望表现的心理得到满足,让每一个孩子有尊严地在学校里学习、生活。

2. 学生的个性差异得到尊重

由于遗传、环境、教育等因素,学生的性格千差万别,如同百花园中的朵朵鲜花，不可能是同一种形状，更不可能在同一时间绽放。学校没有"削足适履"、"砍头便冠"，用一个模式去强求学生，也不以个人好恶为标准，采取厚此薄彼的态度。学校教师理解、尊重学生的个性差异，用平等的态度施予关爱，启迪他们依据自身特点，自主设计成才之路，让每个人做"最好的自己"。

3. 学生的自主空间得到拓展

曾经，陈旧的教学方法、落后的培养模式、过重的学业负担，使广大学生沦为"学奴"，苦不堪言，不仅使学生严重丧失了对学习的兴趣，而且严重损害了身心健康。为创建"蓝梦文化"学校，教师们需苦练内功，提高效率，在"减负"上狠下功夫，想方设法为学生接触社会、了解社会、动手实践、健身娱乐留出时间、创造空间。在这片广阔的天地里，让每个人有更多的时间、更多的机会发现自己、发展自己，从中体验生命的美好。总之，"蓝梦文化"的学校应该是孩子们心驰神往的精神家园！

五、"蓝梦文化"的目标

人的发展特性、学生的智能组合确实存在差异；学生的心智发展，有早有晚；学生的价值取向，大相径庭。老师的教育教学作用于不同的个体，其效果必定不同。据此，老师对学生的目标要求，大致可划分为让学生建构自己的学习、为社会发展培养合格人才、为国家培养精英三个层次。

1. 让学生建构自己的学习

学生是学习的主体，教师是学生学习的主导，兴趣是学生学习最好的动力。学校在积极推进"蓝梦文化"过程中，努力让学生建构自己的学习。明确要求"蓝梦文化"课程的开发授受，必须是学生自己建构的课程，是学生所需要的、"适合"的教育。教育实践证明，在蓝梦课程学习中，它以学生为中心，以学会学习为核心，以自主学习为方式，在蓝梦课程里更具条件，更能形成优势。因为，学生不仅是课程的学习者，更为重要的是，学生是课程的开发者、创造者，让学生成为课程的主人，能把他们推上主动、积极学习的位置。

学者于丹有句名言：一个人可以没有成就，但不能没有健康没有财富，不能没有快乐；可以没有智慧，但不能没有善良。"健康、快乐、善良"，不仅是一条人生底线,也应该是学生的一项权利。只要孩子能掌握基本生存生活的本领,诚实善良,建构起自己的学习,健康成长,即便成绩很差,仍应被视为好孩子,仍应当得到鼓励和赞赏。他的个性、他的兴趣、他的自主选择,都应当得到老师的肯定和尊重!

2.为社会发展培养合格人才

在前面的基础上,引导学生树立以责任意识、规则意识为核心的"公民意识",在张扬个性、行使权利的同时,懂得不妨碍他人,不损害集体,遵纪守法,成为守规矩、负责任、有追求的社会所需要的合格人才。素质教育的精髓是什么? 那就是教会学生学会做人,学会学习。学会做人,就要不断在人品上做文章。学会做人要求学生不再是整齐划一、举止呆板的木偶,不再是知识的容器、应试的机器,而是一个个朝气蓬勃的生命体。他们能在轻松和谐的氛围中,有学习的需求、交流的冲动和表现的欲望。学生的自主性得到充分发挥和展示,其思维能力得到有效提高,进而为走向社会打下基础。

3.为社会发展培养精英人才

对品学兼优、出类拔萃的学生,一方面,充分发挥他们在课堂上的表率作用、引导作用;另一方面,通过个别指导,鼓励他们在课内外广泛地拓展领域、提升能力,培育他们拥有报效祖国的雄心壮志,奉献于人类发展与进步的远大理想。学校创造这样一种宽松、和睦、开放的育人环境,让每个学生都可获得以逐梦圆梦为前提的自由,每个学生都可具有发现、发展、提升自我的空间。

探访飞机营地

校园文化与学校管理互相制约，互相促进。校园文化是学校师生精神属性的概括，是学校管理之魂。管理则是校园文化建设的保证，是一种必须的手段和途径。为了践行自己的治校愿景，我坚持优化管理，为蓝梦文化保驾护航。

——刘红英

校长的话

童心飞翔文艺汇演

第 2 章

优化管理

为蓝梦文化保驾护航

第一节　建构蓝梦文化的精神环境

社会的进步在于教育,教育的进步在于教师。教师的发展对于一个学校的发展极为关键,只有具有幸福感的教师,才能将教育教学工作发挥得淋漓尽致。教师群体是一个巨大的宝库,蕴涵着无穷的智慧与力量。赢得了教师,就赢得了教育。学校在"蓝梦文化"理念的引领下,关心关注教师,一切教育教学管理工作都以人为本,从人性出发,在管理理念上充分渗入人文关怀,做到既体现学校的文化氛围,提升教师的幸福感,又实现了教师个人的梦想。

什么是人文关怀?人文关怀是一种普遍的人类自我关怀,表现为对人的尊严、价值、命运的维护、追求和关切,其核心思想就是关心人,以人为本,重视人的价值。人性化管理理念的核心是尊重、自由、民主、和谐。学校管理过程,就是团结与带领广大师生员工同心同德,去实现共同目标的过程。

近年来,虽然教师的总体待遇不断提高,教师后顾之忧逐渐释放,但是教师的责任和工作压力却在不断增加,有的教师产生了职业倦怠,精神萎靡,影响了教育教学工作。如何解决这一问题,促使学校的教师的职业荣誉感、教育成就感、工作幸福感指数不断上升,更好地实践"蓝梦文化"?学校一直努力探索着用心去管理,践行"全人成长理论",倡导教师做到八个多一点:多一点兴趣爱好,以陶冶性情,丰盈人生;多一点闲情逸致,以优雅从容,富有情趣;多一点运动养生,以健康体魄,享受生活;多一点宽容待人,以与人为善,和谐相处;多一点博古通今,以读万卷书,行万里路;多一点艺术修养,以鉴赏描绘,潇洒自如;多一点科技创新,以新兴技术,融会运用;多一点社会技能,以善于沟通,进行交流。

一、给教师充分的尊重

北京师范大学卢咏莉老师所说:"教育是使人有尊严地活着。"尊重,是浇灌教师心灵的雨露。在学校管理中,学校领导充分尊重每一位教师,让我们的教师有尊严地工作着,拥有归属感并获得成功。帮助每一位教师发现自我、建立自信,帮助每一位教师实现自我价值、提升尊严,以实现教师的生命价值、促其成长。在具体的工作中,尊重教师的人格,尊重教师的价值,尊重教师的合理要求,在相互尊重中为教师营造出宽松和谐的工作环境,激发出工作的积极性和主动性。

二、给教师梦想的空间

我国历朝历代有作为的知识分子从不缺乏救国救民的远大理想,十九世纪初叶,伴随着西方资本主义思想的引入,就出现了充满自由精神的百家争鸣。时至改革开放的今日,在课程改革的今天,学校的教育教学也出现了姹紫嫣红、争芳斗艳的景象。在教师的精神世界里,有他们的想法,有他们的自由,而最为重要的东西是梦想。梦想看似无形,实则有形,它是一种对理想的憧憬,是一种更高的自觉意识。教师工作的性质不仅具有很强的独立性、主动性,而且还具有极大的创造性。学校针对教师工作的特点,给予教师教学以自由的权利和充分的空间,让他们去创造,让他们去想象,让他们思想可以自由翱翔。

三、给教师筑梦的舞台

在管理中,学校努力追求风正气顺、人事和谐、景物和谐、师生和谐。

学校的管理制度以教代会为主要形式开展,配以行政、党支部、工会等机构,学校实行"大年级小学校管理模式,以年级组为管理实体",以年级组、备课组等为基本单位,进行学校各项规章制度的制定和修改完善,开展学校各项重大活动的讨论和实践。"大年级小学校"管理模式突出"管理下移、服务上升"的工作思路,由年级组长全权负责年级组内的日常工作和活动安排,实行学校领导、职能部门、年级组三级行政管理高效运行机制。坚持"年级能解决的问题学校领导决不插手,年级想进行的改革学校领导一定支持",尽量做到"一所学校,多种声音"。学校充分尊重年级组长和年级教师的"行政管理权和课程管理权",保障教职工参与学校管理的积极性,体现"因材施管"的教育规律,强化学校领导的服务职能,实现管理效益最大化。当然,我们还制定了 68 项制度和 38 个岗位职责作为保障。学校每一项管理制度的确立都在征求教师的意见基础上,在教师意见和学校领导意见充分统一的基础上建立,并在执行中根据实际情况进行调整、完善。保障教职工参与学校管理的积极性,使民主意识、群众意识渗透到学校管理的每一个角落,并在学校管理工作的点点滴滴中都闪烁着人文关怀的光芒。

四、给教师追梦的环境

为给教师创造一个可以追梦的环境,学校以校园文化建设为契机,努力为师生营造一个和谐、温馨的教育环境,充分发挥校园文化的教育、导向、陶冶、激励的作用。在充分挖掘学校丰富的文化内涵的前下,着力打造校园"蓝梦文化"建设,使自然与人文在这里相映生辉,教和学有机结合。老子说:"居善地,心善渊,与善仁,言善信,政善治,事善能,动善时。"此七善,是我们建立学校和谐关系的至胜名理。但这些良好的愿景需要有人来培育,和谐的环境必须靠日久天长的行为来支撑,这就需要学校领导从思想上、制度上、行为准则等方面加以推崇,在行为上注重引导,舆论氛围上烘托,从而促进教师行为化的建立。同时还需激发教师爱岗敬业的热情,引导教师之间学会合作、学会理解、学会忍耐、学会宽容、学会放弃。尤其应该引导教师尊重、理解学生,学会以公正的态度、发现的目光、宽广的胸襟去欣赏学生,让他们享受孩童时期美好的时光。为此,学校领导积极和老师进行心灵沟通,及时有效地配合老师的一切教育教学活动,让教师心无旁骛地工作。正因为我们所从事的职业是育人,所以,我们居善地而常乐,倾真情而挚爱。师生良好的精神面貌、行为习惯,生动活泼的教育教学活动,合理洁净的校舍、布局科学的花草树木、人文景观等等,均呈展现出校园和谐的景象。

第二节 建构蓝梦文化的物质环境

校园物质文化是一种直观性的文化,它是校园文化发展程度的一个外在标志,是校园文化建设的基础,对师生具有重要的潜移默化的教育功能。优美的物质环境包括校园建筑风格,绿化、美化的环境等。由文化构筑的环境蕴含着对真善美的追求,具有激励和约束双重作用,熏陶人的灵魂,感染人的心境。这种物质文化的教育功能是潜移默化地进行的,它给师生创造了一个庄重的"磁场",其教育魅力于无形中统领着师生的灵魂,从而内化为多种层次、多种形式的创造力量。

"蓝梦文化"的学校是充满人文关怀的学校,是充满人性化管理的学校。人性化的学校首先体现在学校物质环境的改善上,它是以人的需要和发展为前提,以人为本,以师生为本。其次,办高质量、符合办学基本条件的学校,也是广大人民群众所祈盼的。同时,学校的物质环境建设对改善校园学习风气、提升老师和学生的精神生活、营造积极向上的校园文化氛围,也能起到举足轻重的作用。

一、体现风挌 传播理想

为规范和推动学校文化建设,全力塑造新形势下的洪都小学崭新形象,学校在充分挖掘学校丰富的文化内涵的前提下,启动并实施了南昌市洪都小学文化识别系统(SIS):包含理念文化识别系统(MI)、行为文化识别系统(BI)、视觉文

《南昌市洪都小学校园品牌建设整合规划策划思路》

《南昌市洪都小学校园环境设计——效果图》

《南昌市洪都小学品牌视觉系统管理手册》

《南昌市洪都小学校园走廊文化系统规范设计》

学校品牌设计方案

化识别系统(VI)、环境文化识别系统(EI)四个体系。随着洪小学 SIS 的逐渐导入、实施和推广传播,洪都小学的品牌形象将会根植于社会公众和广大家长的心中,并被社会所接受,真正成为"全区第一、全市一流、全省知名"的现代化品牌名校,成为教育发展中的一面鲜艳的旗帜。

标志名称:飞翔

形象构成:标志由两张飞翔的纸页相互扣合形成基因的双螺旋结构,似人的眼睛。图形简洁、生动,有强烈的现代感,是科技和人文的完美融合。

色彩构成:蓝色活泼、天真,是天空与儿童洁净的双眸,黑色稳重,两者相辅相成,是感性与理性的结合,也是儿童健全人格的写照。

蕴含理念:飞翔的纸页充满儿童的幻想与快乐,也暗示了与洪都航空工业集团的历史渊源。基因双螺旋寓意小学教育的基础性和对孩子一生所起的重大作用;即洪都小学的教育是给孩子注入文化的基因、健全人格的基因,它决定着孩子长大后成为什么样的人,体现出洪都小学的教育工作者对小学教育的深刻理解。眼睛寓意为孩子打开一双看世界的慧眼,互相扣合的结构象征洪都小学上下团结,同时也象征着现代教育观念中的合作学习,幻想、快乐、基础性、决定性、打开、团结、合作、朝气是理解这一标志的关键词。

二、彰显精神 启迪志向

教育是心灵的艺术。只有走进学生的心灵深处,才有真正的教育。而心灵的交流,心灵的共鸣,心灵的和谐,甚至心灵的碰撞,都会产生一种精神美。当我们不能走进学生心灵时,我们所采取的教育方法、措施、手段、技巧等,都丢了应有的教育内涵,所产生的教育期待也会昙花一现。

飞翔之歌

洪都小学校歌——《飞翔之歌》,词作者陆田汉,谱曲邓伟民。他们都是在洪都小学成长起来的优秀教师代表,自踏上教坛的第一天,就受到航空文化的熏陶,深切感受到航空人的忠诚与执着、勤奋与奉献。为传承"洪都精神",激励后人,他们俩合作创作了这首彰显洪都精神、启迪学生志向、体现办学理念、朝气蓬勃的校歌。由于触碰到学生心灵,家长的心声,进而唱响了整个航空城,让人亢奋,使人奋进。

新中国首架飞机展翅赣江,洪都小学迎着微笑起航,五千师生书写名校辉煌,教育创新成就崛起之梦想! 理想上蓝天(啊)! 真知藏生活(呦)! 拥抱美好未来激情飞扬! 传播和谐信仰! 爱的声音更响亮,健康和快乐伴我们展翅飞翔,健康快乐伴我们展翅飞翔!

成长在美丽的英雄城南昌,八大山人故里沐浴荣光,史迹沉香演绎青云直上,科学发展保障祖国更富强! 理想上蓝天(啊)! 真知藏生活(呦)! 拥抱美好未来激情飞扬! 传播和谐信仰! 爱的声音更响亮,健康和快乐伴我们展翅飞翔,健康快乐伴我们展翅飞翔!

后来,学校"才子型"教师徐晨晖又创作了一首校园歌曲《蓝色梦想曲》。"谁能为纸飞机装上马达? 十亿光年之外可有外星人的家? 多少人走过这操场,却忘了寻找答案。童年时候的幻想是最美丽的童话。所以,请跟我来次星际对话,这时光多么辽阔。请跟我来次星际对话,孩子们会慢慢长大。谁能为纸飞机装上马达? 十亿光年之外可有外星人的家? 如果你走过这操场,别熄灭了梦想火花。科学是人类那永恒的童话。所以,请跟我来次星际对话,这时光多么辽阔。请跟我来次星际对话,孩子们会慢慢长大。"歌曲以孩子们的视角来审视宇宙,星空、校园和成长,表达出属于孩子们的独特的童年体验,表达出那些隐秘的快乐、好奇。幻想和科学并非总是对立,相反正是对于未知的那份与生俱来的好奇才促使人们不断去探索和发现,从而推动了科学的发展。作为校园歌曲,它或许不够完美,但相对于那些充斥着成人腔的说教的所谓校歌来说,至少它是一种努力,当孩子们长大走出校门,当黑夜巨大的星空升起来,希望一首曾经吟唱的歌曲,能够保留住一些他们宝石一般眺望的目光。

2013 年,"才子"徐晨晖老师再次重磅创作音乐剧《蓝梦之旅》,该剧梗概是:小小在教室里遗失了她的纸飞机,当她试图在课堂上寻找时,却引来了同学们的一片嘲笑。露露老师制止了孩子们的讥讽,她通过莱特兄弟的故事告诉孩子们,

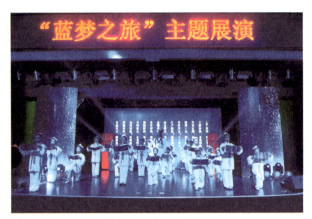

蓝梦之旅主题展演

爱玩纸飞机的小孩也能做出大事情。于是所有的同学一起加入了寻找纸飞机的行列。此时,神奇的事情发生了,平常他们熟悉的教室现在竟然像个盒子一样缓缓地打开了,老师和同学们一起进入了一段奇妙的旅程,他们时而到远古和诗人一起对话宇宙,时而游历太空感受星系的瑰丽,甚至自己驾驶飞船在黑洞历险。当小小和同学、老师回到教室的时候,她终于懂得纸飞机永远留在了她的心里,那便是童年最美的一个梦想。该音乐剧,在运用声光电等美术手段营造出奇丽的舞台视觉之外,还使用了现代主义的象征手法,舞台中央的一个大玻璃盒子是教室的写意符号,当它缓缓地打开,当结尾处巨大的儿童画升起来,孩子和老师一起又把这个大盒子现场包成一个大礼物时,舞台的画面让人动容。同时也象征着教室(或教育)从限制到开放再到变成送给所有孩子的一份珍贵礼物的转变。它生动地诠释了洪小全体老师的希冀和努力。

三、物化环境　陶冶情操

校园景观文化是学校文化的重要内容之一。有人说:"学校的一廊一壁都是课程,一草一木都是教材,寝室食堂都是课堂,时时处处都是教育。"这话很有道理,教育工作者都应该做教育的有心人,充分发挥校园内一廊一壁、一草一木、一寝室一食堂的作用.让它们都能成为生动的课程、鲜活的教材、灵

动的课堂,让它们都能说话,都能发挥育人、化人的效应。当你走进洪都小学校园,首先映入眼帘的是宽敞大气的校园、规范亮丽的教学楼,气势如虹的雕塑、绿树成荫鸟语花香的校园自然环境。一花一木、一角一景,是蓝梦特色氛围的自然景观、文化景观,再到课程景观,层层深入,形成一部动静结合、视听结合的"校园教科书"。这里是师生们快乐生活学习的场所、是师生们放飞理想的家园。

　　学生在配备多媒体教学设施的教室快乐地学习,在塑胶跑道上、篮球场上开心地运动,在绿茵场上拼搏、在蓝天上翱翔。"每天锻炼一小时,健康工作五十年,幸福生活一辈子"深深根植于师生的心田;在装备先进的微机教室里,师生通过这个窗口了解现代技术,开阔科学的视野;在宽敞的舞蹈房里尽情歌舞,感受音乐的魅力;在图书馆里汲取知识,感受读书的快乐;在迷你科普放映厅里领略视觉感观的冲击;在科技创新制作室里制作自己的火箭飞机,实践自己上天的梦想。

　　学校的办公室虽然简陋,但不

航空主题雕塑

航空展览厅

火箭模型

翔园

失整洁;虽然人多,但却不拥挤,教师们每天都在快乐地工作,尤其是桌上每人一台电脑让工作和交流更便利,个个都是驾驭现代教育技术的能手。

　　宽敞的校园为师生提供了很好的活动空间。学校也非常重视各项文体活动的开展,足球场、篮球场、排球场、羽毛球场、乒乓球场应有尽有。学校还为教师开辟了专门的活动室,教师在工作之余可以三五成群在里面一起探讨教育的话题;也可以放下繁忙的工作,在里面打打乒乓球、跳跳舞、活动活动筋骨、抖擞抖擞精神,享受片刻心灵的宁静。办公室的区域分工更合理,办公环境更为宁静而整洁,能够确保教育教学工作的正常开展。

四、激励情感　丰富志向

　　每个学生都是独特的生命体,他们都处于幼稚、成长之中。在漫漫人生路上,每位教师都是学生生命中的过客,不同的是,有的过客给学生成长施加了有益的影响;有的过客对学生的人生没产生什么影响甚至带来了不好的影响。在

飞天之梦榜样长廊

雕塑小景

航空知识橱窗

校园小景

教育教学管理中,大家都痛恨控制孩子,但有些要求被视为正常,甚至被推崇:不许说脏话,不许和小朋友抢东西,不许乱放东西,不许见阿姨不问好,不许成绩不好,不许玩游戏超过规定时间,不许乱花钱,不许剩饭,不许光脚在地上……没有一个控制者认为他在控制,教育却在这些无数个"不许"中走偏了方向。我们常说到教育,却很少提到教养,但教养比教育更重要:教育不足,可后天弥补,但没有教养,就难以在社会上立足。一些孩子身上所散发出的不良习气,就是孩子早期的家庭教育出了问题,没有养成良好的行为习惯所致,而习惯决定着孩子一生的行程,人们常说有什么样的教养,就得到什么样的结果。为促进教师与学生、教师与家长间的沟通,扭转不顾及孩子、家长自尊的粗暴交流方式,学校在风范楼专门辟出一个小区域,作为温馨的心理接待室,专门用于对学生做思想工作,和家长共商教育策略。接待室虽小,但成为心灵沟通的场地。温馨的场所、温暖的话语、温情的劝慰,既顾全了孩子的脸面,又化解了问题的症结,把孩子梦、家长梦、教师梦、学校梦、中国梦有机地结合起来,激励了学生情商情感,丰富了人生志向,让美梦成为现实,让生命充满阳光。

五、延伸课堂 智慧碰撞

图书馆里窗帘静垂,隐隐透进阳光。书架上的书有序,但绝不"整齐"。"为中华之崛起而读书""书籍是人类进步的阶梯"几个大字让每一个孩子在走进图书馆

蓝梦书吧

的刹那,油然而生一种使命感。这就是学校的图书馆。

图书是教育之母,读书是学习之母。学校原来的图书馆因管理不善而搁置已久,在各方面大力支持下,得以充实了大量的书籍,但因过于谨慎,面向学生的书籍甚少。刘校长调来之后,每每走进图书馆,看到落满灰尘的图书

时就深深叹息:"如果能把图书馆建得像网吧一样吸引学生,让这些书能为更多的人服务,那该多好呀!"基于这样的思考,于是就有了现在的开放式图书馆。实行开放式管理,书刊开架服务模式,想看书信手拈来,旨在引导全校师生享受读书,把读书当作一种消遣,一种生活的乐趣。为让更多的学生阅读到更多他们喜欢的书籍,学校鼓励学生将自己的好书拿到学校敞开图书馆进行交换,各班还建立了小小图书角,使学生接触到更多的知识和快乐。就像意大利作家薄伽丘所说:"在书堆中,享受到了世界上任何君王都未必能享受到的巨大快乐。"

现在,学校图书馆藏书室面积约460平方米,室内设有"好书共享"、"悦读心语"、"青青芳草地"等交流专栏。室内宽敞明亮、优雅舒适,布局和设施充分体现了以人为本的理念。图书馆藏书十分丰富,既有门类齐全的纸制图书,也有相当数量的电子图书;既有历年来的过刊合订本,也有大量的视听资料。现有各类藏书120000余册,期刊400余种,为全校师生提供了教育、学习、科研的丰富资料。

六、手脑并用　张扬个性

学校的功能教室,俗称"梦工场",是学生特别愿意去的地方,因为这里有小制作所具备的各种设施设备。有愿学做厨艺的,它提供饮具;有愿学剪纸绘画的,它提供纸墨;有愿做四驱车、飞机的,它提供各种器材;有需要技术指导的,这里提

2013 年全国青少年航空科普教育工作研讨会

供一流的专业教师。学生在老师的帮助指导下,有时就像变魔术一样,完成了自己一件件惊人之作。

原来只是在上实验课时,学生才有机会在学校的实验室动手"变魔术"。现在学校的实验室对学生全面开放,让那些爱科学、爱动脑、爱实践的孩子们有了更广阔的活动场地,他们上、下午放学后,便要迫不及待地钻进实验室。用他们的话说:"这种感觉比上课的感觉还好。做自己想做的事,过瘾!"这些思维活跃的孩子让实验室充满活力,让"梦工场"实践着一个又一个梦想,历练着他们追梦的旅程,无数个未来的科学家、发明家将在这里诞生。

学校另一道亮丽的风景线就是小小工程师制作室。在这里,教师志愿者引导学生完成了一个又一个科技制作活动,帮助学生实现了他们怀揣的一个又一个梦想。

有人说:教育与成长实际上是一段生活的经历。学校应当为学生营造一种真实的、丰富的生活,教育不能仅局限在课堂上和书本里,而应该让学生接触更为广阔而真实的世界,那样他们的心胸一定会更加宽阔,目光一定会更加深远,内心一定会更加强大,思想一定会更加奔放。

第三节　建构蓝梦文化的心理环境

每个人心中,总有一个殿堂,最纯洁的信念在那里存放。为了那些怀着爱与善意的信念,我们一路跋涉,行色匆匆,也不禁扪心自问:我,在哪里?梦想着,有这样的处所,允许呼吸舒缓,心灵喘息;允许我们慢慢落下,触摸自己;允许我们褪去光华,将爱与善意永存心底。为了有力量从远方奔向更远方,我们一直在寻找,抵制身与心的诱惑,抛却日常的烦琐,我们终于抵达了皈依之所,寻找到心灵的家园。这就是我们的学校——洪都小学。

学校齐备的教学设施,赏心悦目的生态环境,处处体现了人文关怀的理念。不仅这些硬件建设构筑了师生共同生存的物质环境,而且学校的精神环境也处处体现了人性化的特点。"人文校园、生态校园"让师生充分感受到心灵的舒展和自身价值的体现，"修德、强能、尚美、健体"成为师生共同的祈愿。

一、关心教师生活状况

日常工作和生活中，每一位教师都会遇到各种各样不同的困难和问题，但是都能得到学校的关心和爱护。无论学校事务多么繁杂和忙碌，探望生病的教师和刚生孩子的妈妈们、帮助解决教师们的后顾之忧等工作总是被学校领导放在首位。学校在刚性化制度执行中，赋予了它更多的"人性化"。如在不影响正常教学工作情况下，学校给每位教师每月外出办事时间，给有学龄前孩子的老师更多一点处理私事的时间，给年龄大的老师多一点看医生时间，身体不舒服的老师完成上课任务后的休息不计假，婚假在不影响学校大局情况下可以灵活休假等。同时，学校建好教职工活动俱乐部，倡导广大教职工"每天锻炼一小时，幸福生活一辈子"，开展丰富多彩的小型教职工文体活动和竞赛，组织好教职工的疗休养活动，组织健康体检，保障女教工权益，使广大教职工拥有旺盛的精力和高昂的工作热情，增强广大教师的幸福感。

这些举措执行过程中既遵守了制度的原则，又体现了人性化的灵活。关注困难教职工的生活，对家庭有困难或有重大变故的教职工，给予最大化的帮助。家庭般的温暖，使教师们工作起来心情舒畅，师生关系、干群关系和谐融洽。

教师练习瑜伽

教师篮球赛

二、维护教师身心健康

每年岁末，"洪小人"都有一种期待，那就是 12 月 31 日晚上老师的迎新年晚会，教师都把它称为我们的"春晚"。我们的春晚节目无须审查，全员参加，一个都不能少。领导、在职教师和退休教师齐聚一堂，开开心心，其乐融融。

当然，这项活动的快乐早在教研组进行节目筹划和排练时就已开始。在这过程中，全体教职工们，无论是年长的还是年轻的，无论是学校领导还是一线教职工们，大家共同练习、排演。而新年前夕的这一次展示更把这种快乐推向高潮，全校所有教职员工和离退休老师齐聚一堂。这个晚会艺术性和娱乐性兼备，竞技性和团结性共存，不亲身参与其中，真的很难体会"洪小人"的快乐和幸福。

这种幸福感往往还伴随着学校与兄弟单位的联姻，为青年教师牵线搭桥，为青年男女创造了再好不过的社交的场所，牵手终身的难得机会。

校工会主席王震宇老师说：

教师元旦联欢

"节日本身就是一种文化，洪都小学工会非常注重节日文化与学校文化相融合，每年元旦，工会都要组织全校教职工通过不同形式的主题表演，开展迎新年活动，如今这已成为学校文化的一个精彩亮点，并在校园里扎根、沉淀下来。"

教师元旦联欢

　　每一年的元旦,节目形式都新颖有趣:《时装表演》在动感的音乐与富有张力的肢体动作配合下,展现了教师们亮丽的风采;《好歌翻唱乐翻天》那扣人心弦的歌声,带给我们强烈的听觉震撼,冲击着我们追求快乐的心灵;《风趣舞林》那动感的舞步让原本喜庆的节日气氛更加欢腾;《猪年到、肚笑爆》小品演绎着我崇尚生活的那份简单快乐;《洪歌汇》用美妙的歌声传递着节日的祝福,是那么别具一格,又令人回味无穷……最难忘的莫过于2011年的迎新年联欢会,学校工会经过前期精心的策划安排,首次与洪都中学全体教师一起携手组织,通过自编自导的精彩歌舞、小品表演,共迎新春。两校教师欢聚一堂,其乐融融。2012年,学校工会还成功组织了大型"龙飞洪舞"迎新年联欢活动,并邀请了省市区领导观看,获得了一致好评。教师们走下了昔日育人的三尺讲台,走上了绚丽多姿的表演舞台,用他们充满温情的歌声,唱出了他们"热爱生活、积极进取"的心声;用奇异的幻想,瑰丽的色彩,演绎着火辣炫酷的劲舞,优雅曼妙的孔雀舞,活力张扬的探戈舞,滑稽搞怪的天鹅舞;时而重温经典,时而纵身时尚,时而幽默搞笑;青年教师的动感活力、中年教师的丰富干练、老年教师的身健稳重集于一台,迎来了台下不绝于耳的掌声,让大家度过了一段颇为难忘的美好时光。

　　这些独具匠心、耳目一新的节日文化活动,仿佛给人注入一股新鲜沸腾的血液,不仅营造了学校"祥和、喜悦、温馨、和谐"的大家庭氛围,还充分展现了自我,陶冶了大家的情操,增强了教师协作昂扬的团队精神和学校的凝聚力。

　　健康的体魄是追梦的基础条件,为提高教师身体素质,学校工会每月都要组织教师开展各项健身娱乐活动,年终举行全校性竞技比赛活动。健身项目除每天教师的课间操外,还根据男女教师的特点,邀请专业的瑜伽、健美操、跆拳道教练来授课,而常规的篮球、排球赛、乒乓球、踢毽子,

教师广场舞

广场舞、健身操比赛等循环进行。比赛的评分标准更多地侧重在参加人数上,目的就是为了倡导全员参与,大家同乐。

健康的体魄使教师更阳光,健康的心态使教师得体大方。高雅的涵养、恭敬文明的言谈举止,传播文明,传播美丽,给学生以自信,以阳光,带动学生健康快乐地学习成长。所有这些都是从关心人、爱护人出发,最终落实到人的发展上,也是我们办"蓝梦文化"学校的真谛。

三、促进教师专业成长

打造一流师资队伍,塑造精英教师群体,是提升学校教学质量的关键,而教师专业化发展已经成为当前教师队伍建设与教育改革的主要内容。在推行教育改革的过程中,教师的发展是课程改革的核心要素,而课程改革的实施又成为教师专业发展的外在推动力。作为一所名校,更需要一大批优秀教师的支撑。为此,学校关注每一位教师个体及整体职业素质的发展,关注他们的成长经历、发展状态,为教师的专业成长搭建平台,让每一位教师在充满生命活力、健康向上的环境中成长,在探求真知中发展。

为提高教师的专业水平,学校鼓励教师进一步地学习和深造,从政策和经济上鼓励教师参加本科和研究生的考试和学习。在时间上和课时安排上也给予充分的照顾,甚至专门送出去培养一段时间。为了让大多数教师能得到继续学习的机会和时间的保障,学校严格执行南昌市教师远程培训的要

求,提供专用远程教育培训教室,集中组织学习交流,同时采用"走出去、请进来"等方式,开展各级各类培训。以"走出去"为例,学校先后派出了语文组、数学组教师赴上海、江苏等进行为期一月至二个月的专业学习,以此提高教师的专业素

江西省学科带头人朱婷讲座:与"有效教学"同行

养。在国内、省内、市内各学科的优质课大赛、高级研修班的学习等活动中,学校总是派出团队去参加。而这一批批的外出培训,确实极大地提高了学校教师的教育教学理论和实践水平。"请进来",学校则经常利用周三下午教工大会的时机,邀请各级各类专家为教职员工开设讲座,引进新的教育理念、教学方法,指导改进学校工作,使学校的整体教育水平在这些平日的学习活动中不断进步,因此培养出了不少骨干教师,学校青年教师也一个个迅速成长起来。

为培养一批高端学术队伍、学科领军人物,学校积极打造"名师工作室",以名师为引领,以学科为纽带,以先进的教育思想为指导,以课题研究为载体,推广名、特、优教师的教育教学理念。为此,学校改变以往不重视各级名师参评和培养的做法,给予名师在教学研究、教育探索、经验总结、成果推广全力支持。学校还经常组织名师在教研组、学校展示其教学成果,外派优秀教师走出校门去交流,参加各种展示课、支教课、学习讲座报告会、优秀教师考评等。这样做的目的:既为优秀教师提供了展示自己才华的平台,锻炼、培养了一支骨干教师队伍,也传播了学校的教学理念和教学科研成果。

发展优秀知识分子入党,是党一贯倡导的政策,学校党支部把如何团结这些优秀青年教师,解决一些先进的知识分子要求加入党组织问题,归结到教师心灵最高精神追求之中。为此,党支部对这部分青年教师,在思想上、政

治上的要求进步给予了极大的关注,组织积极分子参加党课学习班,进行党的知识教育,对积极分子在思想上关心、组织上培养、业务上锻炼、工作上压担子、行为上做表率,并按照党组织原则,成熟一个发展一个,及时满足他们对这党的向往、对党组织追求。

四、提供智力发展源泉

学校不仅是培养人、塑造人的精神家园,更是充满书香的校园。学者爱书、读书是他们的天性。"学而知不足""学而知耻""学而知勇"都反映了学习对一个人成长起着至关重要的作用。学校为了创建一个"乐学、善学、勤学、博学"的书香校园,每年为每位员工订购《师道》《教师博览》等杂志以及不同学科的专业书籍,鼓励教师们多读好书,读教育专著,多写读后感、教育随笔等,并从经济上给予奖励;学校还定期组织各级各类的读书交流会、"博客"论坛、"学教沙龙"等活动,切磋教学心得;同时还经常邀请教育专家来校讲课、答疑解惑,高端引路。

(一)与名师对话

主题:数学课堂中如何关注学生的生长

对话人员:戴良印(市骨干教师、全国华罗庚奥赛优秀教练员)、陈乐轩(区骨干教师)、李娟、张小燕、甘强华等

陈乐轩:戴老师,您的课堂充满了幽默和睿智,在轻松愉快的氛围中

南昌市骨干教师戴良印展示课

学生不知不觉就学到知识。听了您的《小数的意义》这节课后,让我们确实能感受到学生生长的力量。这节课是小数意义的学习,戴老师注重学生的生长,于是后半节课着重研究起分数和小数的互化了。如果学生没有提出:怎

样的分数可以转化成小数? 你后面的设计是怎样的? 您今天重点讲了分数和小数的互化,您下一节课会怎样设计?

戴良印:因为学生的学习过程出现了问题,才会生长。学生生长出了"九十九分之一不能化成小数"这样一个问题。这种由内而外的生长就是人思维命题,这就是有思考的数学,数学学习会因此而变得厚实。但如果学生这节课里不提出九十九分之一,怎么办? 我就自己提出来。下节课怎么上? 第一,因为生长留下一些空白,因为生长,作业少了,下节课可以以做些作业为主。我认为课是时间中的课。我的课比较粗糙,是具有我戴氏风格的课。今天上了一节好课,明年不一定上同样好的一节课。

张小燕:戴老师,我们学校教导处下发的业务学习材料中曾有一篇《人民教育》上的文章《"种子课"给知识以生长的力量》,我非常受启发。在文章中提到"数的认识",这部分知识中有三节"种子课"(自然数的认识、用字母表示数和分数的认识),"种子课"与我们通常所说的"起始课"有何本质的区别? 今天这节"小数的意义"又是什么意义上的课?

戴良印:数学课堂的本源性在于挖掘出潜藏在孩子们内心对知识的理解,数学课堂应该是不断激发出的孩子内心的想法。当"种子课"处在"起始课"的位置时,那"种子课"就和"起始课"一样。"种子课",有知识层面、方法层面的,还有思想层面的。这节课,看似很凌乱,但学生会创造就是会生长。知识会生长,学生的注意力也会集中起来,学习的氛围会比较轻松。与"种子课"相对应的是生长课,还有收获课。我经常思考一个问题:我们怎么在课上省力呢? 就是要把"种子课"上好,一定要花力气,精雕细琢。这些课上好了,学生学习就不会含糊,生长课就省力了。

甘强华:戴老师,三年级小数的认识和四年级的小数的意义,目标是如何定位的? 整数的计数法和小数的计数法有一定的联系,这种联系,我们如何在这堂课中进行渗透?

戴良印:目标就不是一个点,我可以把一个单元作为点,也可以细化为每节课中的多个点。我们制定的目标可以在一个单元学习完了实现,有些目标可以在一堂课中实现。这节课中如果学生没有提出计数单位,我自己提出:

计数单位是什么？学生是很聪明的,学生明白老师要他讲什么,因为学生是会察言观色的,老师只要用表情等提示就可以了。因为学生知道整数的计数单位之间的进率是10,所以小数的计数单位之间的进率也是10。学生能体会它们之间的联系,老师也要让学生明白它们之间的延续性。数学概念本身就是经验的写照,要从经验的数学走向学科的数学。

李娟:戴老师,您的课堂中学生的思维活动始终处于积极的灵动的状态。因此在这样的状态下,我们看到您的课堂的学生生长性很大,作为教师我们如何把握介入的时机?

戴良印:一节课中怎样给它生长呢?春生夏长,春天有温度,夏天有热度,给学生以合适的温度,他们就可以改变世界。我们要把每个小朋友当作种子,相信他们可以生长,给他们生长的环境,给他们生长的空间。比如,今天这节课最后环节,学生生长出了"小数等于整数加分数"这个知识点,这个点就是分数的各部分名称,所以我最后就让他们继续研究。如果这节课再继续下去,甚至还可以学习小数加减法。我上课其实是完成了一个走的过程。世上之物莫过之理,我认为老师上课就像男人"追"心爱的女人一样,一定要紧"追"不舍,追到后就可以把她带回家。我上课就是"追"着学生走,"追"到一定的距离再把学生带回来了。教师上课时要逗学生,在这个逗的过程中学生就会生长;有些时候老师又要像弹簧一样去压学生,在压的过程中学生就会生长。

(二)进名师课堂

主题:《统计与概率》教学中的适时生成

参加人员:周志强(市骨干教师)、谭琴(区骨干教师)、李娟、甘强华、陶锡昌、周倩等。

谭琴:周老师,记得你曾上过一节可能性的

南昌市骨干教师周志强展示课

课,当时你让一个学生上来摸球,可学生总是摸到黄球。我想问的是,课堂上有出现小概率的事件吗?若以后再上这节课,出现小概率,你怎样生成?

周志强:那次简直就是奇迹。四红三黄的口袋里,由我洗球,结果孩子连续摸出 11 次红球,我彻底晕倒!但这种情境与体验,对学生来说极为宝贵。可惜,可遇不可求罢了。

周倩:周老师肯定晕不倒,你肯定是有所预设的。

周志强:没有。但有信念支撑着我,一定会摸出黄球的。

李娟:如果摸了 20 次都摸不到黄球怎么办?

周志强:你觉得呢?是教学的大好时机哦。我会停下,不摸。引导:"你们一定在想,这个口袋里不会……"他们一定会说:全是红球。再打开,结果不是,学生一定会惊讶!啊……呵呵,一定有了新认识新体验。然后继续:真的摸不到黄球了吗?这样的话,已经改变了我原来的教学预设,但价值仍然存在。

甘强华:周老师,请教一个问题。是否在课中要渗透确定现象(一定和不可能)和不确定现象(可能)这两种随机现象?

周志强:后者是随机,前者不算吧。

陶锡昌:虽是三个词,但是属于两种不同的现象。尤其是后续学习中,应该是研究可能性的随机现象。

周志强:我赞成在可能性问题上渗透随机现象,但也是个人之见。你回顾下我上可能性问题时所做的处理,意图即在于此。先横着看图,体会有可能摸到。再追问:究竟哪次摸到,能确定吗?不能!细看,果然。因而得出:哪次摸到无法确定,但一次次下去总能摸到。这就是随机现象的一种表达吧。

(三)学名师智慧

江西省小学语文学科带头人朱婷谈对革命传统教育文教学的几点认识:

《义务教育语文课程标准(2011 年版)》开宗明义地指出:语文课程对继承和弘扬中华民族优秀文化传统和革命传统,增强民族文化认同感,增强民族凝聚力和创造力,具有不可替代的优势。中宣部和教育部制定并下发了《中小学开展弘扬和培育民族精神教育实施纲要》,指出"革命传统教育是中小学开展弘扬和培育民族精神教育的重点之一"。教育部基教司发出了《关于〈语文〉课程标准实验教材增加革命传统教育篇目的通知》，这一系列通知、纲要无不向我们昭示着革命传统教育的重要性。让学生在文本中汲取营养，用革

校教研活动

命的光辉浸润孩子的心灵，方能使我们的革命传统教育成为有源之水，星星之火方可燎原。

综观全套人教版小学语文教材，有不少革命传统题材的课文。这些课文取材真实，人文内涵非常丰富。如:1.直接描写战争年代革命战士为建立新中国而浴血奋战、不畏牺牲、可歌可泣的英雄事迹的文章，像《飞夺泸定桥》《狼牙山五壮士》《金色的鱼钩》《小英雄雨来》《十六年前的回忆》等。这些文章描写生动形象，故事性强，符合孩子的心理，一直作为传统课文保留在教材中。2.描写和平时期继承和发扬优良的革命传统、克服艰苦的条件保家卫国、讴歌普通人在平凡岗位上无私奉献的文章，如《中国国际救援队，真棒!》《白杨》《桥》《把铁路修到拉萨去》等。这些文章富有时代气息，是多层面、多角度地对学生进行革命传统教育的优秀力作。此外，入选的课文还注意了选文体裁的多样性，除记叙文之外，还选择了诗歌、散文、议论文、通讯等文体，如《长征》《为人民服务》等。

革命传统教育不是一种教师强制、学生必须接受的行为，而是学生在交往过程中自由地呈现、思考、选择和建构的过程。因此要尊重学生，从学生的学习生活实际出发，从学生最关心的问题入手，要充分调动学生的积极性、主动性和创造性，引导学生自主学习、自我教育、主动发展;鼓励学生进行探究学习、合作学习和综合性学习，让学生在主动建构言语交际能力的过程中自

主体验、自主接纳。如何用教材教？特提出三点建议：

1.巧设情感点，拉近学生与文本的距离。

教材中的革命传统课文，有相当一部分是描写战争年代革命战士为建立新中国、为了实现幸福美好的生活而浴血奋战、不畏牺牲、可歌可泣的英雄事迹的文章。这类事件因距离现在较为久远，学生对历史不够了解，因此，在理解文本上会存在一定的困难，进而会觉得枯燥乏味，不能较好地与教师、文本对话。为激起学生的情感共鸣，激发学生的爱国情感和自强不息的民族精神，教学中，巧设情感点，引导学生入情入境地体会，拉近学生与文本的距离就显得非常重要。

例如，五年级上册《狼牙山五壮士》一文，教材编者的编排意图是让学生不要忘记那些为民族解放牺牲的英雄，以此激发学生的爱国情感和自强不息的民族精神。教学重点是感受五壮士痛击敌人和对敌人的仇恨，体会五壮士伟大的献身精神以及忠于党和人民的崇高品质，从中受到教育。要使学生感受到五壮士痛击敌人和对敌人的仇恨，光靠介绍当时的背景资料是不足以达到效果的，学生的感悟仍旧停留在文字的表面。为此，我设计了这样一个环节：

第二自然段"痛击敌人"教学片断

师：请划出表现五位战士神情和动作的短语。

生：沉着地指挥战斗、下命令狠狠地打、打一枪就大吼一声、总要把胳膊抡一个圈、把脸绷得紧紧的。

师：(引导学生联系

组内研讨课

前文)七连和敌人经过了一个多月的英勇奋战，期间有不少战士牺牲了，今天，七连六班的五位战士终于能和敌人决一死战了，他们每一次痛击敌人的时候,他们都在想什么?

生1:我要为牺牲的战友报仇!我要用力把手榴弹扔远点,多消灭几个敌人。

生2:我最要好的战友就在前几天和你们的战斗中牺牲了,我要把我满腔的怒火都射向敌人!

生3:就是因为你们侵略中国,才让我们饱受战火之苦,有家不能回,有书不能读,我要把你们赶出中国!我们要狠狠地打!

…………

在创设情境的一次次情感体验中,学生们越说越激动,仿佛自己就是那痛击敌人的五位战士中的一员,一下子就拉近了与文本的距离,爱国情感瞬间就激发出来了,整堂课学生格外投入,收到了极好的教学效果。

2.善抓关键点,小支点撬动大地球。

五年级下册《桥》,是一篇描写和平时期继承和发扬革命传统题材的课文。这是一篇小小说,作者满怀深情地塑造了一位普通的老共产党员的光辉形象,面对狂奔而来的洪水,他沉着地指挥村民脱离险境。他把

组内展示课

生的希望给了别人,把死的危险留给自己,用自己的血肉之躯筑起了一座不朽的桥梁。这也正是课文以"桥"作题的深刻内涵。对于五年级的学生来说,理解这一深意是有一定难度的。为了攻破这一难点,我紧扣本文的教学重点:引导学生抓住课文中令人感动的地方,感受老共产党员无私无畏、不徇私情、英勇献身的崇高精神。我尝试着抓住关键点,即"揪""推"二词,在这两个词上做足文章,让学生感受老汉——村党支部书记在灾难面前,将生的希望留给群众,不徇私情、无私无畏的崇高精神;体会把最后一丝生的希望留给儿子的伟大父爱,体会共产党人也是有血有肉、有丰富情感的人。小支点撬动

大地球,老支书的形象深深地印在了学生的脑海中,桥的深意也就迎刃而解,革命的光辉再次浸润了学生的心灵!

3.找准连接点,立体展现文本内涵。

如果说,前面两例都是以单篇的形式表现革命传统精神的话,五年级上册第八单元《走进毛泽东》则是以人物为核心组织教材的典范,4篇文章从不同角度、不同侧面反映一位领袖人物。我找准连接点,紧扣"伟人风采、凡人情怀"八个字,通过课内阅读——聚焦人物特写的一个个片断,课外拓展——延伸人物活动的方方面面等方式,给学生呈现了一个活生生的立体的人,令人信服的人,立体展现了文本内涵。

同时,引导学生继续学习描写人物的基本方法。如:《开国大典》正、侧面描写表现人物形象;《青山处处埋忠骨》人物的心理、动作和神态描写;《毛主席在花山》通过几件事情来描写等。一个单元学下来,学生阅读兴趣较浓,教学效果较好。

开展革命传统教育是中小学弘扬和培育民族精神教育的重点之一,语文课程丰富的人文内涵对学生精神领域的影响是深广的。革命传统教育像一盏盏明灯,指引着学生今后成长的方向。用革命的光辉浸润孩子的心灵,星星之火必将成燎原之势,祖国的明天将会更加灿烂辉煌!

南昌市语文学科带头人胡雯谈"如何指导学生有感情地朗读":

《全日制义务教育语文课程标准》明确指出:"各个学段的语文教学都要重视朗读。"朗读历来是小学语文教学中最常用的方法。朗读不仅能提高学生的阅读能

南昌市语文学科带头人胡雯展示课

力,而且能帮助学生理解课文内容。不读,学生就无法熟悉文章、感悟文章、

理解文章。全国著名特级教师于永正老师曾经说过:"没有感情的教学,教学技巧再高明,也是苍白的。"而我要说:"没有感情的朗读,朗读技巧再高明,也是苍白的。"

那么,如何指导学生有感情地朗读呢?

1. 创设情境　以情导读

(1)在人物对话中创设情境

朗读好人物对话,能帮助学生更深入地理解课文、理解课文中的人物,使人物在学生心中活起来。因此,在人物对话中创设情境,可以帮助学生有感情地朗读。例如:我在教四年级下册《尊严》一课时,镇长杰克逊大叔与哈默有三次对话。为了让学生读好这三次对话,从人物对话中感受哈默是个有尊严的人这一优秀的品质。我让孩子们想象自己饿肚子时的情景,再来读哈默的话,让孩子们感受一个饥饿的人却拒绝食物时所需要的勇气。孩子们在人物对话中,深深地感受到哈默的"例外",朗读时,读出了人物的内心,把自己的情感融入到人物的情感当中,以情导读,读的效果不错。

(2)在生活实际中创设情境

陶行知先生说过:"没有生活作中心的书本是死书本;没有生活作中心的教育是死教育;没有生活作中心的学校是死学校。"教学就是要紧密结合学生实际与已有的经验,实现学生可能的生活世界。因此,我在教《触摸春天》一课时,我

校骨干教师徐晨晖展示课

让孩子说一说你平时在生活中看到的盲人是怎样走路的。孩子们都说是走不稳、磕磕绊绊的。而文中的"安静"呢? 安静却走得很流畅,没有一点儿磕磕绊绊。我顺势问:"这说明什么?"说明安静对这里很熟悉,常来这儿,从而

看出安静对春天的喜爱,对生命的热爱。在生活实际中创设情境,孩子们的思路被打开了,对人物的了解得更透彻了,朗读起来也更加生动了!

(3)在科学实验中创设情境

《语文新课程标准》明确指出:"在教学过程中,要加强学生自主的语文实践活动,引导他们在实践中获取知识,形成能力。"语文学习的最佳情境就是生活,把语文学习放到生活实际中去,促成语文学习的生活化,这不仅是大语文格局构建的需要,也是语文教学本质的体现。例如:我在教《两个铁球同时着地》一课时,为了让孩子们充分地理解伽利略的想法是正确的,在课堂上,我让孩子们自己亲手做实验:一手拿一块较重的橡皮擦,一手拿一块轻的橡皮擦,同时放手,让橡皮擦从高处落下,结果与伽利略的观点一样,橡皮擦同时落地。通过孩子们亲自试验,他们完全理解了,再来读文中的句子,教学中的难点被突破,学生读得也很有感情,是带着自己的理解来读的。学生的兴趣被调动起来了,课堂气氛掀起了高潮。

2.发挥想象　以情促读

想象力丰富是孩子的天性。想象力不是先天的,它是在后天的实践活动过程中发展和培养起来的。作为一名语文教师应该充分发挥语文课程的优越性,努力让学生在多姿多彩的学习和生活中展开想象的翅膀,正如爱因斯坦说的:"想象力比知识更重要,因为知识是有限的,而想象力概括着世界的一切,推动着世界的进步,是知识进化的源泉。"因此,我在教《一个中国孩子的呼声》一课时,我让孩子们想象,如果此时爸爸回来了,是戴着一顶"蓝盔"回来的,那当时的情景会如何?孩子们沉思片刻后,许多小手举了起来。有的说:"爸爸把'蓝盔'亲手送给了儿子,儿子高兴地亲吻着爸爸。"有的说:"他们一家人拥抱在一起,妈妈和孩子给爸爸送来了鲜花。"还有的说:"他们一家共进晚餐,享受天伦之乐。"孩子们想象力丰富,他们所想的是多么的美好,孩子们在说这些话时,脸上充满了幸福的微笑。这时,我话锋一转,可现在,爸爸回来了,回来的是覆盖着国旗的爸爸的遗体。当看到这一切时,我和妈妈又是怎样的情景呢?顿时,班上沉默一片,孩子们都说不出话来,但从他们严肃、悲痛的表情中,看得出他们心情沉重。"那就读一读吧!"我低声说。全班一起朗读了文中描写"爸爸回来的一段"。孩子们声音低沉,情感丰富,有些孩子甚至边读边流下了眼泪。这种强烈的反差,是孩子们在想象中得到的,他们读出的情感,是他们内心的真实写照。

3.课外拓展　以情带读

《语文新课程标准》提出:"学生应具有独立阅读能力,注重情感体验,有较丰富的积累,形成良好的语感。九年课外阅读总量应在 400 万字以上。"因此,在中年级阶段,我就非常重视孩子的课外阅读。每堂新课下来,我都会针对性推荐一些和该篇课文相关联的课外阅读书籍。例如:当学生学完了《尊严》一课时,为了让孩子们更进一步了解哈默这个人物,我让孩子们读《勇敢的人——哈默传》;学了《触摸春天》一课后,我让孩子们读海伦·凯勒的故事;学完了《全神贯注》一课,我让孩子们读爱迪生、牛顿的故事。学生的知识面广了,对人物的了解更深了,也养成了读课外书的好习惯,再读到课文时,所带来的情感是更深刻的,是深层次的。

4.渲染气氛　以情范读

我认为一名合格的语文教师,一定要具备范读的能力。语文是一门语言,语言的传递就是一种情感的传递。要让孩子感受这种情感,教师就应该在语言上下功夫。因而,教师有感情的范读是非常重要的,它可以打动学生,感染学生,以声传声,以情激情,引发学生情感上的共鸣,同时体会了激荡于语言文字之间的作者的思想感情。因此,在教学古诗时,我常常给学生范读。朗读古诗是有一定难度的,在读古诗时,既要读出对诗句的理解,又要读出诗人的情感,还要读出古诗的韵味。因此,教师的范读可以起到事半功倍的效果。如果再配上一些古乐,渲染气氛,那诗的韵味自然就表现得淋漓尽致了。

著名特级教师王崧舟老师说过:"语文看上去是一幅幅多姿多彩、形象鲜明的画,读出来却是一首首情真意切、感人肺腑的歌。语文说到底是一种感性的存在。"教师要善于用情感染学生,用情感影响学生。朗读是活的,是跃出纸外,赋予作品以生命的。练习有感情地朗读,在朗读中感受作品的语言,领悟作者的气势和文法,探索语言的内在含义、情味和形态,与作者产生情感上的共鸣。让语文课变得有"语文味"来,让我们的语文课堂"情深深、意浓浓",让我们的孩子在朗读中感受快乐、感受幸福吧！

(四) 铸科研教师

掌握教育规律,提高教育理论水平;预见教育发展的趋势,掌握教育工作的主动权;明确教育改革的方向,大力推进素质教育,发展教育理论,探索教育科学等,都要求教师投身科研。同时,参加教育科学研究,可使中小学教师的教育教学工作

刘红英校长讲座:"谈内涵发展的有效教学观"

模式由"经验型"向"科研型"转变,教师本身的角色模式也由"教书型"向"专家型"与"学者型"转变。教师不仅是教育教学实践工作者,而且是教育改革与发展的研究者、教育技术进步的推动者。随着教育工作不断科学化、规范化,将极大地改变教师的职业形象,使教师工作获得新的生命力与社会尊严。

随着教育改革的深入发展,"蓝梦文化"的推进,"经验型"、"教书型"的教师已经不能满足未来发展的需要。教师除了要上好课,还必须搞好科学研究,以科研促教学。因为如果不从科学研究中吸取新知,不通过科学研究实现对本学科内容的深入发掘,教学水平是难以从根本上得到提升的。"功夫在诗外",是对诗人的告诫,也同样适用于教师。同样,"蓝梦文化"需要造就一大批"研究型"、"专家型"教师,并且势在必行。为此,学校以发展的眼光,从培养优秀教师出发,积扱地为教师创造参与教育研究的机会和良好的研究条件,精心制订了《洪都小学教育科研考核实施条例》,鼓励教师开展教育科研,从制度上、政策上确立它的战略地位。

《洪都小学教育科研考核实施条例》分为理论学习和行动研究两个方面,理论学习是指要求教师业余积极开展教育理论和教育著作的自学活动,积极参加各类教育教学和教育科研的理论学习,以提高自身的理论素养,及时更

新自己的教育理念。

行动研究指的是教师在研究实践中"干中学,学中干"。学校实施"135"的行动研究方式。"1"指的是一个中心,即以人(学生和教师)的发展为中心;"3"指三个结合,倡导每位教师做到读书、实践和写作三者结合;"5"指教师写作(反思)的五种形式:教育日记(教学后记)、教育案例、教育随笔、教育沙龙(基于写作的网络式沙龙)和教育论文(论著)。教师教育科研要做到"重立项、重过程、重研讨、重效果、重推广"。

校行政例会

结合这些考核内容,学校还制订了奖励办法。《洪都小学教育科研考核实施条例》的实施,极大地促进了学校教科研能力的提高,也为践行办"蓝梦文化"的学校提供了智力支撑和保障。在开展课题研究的过程中,锻炼出一批优秀教师和教育工作者,他们因科研而提升了自我、因科研提升了教育质量,学校也因科研拓展了社会知名度。教师高兴地说:我们之所以成长得这样快,那就是因为我和课题一起成长。

第四节　建构顺应人性的管理环境

著名语文教育专家于漪说过:"教育的力量在于教师的成长,而教师成长的根本在于深度的内心觉悟。对于一个人而言,最核心、最根本的成长是精神成长。作为教师,一旦被唤醒了内心觉悟,他成为自己生命的主人,其教育智慧、教育方法,教育技能……自然而然就会生成。"教师的精神世界是一种隐形的力量,推动着教师的发展,并且对我们所教育的孩子们具有深远的影响。教师的精神世界应该多姿多彩,教师人格的独立与自由则是两道最亮丽的风景线。在我们的学校管理中,对教师精神世界的关注主要体现在人性化和自由民主的管理制度上。

一、择善慎独　维护神圣

增强参政议政意识,是维护教师表达独有话语权的重要形式。教代会(即教师代表大会)制度是学校的管理制度的主要形式,它以年级组、备课组等为基本单位,开展学校各项规章制度的制订和修改完善,各项重大活动的讨论。学校每一项管理制度的确立都在征求学校教师的意见的基础上而形成,在教师意见的基础上而建立,并在执行中根据实际情况进行调整、完善。为此,一年一度的教代会成为学校的例会,校长认认真真地向全体教师报告学校一年内的工作情况,展望来年的愿景。

有了好的制度还不够,还需要一支很好的队伍来执行,于是每周五上午第四节课,学校领导、各部门主任、六位年级组长共聚会议室,召开每周一次的组长例会,年级组上报一周年级情况,各部门布置下周工作,校领导对于年级组提出的问题现场督促各部门回复、解决。学校这种"大年级小学校"的扁平式管理方法,有效地做到了政令畅通,令行禁止的管理效果,并具有很强的操作性,在贯彻落实上级精神、上传下达方面起到了进一步细化管理的作用,为贯彻"蓝梦文化"建设奠定了良好的组织基础。

为有效地调动各部门、各责任处室负责人的工作的积极性,学校推行"自主式项目管理",将学校工作分解为信念工程、青蓝工程、名师工程、底色工程、亮点工程、成长工程、文化工程等 10 个工程项目,实行"五自管理"方式,即"行政自动,工作自主,行动自律,专业自创,价值自现"的管理。这种放心地让基层干部参与学校民主管理的方式,一方面解放了校长,充分发挥了基层干部的积极性和聪明才智,保障了教职工参与学校管理的积极性,体现了

"因材施管"的教育规律,实现管理效益最大化。同时,也为构建了具有校本管理特色的"自主组织文化",即"大年级小学校"的管理探索出一条新路子。学校的"自主组织文化",主要体现了五个要素:第一,谁去做——选择项目主体;第二,做什么——明确项目目标;第三,怎么做——明确操作方法;第四,做的标准——提出项目要求;第五,做得怎么样——对项目落实的效果进行评价、反馈。从而使学校各项工作有人想,事情有人做,问题有人管,个个都是参与者,又是管理者。

管理是充满个性的,又是讲究团队合作精神的,但它归根到底是展现师生智慧、才能的。尽管我们对教育的认识还不够深刻透彻,教育的实践还不是尽善尽美,但我们一直在探索,一直在追求。

二、沉钩致远 育养习性

翻阅历史,早在改革开放初期,南昌市就提出"办好每一所学校、教好每一个学生、发展好每一位教师"的办学目标和口号,那是在我国九年义务教育还没有实施之前。当过去了30多年,在教育基本现代化已经初步实现的今天,我们再一次提出"办好每一所学校、教好每一个学生、发展好每一位教师"的时候,它已经不是简单重复,内涵已经发生了深刻的变化,丰富了"发展好每一个教师"的新命题,它标志着南昌市教育返璞归真,已经进入了一个更高更新的阶段。

学生、教师、学校三者是统一的。学校发展要依赖于教师的发展,学生发展同样要依赖于教师的发展。发展好每一个教师,是学校工作的第一要务。没有每一个教师的发展,就没有每一个学生的发展,也就没有学校的不断发展。现在,洪都小学在办学的硬件条件上,与南昌地区任何学校相比都不逊色,主要的差距在教师的整体素质上。现在把教育发展的重心放在教师队伍建设上,是学校一项及时的重大战略决策,我们需要坚定不移地把它执行下去。

创造文化氛围,让教师在学生的发展中发展自己。学校坚定地提出办学箴言,确立"学生利益第一"的价值取向,以学校的每一天成就每一位学生的本色人生。面对时代要求,学校提出的这个教育命题包含着三方面的内容:为学生提供了怎样的教育平台与机会,我们怎样去培养自己的学生,把学生培养成了什么样的人。这直接反映了学校的本质追求,离开了学生的发展,教师的发展就缺少根本的意义。

学校的各项工作与活动的本质是教育,发展老师目的是通过每一个教师的自觉行动,创造"学校教育的每一天",让"每一天"都美好地留在学生的心灵深处,即"每一天"呈现在学生面前的,是能够唤醒他们自觉的"求知意识"、"责任意识"、"生命意识"的教育场景。我们要求每一位老师都能为每一个学生搭建走向成功的平台,希望每一位学生能通过每一天在校的学习和活动,激发出自身的原动力和内省力,主动提高学习和生活的品质。学校对青年教师实施"八项要求",目的是为教师的可持续发展奠定基础。这"八项要求"首先在全体党员教师中提出,然后在全校教职员工中实施。所谓"八项要求",即要求教师:人人具有一种先进的教育理念、具有一种和谐融洽的师生关系、具有一种鲜明的教育教学特长、能够上一堂精品课、能够写一篇高水平的教育教学论文、能够出一份高质量的活动方案、能够说一口过关的普通话、能够会一门计算机技术。我们把这八项素质,看作是当代教师的基本素质要求。

创建反思制度,让教师在精致化管理中发展自己。加强教学管理与研究,引导教师上好每一堂课。在当前的教育制度下,不研究教学,教师就谈不到发展。我们设立学校教学研究与管理中心,突出为学生服务的思想。明确每个年级每学期要研磨出两套学案,并辅之以研究报告的形式参与交流、评估,明确要求教研组每两周一次活动,专门研究学校教学质量的制约与影响因素。

我们认为教师的成长,主要是在课堂上完成的。因而,我们要引导教师上好每一堂课。提出相应的教育教学工作量化要求:如教师每人每学期至少开设一堂公开课或研究课;学校每天要有公开课或研究课:督导推门听课,每周两节以上,记录按周上交;备课组每周有两次以上的课集中备课,大处着眼,细节研磨,实行主备主讲制度;每位教师每周要有两节以上的课使用多媒体手段教学。尝试建立学校自己的"好课标准";梳理自己的传统,达成学校

"好课要素"的共识;倡导大气,有梦想、能圆梦。让课堂洋溢"梦的气度,梦的气势",让学生拥有梦的志向、圆梦的本领、筑梦的精神,大方而不俗气。我们制定好课的标准的原则是,一是回归常态、回归本性;二是建立理想。从课堂教学的一个个具体案例切入,提出问题,形成主题,合作探究,质疑反思。如此程序:一堂课以后进行反思,反思以后再上一堂课,循环以进。要求每个学科、每个老师,不求十全十美,但求能够大胆尝试。

关注每一个教育教学细节,追求目标管理、过程管理与自我管理的统一。在当前学校青年教师占绝大多数情况下,更必须实施精致化管理。所谓精致化管理,要求把人的发展放在至高无上的地位,围绕学生的发展,对过程和细节精心设

教师表彰会

计、精心安排、精心组织。课堂教学要兼顾到学生的长远发展与近期发展,不可能完全剔除功利的因素。要做到两者的融合,将是一种长期的过程。要在理想与现实中间找到个结合点、互补点,乃至最佳的结合点,这才是一个最佳选择。要求教师关注教育教学细节,要求教师研究教材、研究课程标准,力求上课高效。建立和完善工作反思制度和教育教学反思制度;定期收集、整理教师教育教学案例,既通过案例来反思、总结、提升我们教师的素质、能力和水平;又通过许多充满教育智慧、充满细节力量的案例,真实、全面地记录和反映学校教师的成长与收获。让教师在自我体验中,实施自我管理,而这种自我管理又融入目标管理、过程管理之中。我们已建立了我们自己的质量目标管理体系,需要把质量目标层层分解,落实到人,形成人人都是学校教学质量的主人。

为青年教师成长实施成才计划,发挥"小卒过河"优势。我们关心每一个

教师的成长和成功,过去学校以"名人为本",现在,我们则进步到以每一个普通教师为本,在航天路廊上,粘贴每一位普通教师的名字。成就每一位教师,要突出成就每一位青年教师因为青年教师的比例已经占到教师总数的70%。学校实施"青年教师—五年期成才计划",定期召开三年期、五年期青年教师教育教学活动总结会。每年举行一次青年教师论文交流会,每年开展师德标兵评选,每年开展校内教坛新秀、教学"优秀园丁"评选。青年人多,不是一种负担,而是一种不断呈现的朝气。青年教师不仅不是一个弱势群体,相反而是一个正在不断展示自己活力与实力的优势群体。由于我们狠抓教师基本功,因此,在历次的全市教师基本功竞赛中,学校均取得好成绩,名列全市前茅。

创设激励机制,让教师在较高的平台上发展自己。为优秀教师举行教育教学实践研讨会,走大师引领之路。2013年底。为学校的名师、省级学科带头人朱婷举行研讨会,是我们实施"骨干教师培养计划"的一部分。为某个教师举办研讨会,不仅仅是为他个人,更主要的是为以他为代表的整个学科作系统的梳理、总结和提高,把他放在学校历史长河中,放在学校教师群体的背景中研讨,以寻找我们教师成长的自身规律。这次研讨会,邀请了省内外的专家,对这位教师进行点评。这种点评其实就是对他们所在学科的点评,提升了我们学校的学科视野,其直接影响与间接影响都是深远的。此次研讨会局长都亲临会场,并做重要讲话。这不仅仅是对朱婷名师的肯定,更是对我们整个学校教师队伍建设的肯定。大师是旗帜、是方向,大师引领产生的作用与影响,不仅存在于当前,更存在于以后的岁月。走以大师引领之路,是学校教师队伍建设的一个特点,重视大师、重视骨干教师,是保证学校教师队伍经久不衰的重要途径。

设立教师成长档案袋,记录教师成长的历史,引导教师从专业发展到职业发展。在教师生涯中,普普通通的教师也应该发出声音,留下声音。声音就是思考,就是独立的思考。我们的教师要从自己最熟悉的角度审视并思考教育的一个剖面乃至一个细节,把这些思考诉诸笔端。这些完善的和尚不周全的思考,在校内碰撞、交融、升华,是一种很理想的办学态度和很高的办学境界。留下声音还不够，还要留下足迹。足迹就是行动，每一次教与学的行动，都会留下或深或浅的痕迹，有的被物化在校园的一草一木之中，有的被积淀于无形的校园文化之内。或许某些行动和实践太平凡，甚至使我们觉得不留下记载也不

教师成长袋

会有缺憾。但这些行动被记录下来，就组成了这位教师或这个教师群体曾经有过的人生脚印。这些脚印是平凡的，但它可能记录着学生的成长、教师的成长、学校的成长；这些足迹深浅不一，但它闪烁着教师的良知、理性和热情。假如若干年后再审视这些足迹，我们可能觉得它显得稚嫩甚至有些偏颇，但里面的执着和勇气会让我们乃至后人感动、感慨和感悟。正是当初这些热情地探索和朴素的实践，悄悄地改变着以后学校的发展进程。学校的历史是什么？学校的历史就是学校真实的记录。从这个意义上说，我们教师很自豪，正在书写我们自己的历史。教育永远只有彼岸，教育只有在永无止境的追求中才能构建自我、完善自我。

三、物化环境 人文取向

伴随着学校办学理念的逐步完善，在办公室的几次大的改造中，学校办公室文化逐渐形成。它既和校园文化建设相辅相成，又极大地推动了校园文化建设的进程。

在学校里，办公室是以年级组、备课组为单位分配，一间小小的办公室正好坐下十几位老师，大家都是教同一个学科的同一个年级，因此工作中有共同的话题。每间小小的办公室里，我们都可以看到作业本、试卷、练习册、教具等。我们在小小的办公室里对同事付出如家人般的宽容和关爱，也同时收

获着这些留在几代"洪小人"内心甜美的记忆和兄弟姊妹般的情感基础。

这里是我们合作教学的舞台。在教学中遇到了难题,大家拿来一起讨论,就算争得面红耳赤,也无伤大雅,你翻字典,我找资料,他说证据,

信息技术培训

忙得不亦乐乎,答案一出来,还真有说不出的轻松和快乐;集体备课、集体评课、集体讨论,畅所欲言,还真是方便;年轻教师向老教师请教,老教师向年轻教师传授经验,也是极为便利;课题、优秀论文、重大教研成果也都在这里诞生了。

这里又是一个让我们最快感受时代脉搏、体味文化生活的地方。国家发生的重大时事,这里能最早知道;学生的思想动态,这里可以第一时间获知;办公室前面的黑板,更是一个宣传阵地,学校的大小事项、通知、安排,尽在其中,生活中的感受、时尚的最新信息也总是在这里分享——这里是我们工作的地方。

学校的办公室并不意味着正襟危坐和不苟言笑,它往往会营造出和谐、真诚、温馨、浪漫的氛围,让教师置身于积极进取的环境中,对教育教学水平的提升、专业素质的培养、学校的长远发展都有着重要的意义。

四、经纬相交　澄明抱负

教研组文化是教研组成员自觉的精神和价值观念体系的表现依据,也是校园文化建设的重要组成部分。学校一直致力于建设合作共进、活泼快乐的教研组文化。

教学常规工作,常抓不懈。教学工作是学校工作的旋律,是学校一切工

作的根本。为抓好教学工作,学校坚持贯彻教学工作的十字方针,首先要求：备课要"深",上课要"实",作业要"精",教学要"活",手段要"新",活动要"勤",考核要"严",辅导要"细",负担要"轻",质量要"高"。其次,进行随堂听课制。按照教学常规实施细则中对上课的基本要求,学校领导班子、教导处人员进行随堂听课。第三,建立课堂调研,现场指导制。学校实行各教导主任分工负责制,每位教导主任具体负责两到三个教研组、备课组的教学工作,深入课堂听课调研,现场指导教学,采用四种方法：(1)调研课：事先通知教师,教师有准备上课,上课结束后进行点评或交换意见,检查上课效果。(2)推门课(即随堂课)：事先不通知教师,听课后将意见反馈给教师。(3)考核课：由教导处主任组织骨干教师组听课评课,打出课堂教学综合成绩,以检测教师的课堂教学能力,从而促进课堂教学改革,提升教师的课堂教学水平。(4)研讨课：各教研组利用集体备课、教研活动开公开研讨课,有计划,有目的地开展教学研讨活动。

集体备课制度内容不仅涵盖每周一次的集体教育教学讨论,集体听课评课等活动,还包括共同编写校本课程,共同承担课题研究的工作。这就是教研组制度建设的成果,但更大的成果在于教师在这样的平台得到历练,获得成长,也是学校文化和优秀的教育资源传承的重要方式。

教材培训会　　　　　　　　　　　　　　　课题组学习交流

教师签订师德师风责任书

"学理论 守规范 铸师魂"活动动员大会

编织梦想的翅膀

BIAN ZHI MENG XIANG DE CHI BANG

应该说，打造校园文化的途径和方法很多，课程、师资、生源、教学设施、经费投入和社会对学校的期望等，都是我应该着力思考的。众多因素之中，我认为，最重要的莫过于课程。课程是学校的核心要素，学校的一切教育教学活动都是课程实施的过程，它是学校文化的核心，是学校办学特色的直接体现。

——刘红英

校长的话

探访飞机营地

第 3 章
开发课程
为蓝梦文化建基立本

第一节   蓝梦课程实践要求

一、遵循人的自然成长规律

郭沫若先生说过:"教学的目的是培养学生自己学习,自己研究,用自己的头脑来想,用自己的眼睛看,用自己的手来做。"

学校的吴勤耘老师曾讲过这样一件事:她教三岁的女儿画圆形,教了多遍,女儿就是不能把圆形的圆线画圆。没办法,她只得手把手教。可是一放手,女儿又画不成圆。折腾了十多分钟,吴老师生气了,女儿吓得哭了,只好放弃。几个月后,吴老师又拿出纸来要女儿画圆形,谁知,女儿轻松地画出了一个非常规范的圆形。

从这个例子我们可以看出:教育必须遵循人的自然成长规律,这是任何教育的首要规律。如果我们的教学方式、方法适应这个规律,那么我们的教学必然有效。反之,学习必然失效。目前,不少家长在"孩子不能输在起线上"的意识支配下,要求给学生加班加码,严重地违反了孩子成长规律。

一个人在六岁或是十四岁以前的发展通常分为这几个阶段:感性阶段(感官认识或直观占优势的阶段)、记忆阶段、悟性阶段、理性阶段。这种分段办法无疑有部分道理,但要在教学严格遵守,显然是有争议的。因为我们不可能把儿童的自然成长严格划分。因此,教育的艺术就在于能把握儿童的特性,自然、巧妙地,既不耽误,又不过早地把感性阶段提升到理性阶段。遵循人的自然成长规律,就是要求我们在教学中,对学生既不过高要求,也不降低要求;既不加速他们的知识被动地接受,也不延缓他们天性的发展。我们充分让儿童展示自己的天性,而不是成为抑制他们童性的障碍。只有这样的教育,才是贴切的、适合孩子自然成长的教育,才能真正造福孩子。

二、遵循以学生为主体的原则

怎么为学生提供适合的教育,满足孩子们多元化的需求,使"面向全体"这一素质教育的基本要求落到实处,是创建"蓝梦文化"学校的一个重大课题。

以教师为主体的教学和以学生为主体的教学最大的区别是:前者教

江西六套走进校园

学内容及教学活动是由教师预设的;后者教学内容及活动是由学生选择的,并且这种选择不是唯一的选择,而是多元选择,自主选择。由学生选择的教学内容及教学活动最大的好处是,他们在学习过程中不但思维活跃,而且兴致盎然。当学生有兴趣的时候,他们学得最好;当教学内容能够用多种形式来呈现时,他们学得最好;当学生遇到理性的挑战时,他们学得最好;当学生发现知识的个人意义时,他们学得最好;当学生能够自由参与探索和创新时,他们学得最好;当学生能够学以致用时,他们学得最好。

也许有人对学生主动性学习能力有所怀疑,其实,独立思考是人类在进化过程中所具有的。天真活泼的儿童总是问这问那,这是不成熟的独立思考的表现。随着知识的启蒙,假以时日,这种不成熟的独立思考就会逐渐理性化。特别是进入小学高年级阶段,此时他们虽然还不能完全摆脱不成熟,但已经有相当的理性成分了。作为教师,就是要注意这种原始的独立思考能力的培养。只有保持感性的热忱,才能唤起他们理性的追求。

三、遵循知识技能相融原则

谈到知识与技能联系的教学,首先要搞清楚知识与技能之间的关系。任何教学都包括这两方面内容:一是关于学科本身的知识;二是运用这种知识的技能。严格地讲,这二者是难以划分的。这不仅是因为任何教学都是根据某种教材来进行的,而且知识技能也是通过学习教材而获取的。知识是能力的基础,没有知识就谈不上能力;能力是知识的运用,没有运用,知识就无用。因此,有效的教学不仅提供知识,还培养能力。

虽然教学要把知识和技能联系在一起,但在小学的教学过程中,有效的教学应侧重在学生获得的能力上。原因在于:其一,学生年龄越小,越不成熟,其对知识的领悟、研究的能力越差。假设强使他们用尚未发展好的能力去接受他们不能消化的知识,那对他们来说是十分困难的,也是有害的。其二,发展思维和语言表达能力以及观察力、想象力,特别是情感、意志的培养,将会给学生的一生带来无尽的好处。其三,如果学生的头脑充满了或多或少的知识而没有学会去运用,那是可悲的,他们只不过是"两脚书柜"而已。

当然,不可否认,知识的掌握并不是不重要。相反,学生的能力越成熟,就越能学到更多更深奥的知识。因为已发展起来的能力能更轻松地掌握这些知识,使这些知识成为学生心智的财富。毕竟青少年的发展首先是在他们掌握自己易懂的科学知识原理的过程中获得的。没有系统的知识就没有发展的前途。但这个教学任务应该是在中学完成的,小学以培养学生能力为主导是符合教育规律的。重能力,轻知识,应贯穿在整个小学教学过程中,而且不可动摇。

学生对数学知识的理解和掌握要通过思维才能实现,而思维是建立在感性认识的基础上的,通过形象直观和实物操作,帮助学生形成表象,逐步建立正确的数学概念。如在教学"4 的认识"时,为了帮助学生建立"4"的概念,除了充分

航空课

利用书中的插图外,还让学生用4根小棒摆正方形,通过观察和实际操作,明确正方形是有四条边和四个角,这样不仅使学生认识"4",还渗透了几何的初步知识。又如在教学"8的认识"时,为区别"基数""序数",先出示8根小棒,摆成一条横线"1"让学生数一数,知道一共有8根,再让学生指一指,从左到右或从右到左,第8根是哪一根,在此基础上通过动作表演,帮助学生进一步理解。如排队游戏,由8个同学站成一排(横队、纵队),让学生观察后,回答如下几个问题:一共有几个同学? 从左往右数,第8个同学是谁? 从右往左数,第8个同学又是谁? 学生通过观察拼摆活动,95%的同学能区别"8"即"基数"与"序数"的概念。

四、遵循直观形象性的原则

人总是对形象的东西感兴趣,并且印象深刻,这符合人们认识事物的规律。人们认识事物总是由感性到理性,由具体到抽象,特别是青少年,他们获得的任何明确可靠的认识都是从感性知觉出发的。他们借助于感官通过外在的知觉能力感知着世界的个别对象及其特征,通过内在的知觉能力,获得一般的、抽象的观念和概念。在教学中,无论是语言方面的教学,还是数学、科学、动植物学等学科方面的教学,学生都必须先感知他们最初的、最近的能感知的东西,然后才是通过悟性或推理来掌握它们,以便抽象出更高的观念和概念。

什么是直观教学呢? 这种教学不是建立在抽象的观念和概念的基础上,而是依据少年儿童认知特点,从个别到一般,从具体到抽象的学习过程。儿童的天性明显地要求教学的直观性。例如,一年级学生学习抽象

互动课堂

的数学知识是很枯燥乏味的,容易引起思维的疲劳,注意力不能集中,如果能够根据儿童本身具有的活泼好动的特性,适时给予动手操作的机会,就容易集中学生注意力,激起学生学习的积极性。如在数学10以内数的组成时,让学生用小棒、圆片、三角形等去摆一摆,看有几种方法。在开始学组成时,先在教师的指导下操作,以后只要说出把"几"分两堆,看有多少种分法,学生就会很快地抢着按照一定规律说出多种分法。在教学中为使学生感受到学习数学的趣味性和直观性,并对数学产生兴趣,在学习图形后,可以引导学生用已学过的各种图形摆出你认为最美丽的图案,不一会儿,小朋友的桌面上就出现了一幅幅美丽的图画,如房子、机器人、树、宝塔、鱼等。这样不但使学生感受到了学习的乐趣,还培养了学生的创造性。

德国哲学家康德曾经说过:"无直观性的概念是空洞的。"任何人都希望自己亲眼看到,直接认识,亲身体验,而不是学习抽象的理论。教学就应该遵循直观性原则,追随社会的进步,以鲜明的形象丰富孩子们的心灵,以直接的、感性的、生动的认识发展他们的心智,消除那种空洞的、死板的、抽象的、概念化的教学方法。

不可否认,学校在过去的条件下,还不能经常直接地提供直观教学的一切材料,但在科学技术高速发展的今天,直观教学的材料就不是一种稀有的资源了,关键是我们对直观教学的认识。我们不能把直观教学看成是一种初级的甚至是低水平的教学,而要认识到它是形成发展教育的基础。这也是给学生的一个适合的教育。

五、遵循善教不如乐学原则

小学生的主动性多是外在的(身体层面),而不是内在的(精神层面),这就决定了他们难以保持长久的注意力,遇到困难易沮丧,对强迫性学习更厌倦。我们不可能要求他们把全部时间和精力用在学业上,但我们是否可以把他们多余的时间和精力引至他们在生活中最需要、最常用的事物上来呢?同理,既然他们遇到困难易沮丧,我们又何必为难他们?管教太严,精神过于颓废,他们便会失去活力和勤奋。烦闷无聊从哪开始,哪就停止了注意,而教育的成效也消失了。把学问放在最后,不要强迫,把学问看作一种游戏,当作一种消遣,也许他们会自己主动要求接受教育的。这就是所谓的"善教不如乐学"。

当然,"善教不如乐学"不是对学生放任自流。人是有惰性的,假使有些孩子刚出现厌烦学习、逃避功课的现象,而教育者在教学过程中不注意发现,不进行教导,任其发展,养成习惯,那是非常有害的。更何况,学习并不是都是有趣味的,其中必定有一些枯燥无味的东西。仅仅让孩子习惯于其感兴趣的事,而不做其不感兴趣的事,这种教学是有缺陷的,不完整的。

"善教不如乐学"更不是否认教师在教学中的作用。"善教不如乐学"虽然强调的是"乐学"的重要性,但"乐学"是有前提的。在学校教育中,没有"善教","乐学"从何谈起?"乐学"何以得到保证?"善教不如乐学"实质上对教师在教学过程中提出了更高的要求,那就是教师在教学过程中不仅要注意知识的传授,还要有恰当的教学方式;不仅要会教书,更要会育人。

因此,强调"善教不如乐学"并不是否认"教"的意义及作用,而是否定一切枯燥的、呆板的、空洞的、概念化的教学方式。相反,只有把"教"做好,才会有"乐学"的结果。

六、遵循激兴趣为动力原则

小学生喜欢忙忙碌碌,对这种特点加以引导,让他们去做有益的事情,这样做有诸多好处:首先,从实践中得来的知识和技能本身就是值得获得的。这不仅是指国家课程规定的各种学科的知识技能,诸如园艺花艺、模型制作、雕刻版画、泥塑艺术、体操舞蹈、柔道跆拳道、音乐以及其他有用的知识技能,都是值得获得的。其次,实践活动本身对于人的健康是有益的。有健康的身体才有健全的精神,才有良好的学习状态,才有能力工作,才有幸福的未来。其三,学习的效率也会在相关的活动中不断提高。不说课堂活动本身能提高学生们学习的兴趣,单就学习的特点而言,学习是讲究节奏的,它既不能绷得太紧,也不能放得太松,学习之余,开展一些和学习有关的活动,不仅不是浪费时间,反而是提高学习效率的一个好办法。

好奇心是追求知识的一种欲望。比如学校许多孩子特别喜欢美术课,因为教他们的老师总能随手画出各种图形,不仅画得特别快,而且特别准,这一绝活让学生们艳羡不已。老师徒手画图就能激发孩子们对美术的热情,这不仅仅是老师有绝活的原因,其实,这在很大程度上是学生的好奇心使然。好奇心永远是学习的动力。因此,对孩子的好奇心,我们应该加以鼓励。无论他们有何想法,提出什么问题,都不可以制止他们,更不可羞辱他们。

教学的艺术不在于传授知识,而在于激励、唤醒、鼓舞。假如有一天孩子对课程、对教育者失去了好奇心,我们是不是可以转换一种形式加以引导呢?要知道小学生的好奇心的转变是很快的,但对快乐的追求却永远是不会改变的。变化多样才是生活的乐趣。

第二节　蓝梦课程开发实施

一、校本课程开发的背景介绍

教育部《基础教育课程改革纲要》明确提出要建立国家、地方和学校三级课程管理体系。我校十分重视校本课程建设,把开发、实施校本课程作为培育学校办学特色,推动学校教育教学改革,促进学校科学发展的动力工程。

国家课程是根据国家政治、经济、文化、教育等发展状况,根据国家建设需要以及国家未来发展目标而建立的。国家课程集中体现了一个国家在教育方面的基本要求。它具有明确的目的性和普遍的规定性。它强调的是教育共性的一面。

校本课程是指学校根据本校的实际情况,创造性地实施国家课程的过程。它体现了学校的办学特色,注重的是个性发展的需要。

洪都小学校本课程的建设,首先是为了满足学生个性发展的需要。学校是一所拥有四五千学生的规模大校,教学的主要任务是为学生人生发展打好基础,以便他们能顺利升入高一级中学。但是由于学校在本地是一所热点学校——南昌市名校,学校办学规模大,学生多,因此,学生之间个性差异也大。这一切,自然会促成校本课程的开发。

其二,校本课程的建设也是为了满足日益发展的社会需要。国家课程具有一定的稳定性,它不能今天实施明天就更改。而社会的发展却日新月异,不仅知识更新得非常快,而且价值取向也在不断发生变化。这一切促使教育要不断地进行调整,否则就满足不了日益发展的社会需要。即使搞基础教育,如果不能创造性地实施国家课程,也将落后于社会发展,从而失去活力。

其三,校本课程的建设也是学校自身发展的需要。学校要发展,离不开一支业务能力强,具有创新意识的教师队伍。而校本课程的开发,不仅是对一些经验丰富的教师的考量,也是对学校整个教师团队的提升。因为校本课程的建设是一个系统工程,它需要整个团队参与合作,而就在这个参与合作过程中,教师的教学水平和科研水平都会得到提高。更重要的是在这一过程中,大家的能力将会得到更大的发挥。

总之,校本课程的建设,对于提高教学质量,进行素质教育,彰显学校特色,推进教育改革,具有重要意义。

二、校本课程建设的指导思想

前面讲到,校本课程是指各校根据本校的实际情况,创造性地实施国家课程的过程。虽然校本课程和国家课程不能完全等同,但二者目标、任务是一致的,不能把这二者割裂,必须明确认识校本课程是对国家课程的补充或拓展。当然,我们不能把这种拓展无限放大,更不能随意改变国家课程。

校本课程开发应重在形式而不在内容,重在过程而不在目的。这是因为国家课程基本已限定了学校的主要教学内容,也就是说,对于小学教育的学校,国家有基本知识技能、情感态度与价值观等方面的要求,且涵盖面广。如果学校不注意这点,校本课程就可能与国家课程发生重叠现象,这样不仅没有什么意义,而且还浪费了教育资源,甚至无形中加大了学生的负担。

学校为满足学生个性发展而进行校本课程开发。如果仅仅是增加一些科目或者让学生加大一些阅读量,这种校本课程就没有什么价值。而形式多样的学习方式,丰富多彩的学习过程,是值得重视的,更应该纳入校本课程的建设范畴。校本课程的建设应轻功利,重理想;贴近学生生活,丰富学生生活;把生活当课堂,把课堂当生活;重视交流、合作、体验,促进学生情感、个性、认知等整体素质发展。

校本课程的建设,离不开教师。教师是课程的开发者,不是教科书的执行者。教师是用教科书教而不是教教科书。认识到这一点,就不难理解校本课程应重形式、过程,轻内容、目的的道理。目的虽然重要,但过程却更加精彩,目的的达到是需要过程的。学校办"蓝梦"的学校,就是体现对学习过程的重视。这也是学校在校本课程建设中所要重点探究的。

三、校本课程开发的途径及内容

(一)创造使用统编教材

教师不是教科书的执行者,而是教学方案(课程)的开发者。校本课程的开发离不开对现行教材的拓展,对现行教材的拓展实际上是对国家课程的二次开发。教师可创造性地使用教科书来教学。

用教科书教和教教科书有着本质的不同。前者立足于教材,但不拘囿于教材;后者死抱教材,拘囿于教材,唯教材是教。例如学校的李明亮老师,他勇于尝试,在认真钻研的基础上,通过调、减、合、强四种方式处理教材内容。一般情况下,一本教科书,老师要教一个学期,他半个学期就领着学生学完了。然后,李老师就自编教材(含计划各类语文学习活动)教学,全面地提升学生人文等素养。学校鼓励这种教学方式,并号召教师向他学习,要求教师每学期用不少于十分之一的课时对教材内容进行拓展。

(二)科学开发校本教材

教材乃教课之本。没有教材就没有计划,没有计划的教学也是不可持久的。但任何教材又不可能包罗万象,生活的答案并不是在每本现成的教材中都能找到。

编写校本教材不仅是学校智慧的展现，更是对学生的尊重、理解和关怀。学校依托中航工业洪都得天独厚的航空航天文化，学校集众人之慧，制订了《蓝梦文化实施方案》。所谓"蓝梦文化"、"空间教育"，即是以航空航天母体文化为

航空校本教材

龙头，营造高远、宽松的发展环境和成长空间，引导学生形成远大坚卓的理想，达观向上的情怀、智慧严谨的态度、健康自由的个性，实现学生自主、健康、可持续发展。围绕设计方案，学校稳步实施，编写出版了《航空梦飞无垠》校本教材。

本套教材以中航工业江西洪都航空工业集团有限责任公司（简称中航工业洪都）生产发展基本情况为蓝本，着重介绍了中航工业洪都的辉煌历史和系列飞机、航空航天方面的基本知识等，让同学们了解洪都、认识洪都，树立起献身航空、献身科技、建设家乡、建设祖国的理想。同时，本套教材在有关章节还设置了洪都人创业敬业、励志的故事等教育内容，使教材融科学性、人文性、趣味性为一体。

这套教材大 16 开版本，铜版纸印刷，制作精美，图文并茂。在中年级上册教材中，可以看到"我是洪都人"、"我爱洪都"、"我爱航模"等专题。第 18 页有这样一段话："我爷爷是一名飞机设计人员，他经历了世界公认的一代名机——强五的诞生与辉煌。他告诉我：见证这架我国自行设计的第一架超音速喷气机一飞冲天的时刻，是他最难忘的经历……我爸爸是质检部的一名质检工，他整天忙碌于飞机的机械系统的检验，常常连夜加班，顾不上吃饭。'猎鹰 L15'高级教练机的首飞成功，凝聚了许许多多像爸爸这样默默无闻的普通工人的汗水。"这套校本教材不仅开拓了航空教学的范本，也是对学生进行思想品德教育的生动教材。

[范例一]

伟大出自平凡——访中国 K8 教练机总设计师石屏爷爷

石屏爷爷——中国工程院院士，洪都集团公司 K8 飞机总设计师，一个了不起的人物，一个令每一个洪都人为之骄傲的人物。可当我来到石屏爷爷那间沐浴着灿烂阳光的办公室时，发现这

与院士爷爷面对面

位年过七旬的中国工程院院士，却照常地工作和生活着，他的眼神始终平和如一，他始终挂着笑容，他是那样亲切、朴实。

环视这间略显宽大的办公室，除了一台电脑和壁挂式空调、一排装满资料的大书橱，十分惹眼的是两架轻盈精致的 K8 飞机模型置于办公桌上——这就是世界一流教练机 K8 的总设计师的办公地点。眼前这位削瘦普通的老人，竟是托起翱翔蓝天雄鹰的大师。

1934 年，石屏出生在鄱阳县一个贫苦农民家庭。年少时，他目睹家乡在日寇飞机狂轰滥炸下变得满目疮痍的惨状，便立下了长大后自己要造飞机保卫祖国蓝天的志向。高考时，石屏毅然放弃了一直喜爱的文学，考进了南京航空学院。1956 年 7 月，石屏大学毕业后来到了洪都集团公司，一干就是近半个世纪。

回顾攀登航空高峰之路，石屏感慨良多。当年，洪都集团在研制强 5 飞机的实践过程中，形成了"自强自立、求实创新，百折不挠、团结奋进，献身航空、勇攀高峰"的"'强 5'"精神，它激励了一代代洪都人。谈及往事，石屏动情地说："'强 5'的总设计师、工程院院士陆孝彭对航空事业执着追求，逆境中勇往直前，工作严谨务实，与工人打成一片的行为深深地影响着我们。正是'强 5'精神，坚定了我的人生观，除了航空事业，我一生别无所求。"当初 K8 飞机既没有列入国家立项计划，也没有研制经费，怎么办？是石屏他们下决心走国

际合作之路。机遇终于来了。1986年,国家同意与巴基斯坦合作研制新一代喷气式基础教练机。洪都集团抓住机遇,派石屏前往巴基斯坦进行洽谈。刚到巴基斯坦,对方通知第二天召开高层的听证会。石屏深知此次听证会答辩方案是关键。为此,他不顾旅途疲劳,连夜整理材料,从傍晚连续工作到第二天凌晨五点,完成了答辩报告。听证会开了整整一天。在报告中,石屏凭着自己渊博的学识以及对新一代教练机深刻、全面的了解,详细阐述了我方新型教练机的设计思路和设计方案、基本性能及研制计划,特别强调我方教练机的综合性能优于世界同类教练机。巴方十分赞赏,当场拍板,同意出资合作,由我方负责设计研制。由此,揭开了教练机立项研制的序幕。

随着K8飞机放飞世界,洪都集团国际交往日益频繁,谈判也成为石屏一项重要工作。别看石屏平时埋头科研寡言少语,一到谈判桌前,却能言善辩,立场坚定。与石屏面对面交锋过的外国对手都说:"石先生是位很难对付的人。他想得到的东西就一定要得到,拐弯抹角也要得到。"

但是,石屏又是一个很有亲和力、很有担当的人。他这种优秀的品质,使石屏周围的年轻人对他十分敬重,都说石总身上有一种人格魅力,能够把大家凝聚在一起,这对从事飞机设计这项团队性极强的工作显得尤为重要。K8飞机做第一次全机静强度试验时,当载荷加到设计值的95%,突然轰隆一声巨响,机翼折断了,试验被迫终止。任K8飞机的常务副总设计师张志林就是当时负责强度的设计人员之一。他谈到当时的情景至今记忆犹新:大家都惊呆了,不知所措,思想包袱很重,觉得耽误了飞机的设计进度,中午连饭都吃不下。石总把他们叫过来谈话,没有一句批评,全是鼓励:"有成功就有失败,要正确对待,不要有包袱,我是总设计师,出现什么责任首先由我来负。"简单几句话,宽慰了大家的心,设计人员们又振奋精神,很快找出了失败的原因,在第二次试验中就取得了成功。

悠然四十七载,近半个世纪的理想燃烧、创造激情的岁月。为了使祖国的航空事业后继有人,在教练机研制生产的十多年时间里,石屏一刻也没有放松自己的责任,想方设法培养后起之秀。他有意识地把年轻人推向科技攻关的主战场,给他们压担子,下任务,想方设法使他们尽快成长起来。K8飞机研制成功了,一个具有奉献精神、敢于攀登世界航空科技高峰的人才团队也形成了。石屏先后培养出副总设计师、室主任、学科带头人20多人。对于这些,石屏感到十分欣慰。他说:"我最为骄傲和自豪的是,在飞机研制成功的同时,成长了一批批初生牛犊不怕虎的后生们,他们才是祖国航空事业的未来所在、希望所在!"

[范例二]

航天英雄杨利伟的成长故事

随着"神舟"五号的飞天,全世界都认识了一名中国航天英雄——杨利伟。其实,航天英雄杨利伟是从一个普通人成长起来的,他的亲人也都是普普通通的老百姓,但正是少年时期亲人对他的教育,为他日后成为航天英雄奠定了坚实的基础。

在外公外婆讲的故事中产生理想

杨利伟从小就常住在外公外婆家,自幼便在外公外婆讲的传说故事中受到了熏陶。

在外公外婆讲的各种传说故事中,最令小利伟着迷的是《七月七日牛郎会织女》《嫦娥奔月》《七仙女下凡》这类神话故事。每次听完故事,他就常常对外婆说:"等我长大后,我一定飞上天空去见牛郎、织女和嫦娥、玉兔。"这些故事激发了杨利伟的好奇心和想象力,使他养成了爱思索、爱幻想的好习惯。

杨利伟上小学三年级时,学校组织同学们到飞机场去参观。杨利伟好奇地抚摸着一架架银鹰,随后还和同学们一起观看飞行员的飞行表演。这次经历使杨利伟激动不已,他在《机场观后感》的命题作文中写道:"我长大一定要当一名飞行员,飞上天空,对宇宙进行探秘。"

在父亲的帮助下改变懦弱性格

杨利伟小的时候性格内向、懦弱。杨利伟8岁那年的一天,母亲让他到木棚上拿地瓜,然而过去了很长的时间,杨利伟的额头和鼻尖上都渗出了汗水,却始终不敢登上离地面并不算太高的木梯。

为了改变杨利伟的懦弱性格,寒暑假时父亲有意识地带他去爬山、去游泳,秋天还带他去大山里爬树采摘果实。杨利伟9岁那年的秋天,在家乡绥中镇北燕山山脚下,经过父亲的不断鼓励,他平生第一次爬上了一棵三十多米高的古松。回到地面上之后,衣服被汗水浸透的杨利伟张开双臂紧紧地搂住了爸爸的脖子并高声喊道:"爸爸,我终于爬上去了!"看见儿子第一次勇敢地战胜了自己,杨德元感到很欣慰,父子俩人喜极而泣。

在母亲的教导下度过叛逆期

有一次家访,老师对母亲说,杨利伟上课时喜欢玩笔。老师没收一支,他就拿出来一支,故意和老师对着干。看到老师向母亲"告状",杨利伟原以为肯定要挨打了,但是母亲却跟他说了一段让他记忆深刻的肺腑之言。母亲话的意思是:在家庭中,作为一个孩子,可以自由自在,可以调皮,但在特定的环境中就必须遵守规定的纪律和规则。在一定的限度内,师长或其他人对你的调皮可以容忍,但是一旦超过了这个限度,你就要为此付出代价,接受应得的惩罚。

从此,杨利伟非常尊师守纪,即使是在玩的时候,也时刻提醒自己不能为此耽误学习。直到他进了部队以后,母亲的那些话还时常回响在耳边,并一直鞭策着他,使他时刻严于律己。最终,杨利伟圆了儿时的梦想,也圆了华夏民族千百年来的飞天之梦!

天空的湛蓝是最迷人的颜色,澄澈得叫人心醉。我们若能在这广袤无垠的蓝天下张开翅膀,定能带着无限的憧憬努力寻觅生命的快乐,任思绪在湛蓝的天空中尽情飞翔!

为了进一步"培育'蓝梦文化'、打造航空特色",学校致力于系统开发"航空航天文化课程校本教材",以此推动学校教育教学改革,塑造学校文化品牌。《羽翼传说》则是又一部反映校本特色的教材。

这本教材在挖掘我国传统文化精粹的基础上,选取了"盘古开天"、"女娲补天"、"夸父逐日"、"后羿射日"、"嫦娥奔月"、"鹊桥相会"、"大闹天宫"、"乐舞飞天"、"鲲鹏展翅"、"九天揽月"等中国古代十个经久不衰的神话故事,作为小学生"航空航天教育"的启蒙读本,旨在激发学生探索太空、学习科学的兴趣和热情。

而学校另外开发的《小学生文明礼仪读本》《仁爱》口袋书、《梦学园》《国学》校本教材,对学生的文明举止的传承,祖国优秀文化的继承起到了继往开来的作用。而每月定期出版的校报,更是成为校园文化建设的一项重要内容。

(三)校本课程分级管理

为加强课程管理,确保课程在学校应有的地位,学校成立了校本课程视导组,对学校课程贯彻落实情况进行定期检查。视导组明确了四条原则:暨全员参与全程参与相结合;校内与校外相结合;学校与班级相结合;课内与课外相结合。课程的实施分三个方面进行:

1. 分年级。由于不同年级的知识水平、学习能力以及学习科目不尽相同,校本课程主要按年级的不同进行。

2. 分类型。校本课程强调的是参与性,因此,课程内容丰富性是满足学生要求的前提,而课程形式的多样化又是课程实施的保证。据此,校本课程的实施采用分类型方式:有静态的认识,也有动态的体验;有主流文化价值,也有大众文化娱乐;有怡情益智的活动,也有奥秘的探索;有学校生活,也有社会课堂;有常态课也有微型课,有开放作业也有体验式作业。

3. 分时间。一、二年级每周三课时,三、四年级每周安排两课时,五年级每周安排一课时,六年级安排课余活动或第二课堂进行。

在校本课程管理方面,以校长为主任委员,负责指导全面工作;各科室主要负责人、教研组长、年级组长为委员会成员,班主任负责相关具体工作。整个学校课程的日常管理,则由相关处室负责,具体分解为:

教务处负责全校校本课程建设计划,制订实施方案,探索开发校本课程新内容,新形式,将校本课程实践活动纳入学校课时安排,对学生上课、教师备课、教师培训、教学资源进行管理。

学管处协调相关的课程落实工作,对活动课程的开展进行组织协调、纪律管理,活动场地安排管理等。

教研组长负责本学科校本课程的开发,并组织协调此项工作的开展。年级组长负责年级活动,协调班主任工作。

班主任执行校本课程计划,负责班级活动。

第三节 蓝梦课程文化体系

卢梭在《爱弥儿》一文中说过:大自然希望儿童在成人以前就要有儿童的样子。如果我们打乱了这个秩序,我们就会造成一些早熟的且很快就会腐烂的东西,我们将造就一些年纪轻轻的博士和老态龙钟的儿童。

为了避免造就这样的儿童,学校开设更多的适合学生的教育,梦想的课堂就是要通过由教师的本位回归到学生本位,由知识的本位回归到需求的本位,力图给麻木的心灵注入活力,使呆板的神情焕发生气,重新点燃孩子们热爱学习、乐观向上的激情与梦想;以全新的教学观念,保护学生的学习兴趣,保护学生的学习热情,保护学生的才气;因材施教,广开教学资源,不断推出高质量的校本教材。

为促进学生发展能力、培养兴趣、挖掘潜力、发展优势,学校在高质量地完成国家必修课程的基础上,充分发挥学校的各种教育资源,如无声课程、有声课程、彩色课程、放飞课程等,还开设了许多适合学生发展的有益于身心健康的活动课程,如航空课程、仁爱课程、书香课程、影视课程、梦学园数学阅读课程,组织各种拓展性活动,如我运动、我健康——体育活动,包括现在时兴的滑轮、跆拳道等活动,如校园里的星光大道——艺术类活动,合唱、戏剧表演、舞蹈、腰鼓、书法、美术、摄影、雕刻等活动。你的心有多大,舞台就有多大,如蓝梦讲坛,小主持人、小作家、小记者从这里启蒙;我发明,我发现——从课堂走进实验室,走进梦工场,体验科技生活,体验我制作的探索课程……此外,样式新颖、富有创意的班会活动,孩子们也是喜闻乐见、热情高涨;令人垂涎的美食,全由学生们当堂来制作,使学生既掌握生活技能,又增强劳动观念;手捏的泥塑更体现出他们的童趣;轮流担纲的故事会,说时政、讲法律、谈理想,让他们的生活丰富多彩。

凡此种种,促进了书本知识与学生生活、社会实践的结合,创新了"学思结合、知行统一"的培养模式,使"蓝梦文化"成为孩子们发展个性、展示才艺的广阔舞台。

一、蓝梦课程的特性

第一,蓝梦课堂在教育教学过程中,追求的是人文性的教学理念。首先,体现在高度关注学生的感受,细心洞察学生的心理,努力满足学生的需求,充分尊重教育规律和学生的身心成长规律,营造一种温馨、和睦、自由、宽容的教育氛围,用以舒缓压力,消解抗拒,拉近距离,使之心悦诚服地跟随老师的引导。其次,在正确处理教育的三维目标时,毫不动摇地把情感、态度、价值观放在首位。因为做人比做事重要,成长比成才重要,有什么样的价值观,就会做什么样的事。所谓态度决定成败,性格决定命运,从某种程度上可以说是我们的课堂培养了什么人,培养了什么样的学生。厌学的孩子,十之八九不是能力的问题,而是态度的问题。因此,强化情感、态度、价值观的引导,才是解决问题的根本之道。当孩子们把学习看作是生活需要,而不是额外负担时,他们才有内在动力,他们才能乐在其中,他们才有可能成为善于调节自己、自觉思考和学习的人。由于蓝梦课堂的人文性,它最终以人的发展为起始点和终结点,因此,重基础、重实践能力、重人文精神是蓝梦课堂的精神内核。

第二,蓝梦课程的探究性。从心理学角度看,人的心灵深处都有一种根深蒂固的需要,就是希望自己是发现者、探索者,这在青少年的精神世界里尤其强烈。充分利用青少年的这一心理特点,积极倡导自主、合作、探究的学习方式,最大限度地发挥学生在学习生活中的独立性、能动性、创造性,不仅有利于学生发展能力、培养创新意识,而且可以大大激发学生的学习兴趣。

在蓝梦的课堂中,需要孩子们兴趣盎然地开展辩论,在观点交锋中、智慧碰撞中相互启迪;孩子们在探究中需要积极主动地寻找解决问题的途径和方法,甚至主动请缨,合作承担,在课堂上成为学习活动的组织者、引导者、管理者的角色。《教师成长》中有一句名言:"引导学生主动学习,是教学的最高境界和终极使命。"在蓝梦的课堂中,我们就需要创造这种境界,蓝梦的课堂必须成为孩子们合作探究学习的创新园地。

为培养创新性人才,满足学生个性发展需要,根据学生不同年龄特点,个人爱好特长,蓝梦课程更多的具有探究性。这些校本课程的设置,必须是建立在浓厚的校园文化和丰富的课外活动的基础上的,其目的是求得学生在以下几方面得到完善,寻找到更适合的教育。

1.感觉:为了越来越明晰地观察事物。

2.智能:为了越来越深入地理解事物。

3.语言:为了把所了解的事物表达得越来越好。

4.双手:为了能制作自己所必须要做的东西。

5.体能:为了保持越来越好的学习状态,也为了将来幸福的工作。

二、蓝梦课程的体系

校本课程作为国家课程的补充,为校本课程开发提供了广阔的空间,为成就学校办学特色起到了积极作用。作为一所具有现代教育理念的学校,学校根据学校的人文环境氛围、教师特长爱好等,创建了具有本校特色的课程体系。

原色课程:即国家统编教材,包括语文、数学、英语、音乐、美术、体育、信息技术、科学、综合实践活动等。

无声课程:即梦想的校园,包括校园环境、校园建筑、校园人文景观、校园美化绿化等有形物。

有声课程:即蓝梦课堂,包括航空课、科技课、仁爱课、书香课、影视课。

彩色课程:即蓝梦社团,包括蓝梦科学院、蓝梦艺术戏剧院、蓝梦文学书画院、蓝梦体育院、蓝梦讲坛。

放飞课程:即蓝梦活动,包括参观洪都厂史陈列室、参观学校航空展厅、探访飞机营地、举办航空知识讲座等。

无声课程即梦想的校园是无边际的讲台、是无声的立体的教科书,它内隐着学校的办学思想、蕴含着学校的价值观和学校精神。立体化、具象化、艺术化的校园能发挥意想不到的教育效果,它让学生浸润在航空文化之中,潜移默化地接受航空文化的熏陶。我们通过设置走廊文化展板（一年级"宇宙之谜"主题；二年级"地球的奥秘"主题；三年级"飞行器"主题；四年级"航空科技"主题；五年级"空中角斗士"主题；六年级"探月工程"主题），打造校园人文景观，如飞天之梦、榜样长廊、源头活水、羽翼传说，创建航空主题雕塑、航空展览厅、蓝梦书吧、班级航空角等来创建蓝梦校园，从不同角度呈现了"蓝梦文化"的主旋律。

航空主题走廊文化布置　　　　年级开展的航空主题活动

有声课程是经过整合化的校本教材，它主要包括航空课、科技课、仁爱课、书香课、影视课五大主题。如航空课程各年级活动安排：一年级唱航空歌曲、开展制作竹蜻蜓活动；二年级画航空科幻画、制作纸飞机活动；三年级开展讲航空故事、放风筝活动；四年级开展探访身边的航空人，制作回力镖活动；五年级开展手抄报、制作孔明灯活动；六年级制作电子报、开展航空作文比赛。仁爱课程用以强化德育目标，包括诚教谦和课、廉政文化课、文明素养课。书香课程用以拓展学生视野，包括阅读课、国学课、书法课。科技课程，包括科技体验课、求生演练课。影视课程，包括科技影视教育片、校园电视教育片制作。

彩色课程以培养兴趣、锻炼能力为主，包括文学戏剧班，蓝梦讲坛班，绘画班，书法班，古筝队，合唱队，舞蹈队，足球队，航模队，健美操队。

放飞课程主要突出它的体验性、实践性、探究性，包括参观航空博物馆，探访飞机营地、学校航模展览厅，参加学校、区、市、省、国家级各类竞赛活动，提升学生综合实践能力。

三、蓝梦课程的价值

蓝梦课程以向学生的心灵播撒梦想为目的,以关于追梦的行为故事、活动、游戏探究为载体,以实践训练为重点,对学生进行"追逐梦想"的教育,它内容丰富,结构简单,共 240 课时,涵盖了学生成长过程中的多个主题。

其实,这不仅是一个课程模式,更是一种教育模式,它以故事、活动、游戏、探究为有效载体,在实际操作层面极大程度地实现了"蓝梦文化"教育理念的。其突出特点表现在以下几个方面:

第一,整合"碎片"。打破了学生课程"碎片化"的现象,使序列化的故事、活动、游戏、探究成为相互联系、彼此促进的有机整体,使课程不再只是"课程性的活动",而成为真正有目标、有指向、有跟进、有评价、有系统的课程。

第二,体验童年。遵循教育规律,符合儿童心理,通过讲故事、做游戏、个体探究、团体活动等方式,使学生通过体验式活动,自我领会、自我顿悟、开启心智、发现美好,从而达到自我教育的目的。

第三,指向多元。既有较强的思想品质训练,又有大量的智力训练,还有一定的体能训练,适应各种类型学生的兴趣爱好,培养学生多元化能力,是增进学生智慧、灵气、健康、快乐的一门"梦想"课程。

航空数学阅读:梦学园

编织梦想的翅膀
BIAN ZHI MENG XIANG DE CHI BANG

课堂教学改革是校园文化建设的灵魂。我认为，课堂教学不改革、不创新、不提高，校园文化建设就无从谈起，学校一切物质的、制度的东西就成了空中楼阁。

——刘红英

校长的话

航模训练

第 4 章

改革教学

为蓝梦文化披坚执锐

第一节　开明的教学观念

如果学生有了一门喜爱的学科,那么你不必为他没有在所有各科上取得"五分"而不安。应该使人更为担心的,倒是门门成绩优秀但却没有一门喜爱的学科的学生。多年的经验使我相信,这种学生是不懂得脑力劳动的欢乐的平庸之辈。

——(苏联)苏霍姆林斯基

一、学生主体教师引导

著名教育家陶行知课堂教学的核心理念就是"教学做",即"教与学"都要以"做"为中心,以"做"为基础。陶行知提出落实"做"的五条路中首要的一条就是"体验"。基于这样的认识,洪都小学在摸索中实践,在实践中总结,在总结中反思,在反思中沉淀,逐渐提炼升华出一套具有鲜明洪小特色的教学观。

(一)学生主体观念

1.关注全体学生的学习能力。注重培养学生良好的学习习惯。帮助学生建立明确持久的学习动机,引领学生掌握科学的学习规律和学习方法,养成良好的阅读习惯、书写习惯、语言习惯等,达到知识和能力的共同进步,提高学习效率,培养学生的学习能力。

2.关注全体学生的学习状态。教学改革关注学生的情感、心灵,让学生学得主动、生动、灵动,有真情、真趣、真意,让学生的生命充满生机与活力,真正能够确立学生在学习生活中的主体地位,不断唤醒学生蛰伏的主体意识,形成持久的情感内驱力,从而有利于其个体的自我学习、自我发展、自我实现。

3.关注全体学生的生命价值。教师宽容和鼓励学生不合常规的课堂表现,鼓励学生大胆质疑,不唯师、不唯书、不迷信权威,培养学生思维的广阔性、灵活性与独特性,最终实现提升学生创新品质的目标。改革立足于其个体的自我学习、自我发展、自我实现。

(二)师生角色定位

教师是组织者、策划者、引导者、调控者;学生是探究者、体验者、合作者、参与者。尊重是办好教育的前提,尊重学生的人格,尊重学生间的差异,尊重学生的情感,尊重学生的个性,尊重学生的心灵自由和精神世界的独特性,创造各种条件激发学生的创造力和潜能,使每个学生都有机会在其"天赋"所及的领域最充分地发展自己的才能。平等民主是发挥学生主体性的保障,把学习的主动权还给学生,激发和调动学生学习的积极性,相信学生、发动学生、组织学生、利用学生、发展学生。

教师应正确恰当地组织学生的学习活动,要创设学生人人参与的教学情景,发扬学生自主学习的主体性,尊重学生独立思考的权利,唤起学生学习的主动性、自尊性、创造性,让每一个学习者都可以根据不同的知识基础和生活经验,对所学的内容有不同的体验、认识、选择、评价、重组和整合,真正把知识变为自己的一种能力。鼓励学生合作,并达到资源共享、共同提高的目的;鼓励学生进行争辩,动手动脑,参与实践,相互学习,开发思维,喻事明理。

每个学生都有强烈的表达欲,都渴望得到老师、同学的认可,教师应善于给学生提供表达的场景与舞台,变苦学为乐学,变乐学为会学,变会学为愿学,这就是洪都小学的教学观。

(三)课堂教学特点

1. 在参与中学习。课堂充分激活学生的感悟,培养学生积极的能动性。取消用同一把尺子去衡量每一名学生的统一要求和统一标准,让不同层次的学生同样都拥有发言权,都能得到锻炼机会。在课堂教学中激发学生提问、讨论、操作、练习,提高课堂参与率。

2. 快乐地学习。"激励、唤醒、鼓励"是教师组织课堂教学的三大法宝。培养学生浓厚的学习兴趣和求知欲望,营造生动活泼的课堂气氛,课堂上老师应善于利用学生的好奇心,引导学生挖掘各科教材的兴趣点,使学生形成比较稳定的学习动机,把抽象的知识形象化为可操作的实践知识。

蓝梦课堂结构所呈现出的形式的多样化,是运用情感激励法、唤起注意法、自我发现法、讨论辨析法、竞赛评比法、分组结队法、小组擂台比武法等等来调动学生的学习热情,培养孩子的学习兴趣,从而达到"快乐学习,幸福成长"这一境界。

3.使用正确有效的学习方法。每个学生都要掌握"学习方法五字诀":读、思、问、议、评。读:学生会读书;思:会思考,边读书边思考;问:对自己不理解的句子或词语会质疑;议:讨论时会说出自己的见解;评:会评价别人和自己的发言,会发现哪些是对的,哪些是错的,能加以区别。

培养学生"会听、勤思、敢说、善问"的习惯。会听:上课时专心听课,细心听同学们的发言,边听边思,精力集中。勤思:积极思考提出的问题和同学们的解答,在学习过程中边操作边思考,边观察边思考。敢说:上课大胆发言,敢说话,敢大声发表自己的意见。善问:没听懂的内容和在练习中遇到的不会的问题,善于问。

(四)把握教学环节

预习交流、明确目标的环节,即通过学生交流预习情况,明确本节课的学习目标;分组合作、展现提升的环节,即教师通过口述将学习任务平均分配到小组内,一般每组只完成一项即可;各小组根据组内讨论情况,对本组的学习任务进行讲解、分析等;穿插巩固、达标测评的环节,各小组结合本组展示情况,对本组未能展现的学习任务进行巩固练习;教师以试卷、纸条的形式检查学生对学习任务的掌握情况。预习、展示、反馈三大模块贯穿在一起,构成了学生的自主学习模式的主体。

(五)多层次督查课

(1)校部调查课。对各学科进行不定时抽听课,以便了解各学科的进展情况。

(2)学科的促进课。对每一学科、每一个青年老师或单听或集体听课,促进每个教师的发展。

(3)年级的"晒"课或"岗位练兵"课。本年级稍弱教师、年级组长、教研组长请骨干教师一起听课,加强指导,确保每个教师提升。

(4)考评组的考核课。学校考评组负责对教师的考核,每学期对每个教师听评课打分记入考核。

二、创新作业促进教改

2013 年 8 月 22 日,教育部公布了《小学生减负十条规定》(征求意见稿),这是教育部三令五申学生"减负"后,专门针对小学生减负出台的新规。当中第四条这样写道:一至三年级不留书面家庭作业,四至六年级要将每天书面家庭作业总量控制在 1 小时之内。要积极与家长互动,指导好学生的课外活动。教师应深化教学改革,提高课堂教学效率。为此,我们学校开始了"创新作业形式,促进教学改革"的尝试。

1. 优化作业内容

上海虹口区曲阳第三小学有一位数学老师,叫叶丽雯。9 年来,叶老师在课堂上坚持当天事当天毕,从不给学生布置家庭作业。学生的成绩也并未因此受到影响。她根据不同知识专门设计了一整套点分为复习、新授、提高内容的"作业单",把学生该掌握的内容都放了进去。这是一张只有 A4 纸大小的纸,上面有 30 道左右的题目,分为计算、判断、应用等多种题型,图文并茂,甚至还融入了卡通画。这样的"作业单"一个星期才做一张,而且全部在学校里完成。叶老师说:"减负是什么? 不是不做练习,而是精选题目,高效学习。"她从来不给学生做教辅书,但是每天下班后,她却要花大量的时间去研究教辅书上的题目,然后设计出每个单元、每个学习阶段的"作业单"。我们号召全体老师向叶老师学习,减少重复性作业;进行单元重构,为作业瘦身。

2. 变革作业形式

①推行网络作业

在洪都小学,有一些教师,已经在班级教学中使用了网络作业这一形式。网络作业与传统作业相比,最大的优势就是能够让学生在学习上更加积极主动,让作业不再枯燥。特别是低年级的学生,教师为他们开通自主学习空间。游戏化的学习内容,答题时间的设定,以及需要真正掌握这一章的学习内容才能"通关"的设置,再加上可以和好朋友比赛,学生们就会经常自主自发地学习。每星期一次的网络作业,孩子没到时间就惦记,学习效率和兴趣得到很大提升,通过网络作业的形式,教师也可以精准控制作业的时间,轻松了解学生的学习状况。口语方面的评价,也可以在网络上实现。

我们一起来看看网络作业的内容:

网络作业

②增加开放性作业

如:一年级刚刚学习完《认识人民币》,结合即将春游,老师给学生留了这样一道开放性作业:让学生在父母的陪同下,去超市,看看商品的价签,买几样东西,然后再观察机打小票,看看你发现了什么? 设计这道作业的目的一来想让学生将课堂所学的和人民币相关的知识应用到实际生活中去,如:如何看价签,元、角、分的简单加减等。二来是让学生通过观察机打小票发现:小票上无论是单价这一列还是应交款这一列,都是小数点对齐的,为学生将来学习小数加减法做铺垫。实际上也可以上升到"位置值"的思想,即相同数位要对齐。

这样的开放式作业,有利于激活学生思维,让学生在练习中体验数学自身的魅力。只有把作业延伸到现实生活中,利用身边的事物巩固新知,才能丰富学生的知识,从而减轻学生学习数学的恐惧心理,产生学习数学的积极情感,同时也培养了学生的数学应用能力。

3. 推行"无作业日"

从 2013 年 9 月份开始,学校推行了每月一次的"无作业日"尝试,如今已改为每周一次。这是非常不容易的。因为洪都圈子内,家长、老师还是很看重分数的,进行这一变革,只有采取"先迈小步,逐步推进"的策略,才不至于产生太大的震动和抵触情绪。现在,我们的这一做法已经得到了专家、老师、家长、学生的一致认可。我们的"无作业日"不等于什么事也不干,只是没有书面家庭作业!对于"无作业日"这一天干什么,我们的尝试是:

①加大阅读

记得有一位学者说过:一个人的精神发育史,应该是一个人的阅读史,而一个民族的精神境界,在很大程度上取决于全民族的阅读水平。为此,我们加大阅读推荐,鼓励学生读书,读整本书。除了推荐书目,我们还引导孩子去阅读一些自己感兴趣的课外书,如《寻找快活林》《成语故事》《寓言故事》《智慧故事》等故事书,也鼓励他们阅读一些科普读物,了解一些科学知识,还可以看看《上下五千年》等了解一些历史知识,学习一些社会知识。

②注重体验

对孩子的过度保护已经成为中国式教育一个不容忽视的教育弊端。为了培养学生的生活技能,鼓励学生参与社会实践,我们在"无作业日"中增加了体验性作业内容的安排。学管处根据月主题,分年段设定作业内容,通过体验性作业,提高生活技能。如五月份,一、二、三年级学生选做自己洗一双袜子、帮妈妈扫一次地、学唱《劳动最光荣》歌曲、给院子楼道打扫卫生;四、五、六年级学生选做学做凉拌菜、给院子楼道打扫卫生、学唱《劳动最光荣》歌曲、制作劳动小报。

③培养兴趣

我们常常会发现这样一个问题:当我们问孩子你有什么兴趣爱好时,孩子们回答不出来。而我们学校的办学目标中就有培养学生具有一至两项艺术、体育、科技方面的特长。为此,我们在"无作业日"第三个方向内容的安排上,结合学科主题,增加综合实践活动内容的安排,如结合学校航空特色,增加制作、放飞小航模的作业内容等。学生还可以安排自己感兴趣的艺术培养训练,如唱歌、跳舞、拉琴、画画等。

著名教育家顾明远曾说:"要努力为每个学生的发展提供最适合的教育,努力使学生能主动、生动、活泼地发展。"留美博士、新东方教育集团副总裁王修文也曾说:"在减轻学业负担的同时,一定要给孩子补充一些生存教育,让孩子在生活中多思考、多实践,让孩子尝试做家务、理财、打工,参与公益活动等,这样孩子将来才能更好地生存。"我们学校设立"无作业日",就是要为学生打开通向成功的另一扇大门,我们致力的不仅是学生学科成绩的提高,更多关注的是人的发展,为培养未来的人才奠定良好的基础,我们将为此继续不竭努力!

第二节　精致的课堂教学

课程改革与素质教育,关键在教师,核心在观念。课堂犹如一个大舞台,每天上演着不同的戏。教师是导演,学生是演员,教材是剧本。课堂教学是一首流动的诗,随时都会有不确定的因素带来新的生成音符。教学不等同于医生的"输液",不等同于储户的"储蓄",不等同于工人的"搬运"。任你怎样绞尽脑汁地说理与灌输,都无法进入孩子的精神领域与心灵世界。真正深刻的教育在于如何"荡其心,启其思,开其悟"。因此,教师总是能超越平铺直叙地"告诉",让学生在经历思与智的曲折环绕间"聪明花恍然绽开"。

"教学相长"的教育规律内在地包含着"教学相乐"的意味。教学的快乐就在于师生之间智慧的互启与思想的互助。尤为重要的是,教师要以自己别出心裁的构思逗开学习者的"聪明花"。对此,著名诗人闻一多先生可谓深谙其道。有一次,闻一多先生给学生上课,他走上讲台,先在黑板上写了一道算术题"2 + 5 = ?",然后,闻先生问道:"大家谁知道二加五等于多少?"学生们有点疑惑不解地回答:"等于七嘛!"闻先生说:"不错,在数学领域里,2 + 5 = 7,

这是天经地义的。但是,在艺术领域里,2＋5＝10000 也是可能的。"说到这里,他拿出一幅题为《万里驰骋》的国画给学生们欣赏。只见画面上突出地画了两匹奔马,在这两匹奔马后面又错落有致、大小不一地画了五匹马,这五匹马后面便是许多影影绰绰的黑点点了。闻先生指着画说:"从整个画面的形象看,只有前后七匹马,然而,凡是看过这幅画的人,都会感到这里有万马奔腾,这难道不是 2＋5＝10000 吗?"闻先生巧妙地借用简单的算式,化抽象为形象,化道理为事实,化无形为可见,让人深刻领悟了艺术思维与科学思维的区别以及艺术想象思维的含义。

老师们一直在苦苦思考:我们的日常课堂生活为什么总显得平淡无味,甚至荡不起一丝半毫的涟漪? 在我看来,缺失思维的挑战,缺失思想和思考的乐趣,是课堂教学生活缺乏生动性与趣味性的根本原因。孩子们对我们的一言一行太熟悉了,有时老师说了上一句话,孩子就明白了下一句话,乃至于他们对我们的教学指令、教学任务安排都烂熟于胸,毫无新鲜感,毫无新奇感。这就造成了课堂教学生活没有一波三折的曲折神秘,没有波澜起伏的丰富生动,没有匠心独运的创思与妙趣横生……课堂生活原本是一种充满激情的心灵探险,充满求知的快乐,充满探索的好奇,充满心智的交锋。而在许多课堂中,我们看到的是思维的疲沓、精神的疲软和生命的疲乏。如何让课堂充满激情、生动活泼?

请看我们的课堂:

一、充满创意的课堂

充满创意的课堂,注重对学生学习方法的引领,让学生"学有所法",教师为"为学而教",遵循学生认知规律,让课改在课堂中体现学科内涵,使课堂精彩生成不断。

《画杨桃》教学片段及点评

(执教:南昌市骨干教师、青云谱区学科带头人　杨　波)

[教学片段]

师:在图画课上发生了一件什么事,同学们和老师各有什么不同的反应?

请默读第 2～12 自然段。
（生默读）

生："我"在图画课上画画，然后被老师选上了，同学们觉得很丑，就嘲笑。

师：课文中有一个词是——

生：哈哈大笑

师：那么老师呢，老师是怎样的反应？

南昌市骨干教师杨波展示课

生：老师神情变得很严肃。

师：我们先来看一看同学们的反应，同学们嘲笑"我"画的杨桃。谁来读读这个句子？（出示："杨桃是这个样子的吗？""倒不如说是五角星吧！"）从你们的朗读中我听出是一种嘲笑。同样写嘲笑，这两个句子一样吗？请一位同学先来读读带问号的句子。（生读）

师：你读出了疑问的语气，请问这是在问别人吗？

生：这是反问，说明他觉得杨桃不是这个样子。

师：这是用反问的语气在嘲笑。我们一起来试一试。

生：（读）"杨桃是这个样子的吗？"

师：谁再来读读下面这个带感叹号的句子。

生：（读）"倒不如说是五角星吧！"

师：这个感叹号读得真好。我们一起用肯定的语气来读一读。

生：（齐读）"倒不如说是五角星吧！"

师：读课文我们要关注标点。关注了标点，能帮助我们更好地理解课文。（出示："不像！""不……像。""像五角星！""像……五……角星。"）这是同学们在课堂上两次回答老师的话。比较一下，你发现了什么？

生：我觉得第一句非常肯定，第二句有些犹豫了。

师:比较一下这两段文字,你发现了什么?

生:标点符号不一样。

师:左右两边的字呢?

生:一样。

师:一样的文字,不一样的标点,意思一样吗?

生:不一样。

师:咱们男同学读左边的,女同学读右边的,我们来听一听。(生读)

师:这幅画画得像不像? 咱们赶紧联系上下文找一找答案。

师:现在,我来当文中的老师,你们就是同学。男同学先注意了——"这幅画画得像不像?"

生:"不像!"

师:"它像什么?"

生:"像五角星!"

师:你们为什么读得这么肯定?

生:因为它就是五角星。

生:有点嘲笑,杨桃画得像五角星一样。

师:这两句话后面都有一个感叹号,该怎么读? 男同学再来试一试。

师:"这幅画画得像不像?"

生:"不像!"

师:"它像什么?"

生:"像五角星!"

师:这得多亏两个感叹号的功劳了。

师:女同学注意了,现在,你看看,这个杨桃像你平时看到的杨桃吗?

生:"不……像。"

师:"那么,像什么呢?"

生:"像……五……角星。"

师:为什么吞吞吐吐?

生:因为和平时看到的不一样。

师：是的，知道刚才自己错了。

师：为什么吞吞吐吐？

生：因为从文中"我"的角度去看，的确像五角星，所以同学们知道刚才自己错了。

师：同学们，从三个省略号咱们读出了一种自责、惭愧。是的，三个省略号就让我们读出了这么多的内容，这是省略号的功劳。我们不光要关注文字，还要关注文字背后的标点符号。

[点评]杨老师从两个特殊句式入手，"杨桃是这个样子的吗？""倒不如说是五角星吧！"引导学生从表达的意思和效果上反复体会。此外，还通过朗读比较，让学生重点关注两个带有省略号的句子在表情达意方面的深刻内涵，去读懂文字背后的意思。语文教学不光要关注写什么，还要关注怎么写，为什么要这样写。

（杨波老师代表江西省执教此课在全国小学语文教师素养大赛中荣获一等奖。）

二、贴近生活的课堂

《让爷爷奶奶高兴》教学实录片段

（执教：青云谱区青年骨干教师　赖琴华）

师：同学们的话语让我想起了一则打动了千家万户的公益广告，让我们一起来回顾一下。

看过这则广告吗？

播放公益短片

青云谱区骨干教师赖琴华展示课

生：看过

师：第一次看，你有什么想说的？再次看，广告中奶奶的心思你读懂了嘛？

生:广告中的爷爷奶奶都希望孩子回家,可是他们都说忙,老人心里失落。

生:奶奶就是有一个小小的愿望能够一家团圆。

师:对于我们来说可能仅仅只是少吃一顿饭,可对于精心准备、等着盼着的老人来说,意味着什么呢? 忙,忙点好。这真的是老人的全部心声吗? 理解老人的心思,既容易也不容易,关键在于我们是不是用心去体会。

(师板书:体会)

师:还有哪种经历,谁来说?

生:奶奶奶奶,每次吃饭时,总要摆满一桌子的饭菜。

师:能说说她为什么这样做吗?

生:希望我们多吃点,希望一家人在一起,团团圆圆。

师:团团圆圆地吃顿饭对老人来说就是幸福。看着我们吃得好,即使累点,他们也是快乐的。这才是爷爷奶奶的心思啊!

师:你就是这个临出门还总是叮嘱的奶奶,此时此刻你有什么话是没说出来的吗?

生:爷爷奶奶很担心我,怕我路上出事,要我路上注意安全。

师:这反反复复的叮嘱不正是他们爱的表现吗? 这样吧,咱们换换角色,现在我就是你,你来模仿你奶奶样子,叮嘱叮嘱我。

(老师演:奶奶,我要出门上学去了,奶奶再见!)

学生演:你要小心呀,过马路当心。

生:下课早点回来,别在路上玩。

师:听着这一遍遍反反复复的叮咛,这或许已听过千万遍的话语,我的心头不仅有一丝暖流滑过。老人的心思你读懂了吗? 老师课前请每位同学的爷爷奶奶都给你们写了一封信,这信里装着他们的心声,他们的愿望,你们想不想知道里面写了什么啊? 现在我们就拆开信封,读读老人的心思吧。读完了嘛? 请你读读吧。

生:我亲爱的小孙子,奶奶每次看着你开开心心地上学,平平安安地回家,等着你一起吃饭,看着你甜蜜入睡,我就特别幸福。

生:平时你没在奶奶身边,到了周六周日,奶奶盼星星盼月亮地等你来,每次都从早忙到晚,可是奶奶一点也不累,看到你吃得香,我就特别开心。

生:你幸福快乐就是外婆最大的心愿,看见你开心呀,外婆就特别开心。

师:孩子们,现在你们知道老人的心里在想些什么了吗? 他们最希望的就是我们能……

(学生接:平安,我们健康,我们能有时间多陪陪他们。)

评析:

老师注意挖掘教材情感因素拓展了课程资源,将公益广告《常回家看看》带入课堂,让孩子们看到一个守着孩子回家、却守到失落的老人形象,这或许是孩子生活里不常见却真实的一个生活场景,深深地触动了学生心灵。而教师的引导"理解老人的心思,既容易也不容易,关键在于我们是不是用心去体会"给孩子的情感体验点明了方向,也让孩子慢慢入境。

而后教师设计的和爷爷奶奶换角色,就是一种教师为学生创设下的体会,体会老人对他们的点点关爱,丝丝真情,让学生们意识到老人对自己的爱无时无刻不在身边,只是太朴素太不起眼,大家都习惯了,因而被忽略了。这样情境式的品德教育使儿童在生活化的课堂中自省自悟,达到不见一字、润物无声的效果。

最后读爷爷奶奶的信,成为孩子情感迸发的高潮,孩子们被深深感动着,他们内心深处此时已经能真正感受老人们那无私而伟大的爱。情感升华处,必是行动改变时,此环节恰到好处地激发了孩子们从自己做起,自发地去体贴、爱戴身边的老人。

这样真正情感交融的课堂,让人感受到受教育的不仅是学生,更是自己,甚至是听课的每一个人。或许这正是品德与生活、品德与社会课程要回归生活的魅力和目的所在吧!

(赖琴华老师执教此课荣获江西省"赣教杯"品德与生活(社会)教学竞赛获特等奖。)

三、综合实践的课堂

《寻找起飞力量之源》课教学设计

（执教：青云谱区优秀教师　史海平）

教学过程：

课前谈话：先说说《西游记》里的孙悟空。今天，我们先来做一个小小的实验，去寻找起飞力量之源吧！

（一）合作探究，激发兴趣

1. 分成四个研究小组，提出要求：大家先讨论能用什么道具让纸板飘起来，再小组合作操作，最后想想这是利用什么实现的？

青云谱区优秀教师史海平航空展示课

2. 出示：操作台和道具（气球、吸管、绳子、双面胶、磁铁环、氢气球、水枪等）学生分小组讨论并操作，教师随机采访。

让我们继续实践，去求知！看看飞机这个庞然大物又靠什么在蓝天上自由飞翔的呢？

（二）指导看图，组织讨论

1. 请同学们看到屏幕上的图，注意图中的箭头和注解，和同桌讨论：这架匀速直线平飞的飞机都受到了哪些力？ 看看谁的眼睛亮，脑子灵，嘴儿巧？

2. 学生组成学习小组对照飞机模型进行讨论，交流，教师相机指导。

学生交流并派代表总结：飞机起飞一要靠的是强有力的发动机，带动螺旋桨产生向前的拉力或喷气式发动机产生向前的强大推力，就使飞机快速向前运动，这就是飞机前进的动力。二要靠的是机翼能产生强大的升力，飞机那么重，有向下的重力，飞机的机翼能产生强大向上的升力，这样飞机才能飞起来。

3. 同学们分析得如此清楚，相信一定是收集了许多资料吧！ 能和大家分享一下吗？

（1）学生交流发动机是如何提供拉力或推力的。生：发动机的推力来自发动机加速空气所获得的反作用力。飞机螺旋桨在发动机驱动下高速旋转，从而产生拉力，牵拉飞机向前飞行。

（2）学生讲一个神奇的故事：同学们你们认得苏27这款重型战机嘛？（学生出示苏27图片）这个故事是我爸爸的一个当飞机技师的同学讲的。那是几年前，在我国北方某军用机场，军用机场，涉及军事机密的，同学们听了可不能到外面乱讲哟！飞机技师们用牵引车把苏27战机从机库拉到停机坪，正准备做飞行前检查。突然，刮起一阵大风，风呜呜刮着，正对着机头。意想不到的事情发生了，苏27战机这个重达20吨的庞然大物，居然整个机身轻轻晃了两下之后，飘离了地面。当时，所有的飞机技师全慌了，心想飞行员还没上飞机，飞机怎么自己动了，万一摔坏了这个价值3300多万美元的宝贝那怎么得了！还好风向变了，苏27战机又稳稳地落了下来。

教师引导：相信同学们也在纳闷，苏27战机怎么飘起来啦？（正对机头的大风，机翼产生的升力）那么飞机的升力从何而来？让我们进入战机的风洞实验室，自己亲手做做实验，来感受一下空气流动产生的压力。

（三）动手实验，深入感知

1. 刚才我们说进入战机的风洞实验室，那要像军人一样要注意什么？（出示要求：严格守纪，听清要求，大胆设想，动手动脑）大家先听我把实验的内容介绍一遍，再竞猜一下实验的结果，接着动手实验，最后说说实验所得。

（1）请仔细听好啰！看谁听得最仔细，想得认真。

实验一：两手各拿一张薄纸，使它们之间的距离大约4—6厘米，然后用嘴向这两张薄纸中间吹气。

实验二：取一张薄纸，用两手拇指、食指捏住一边，再放在自己的嘴唇下，并用力吹气。

（2）聪明的你，想好了吗？说说你大胆的设想吧！

（生思考后回答任何答案，师不做对错判断。）

（3）风洞试验要开始了，注意听清口令！（口令：实验开始，实验结束。）

（4）大家刚快来说说自己的实验吧。

2.学生交流,教师相机指导。

生:这个实验说明,当用嘴向两张薄纸中间吹气时,中间的气流速度就加快了,这样,两侧的大气压就大于中间气流的压力,所以两张薄纸就被两侧的大气压挤向了中间。

生:刚才这个小实验让我们感受了一下空气流动产生的压力。

生:第二个实验,流过薄纸上面的气流速度快、压力小,与薄纸下面的大气压形成压力差,薄纸便会飘起来。

师:大家可以把第二个实验中的纸条想象成机翼,是什么让它向上升起来? 每个小组我都准备了一张飞机机翼的横截面,大家看完视频后讨论交流飞机的升力来源。(课件演示动态气流速度、下方压力大于上方的压力、飞机的升力来源)

3.学习小组讨论交流,派代表画图讲解:升力是由机翼提供的,机翼并不是一个简单的片片,它的形状是上表面凸的,而下表面是平的。(学生贴机翼横截面图)既然机翼的上表面是凸的,那么空气流过上表面经过的路程就比下表面要长,气流速度就会快些。这样,机翼上表面的气流速度就大于下表面的气流速度,所以机翼下方气流产生的压力就大于上方气流的压力,飞机就被这巨大的压力差"托住"了。这就是飞机的升力来源。

我要祝贺你们,在我们的"风洞实验室"里,不管明白飞机的升力来源,还学到了科学家的认真严谨。

4.作为奖励,我再介绍几个小实验,有兴趣的同学还可以做一做。(课件展示小实验内容)

(1)"会跳舞的硬币":将一角钱的硬币放在桌上,平行地对着用力吹一口气,硬币会跳舞。

(2)"会敬礼的火焰":把点燃的两根蜡烛相隔4厘米放置,用吸管从中间吹气,蜡烛的火焰会相互敬礼。

(3)"简易喷雾器":把一根吸管从中间切一道口子,但不能断开,折成90度直角,吸管一头放进水杯里,从另一头用力吹气,发现从吸管切口处会喷出水雾。

5.回想开课时的实验,我们有各种办法能让纸板飘起来。请你们大胆想象,说说未来会发明怎样特殊的飞行器?说说它们有哪些特点和功能?

生:磁力飞行器,利用磁力飞行,环保无污染,不会发生碰撞。

生:喷水式海上飞行器,利用喷射海水飞行,不会污染海洋。

生:太阳能飞行器,利用太阳能飞行,静音无污染。

生:星球钢索悬挂飞行器,在别的星球或卫星上悬挂钢索带动飞行器。

生:电磁力飞行器,利用电磁力飞行,快速便捷。

6.老师知道许多孩子都热爱航空,还画了航空手抄报。现在就拿出手抄报,把预留的"寻找起飞力量之源"一角完成,可以画飞机升力示意图并说明,可以画未来会发明的特殊飞行器,也可以写写你今天的收获等。

学生小组合作完成航空手抄报的一角,教师巡视指导。

学生展示手抄报并交流。

(四)总结所得,激励探索

今天,我们通过实践活动,使学生初步了解飞机起飞的动力,体验和感受到生活中时时处处有科学,体验到亲历科学探究过程的乐趣。我们只有勇于探索,勤于实践,善于思考,才能获得开启智慧之门的金钥匙。

(史海平老师执教《寻找起飞力量之源》在全国航空特色教育论坛上作展示获得好评。)

四、张扬个性的课堂

《观书有感》教学赏析

(执教:南昌市小学语文学科带头人　颜洁)

《观书有感》是苏教版教材第十一册第七单元第一课的内容。本单元的主题是"读书有方"。这一课选取了两首关于读书的古诗,这是第二首。朱熹的"读万卷书,行万里路"给我们诸多启示,他的《观书有感》将人的心智比作清澈如镜的半亩方塘,以清澈的池水反映徘徊的天光云影来比喻心智的开阔和洞明。告诉了我们:多读好书,会让自己思想永远活泼,才思不绝。这首诗是写作者由读书而产生的感想,教学重点是想象诗中描绘的美景,体会诗的意境美。诗中无"书",却以"书"为题,让学生领悟诗中蕴含的深刻哲理,了解诗从景悟理的特点。这是教学的难点。

(一)正确解读,精心设计。

南昌市学科带头人颜洁

从题目看,这首诗是谈观书体会的,意在讲道理,发议论。以诗说理自古有之,但这首优秀的哲理诗是从自然界中捕捉了形象,让形象本身来说话。因此我认为对本诗的解读要从读书感受的形象化表达为切入。有人认为应从自然渠水的观察思考导入,然后引申出读书感悟,那岂不成了"观渠有感"了? 这是不符合作者思路的。因此一定要从解题入手,从作者表达对读书感悟这一初衷入手来分析诗歌。找准了切入点,接下来的设计既采用了传统古诗文教学方法的精髓,又在环节上下足功夫。重导入、重诵读、重感悟、重积累始终是古诗文教学行之有效的好方法,朗读、理解、背诵仍然是古诗文学习的必经之路。在这些环节中巧妙穿插创境悟情、配乐入境、学以致用等种种形式。本课放弃了传统的"一首带一首"的拓展环节,大胆求异,通过在字音、体会意境、推荐同类型作品上大量进行链接,如:在初读正音时,多音字"为"字处链接《九月九日忆山东兄弟》让学生习得根据字义选择多音字的读音的方法,效果显著。形式上的改变并没有弱化应有的教学效果,还了提高古诗文教学的效率。

(二)生生互动,自学自悟。现行教材中,从三年级开始,古诗文就配有注释,对诗词中的关键字词做出了解释和说明,到了六年级,学生已经掌握了借助注释理解诗句的方法。在课堂上,教师让学生借助学习资料同桌合作互相说说对诗意的理解。学习资料中不仅有注释,还有诗人的简介及创作背景。在三分钟的自学时间里,学生要有选择地提取信息,完善对诗意的理解,体现了本年龄段学生具备一定的分析处理信息能力的特点。全班交流时再把同桌解决不了的字词向其他同学请教,其中有个学生提出"一鉴开"难以理解,一个学生直接用注释中鉴就是镜子的意思来回答,提问的学生并不满意继续追问"开"是什么意思? 镜子怎么能打开? 其他学生纷纷参与讨论,最终把意思说通说透。通过自学质疑,互动解疑,放手让学生自学自悟。

(三)巧妙创景,合理链接。古诗文难教,很大一个原因在于难以带领学生进入诗的意境,诗的语言凝练且有很大的跳跃性,诗人的情感也与学生有很大的距离,而这首哲理诗更是如此。那要如何处理呢? 针对本课的教学重点,教师采用了创设情境想象画面、链接名篇体会词语、欣赏美图创编诗句等方法。我们知道在教学古诗时,教师要通过多种方式,多条渠道创设情境,引学生入"境"。具体方法有很多,针对哲理诗的特点,本诗有必要了解作者及背景,了解当时的特定环境,把握作者作诗时的特殊心情去读诗去想象。在处理上,让学生闭上眼睛听教师把创作背景用简短诗意的语言介绍出来,配上悠扬的音乐带领学生穿越历史,展开想象,感悟意境。介绍完后随机请学生起立吟诵诗句:诗人啊诗人你的眼前出现了怎样的方塘? 诗人啊诗人,是怎样的方塘映入了你的眼中心中? 通过反复吟诵,回环复沓的方式,一遍遍将学生领入诗的意境,体验诗人的感情。随后抓住"徘徊"二字大做文章,从了解字面意思到理解诗中的意思,再体会其在表达上的效果,最后从字形上感受美,充分让学生感受"徘徊"二字在表达上的意境美和书写上的形态美。我们要诗情画意地教古诗,学生要诗情画意地再现意境。在出示画面让学生创编诗句的过程中,学生的表现可圈可点,这堂课在给城市的学生上时,出示的是他们所熟悉的公园景色,水平一般的学生说出了"半亩方塘一鉴开,亭台绿树共徘徊",优秀的学生即兴说出了"半亩方塘一鉴开,荷风奇石共徘徊"。而面对农村学生时,出示的是农村常见的田园风光,有学生脱口就说出了"数亩方塘一鉴开,花海人影共徘徊"。同样的图片,不同水平的学生都能试着表达,让学生体会尝试当"小诗人"的感受,既体会了徘徊的意境,又进行了语言文字的训练,还让更多的学生体会到了成功的喜悦,感受语言文字的魅力,享受语言文字的趣味。

(四)活学活用,拓宽视野。在领悟道理的过程中,教师让学生在理解诗意的基础上再读诗题,对诗题质疑。六年级的学生这时的质疑不再停留在对字词的理解上,而是自然而然地提出了"看似写水,为何以书为题?"这个有价值的问题。在介绍了哲理诗的特点之后,出示了再读古诗的要求:用一句话说说自己明白的道理。前面几个学生的回答大多是读书让人知识丰富,教师一边请学生把"多读书"、"知识丰富"几个字写在黑板上,一边给予评价:"你是朱熹的知音,你和他一样是爱书的人。读书带给你们的一定不仅仅于此,还有不同的吗?"接下的答案渐渐丰富起来,教师继续总结学生的发言、提炼重点。利用他们自己完成板书的时间,引导其他学生联系实际,谈谈自己学习生活中的"源头活水",明白知识的积累与能力的提高不仅来自于书本,只要善于学习,生活中处处有知识。再链接之前接触过的哲理诗,提供情境体会诗句在日常生活中的运用。最后,不局限于借景寓理的古诗,而是向学生推荐具有相似表达方式的外国文学作品和中国近代文学作品,鼓励学生读整本书,拓展学生的视野,体会哲理诗的特点。

著名特级教师孙双金说:"课堂应是放飞师生思想的天堂,教师应用自己思想的火种点燃学生思想的火花。"短短四十分钟的课堂,学生精彩的表现让人明白:作为一名语文教师,要想在课堂上欣赏到"天光云影共徘徊"的美景,就必须有"书山有路勤为径"的努力。只有不断往自己的"半亩方塘"中注入新识的"活水",才能真正滋润学生求知若渴的心灵。只有抱着"如切如磋,如琢如磨"的坚持,才能让我们的语文课堂散发迷人的神采。

(颜洁执教《观书有感》在"赣教杯"江西省古诗文教学竞赛中获一等奖。)

五、充满探索的课堂

《圆的认识》教学片段实录与评析

(执教:南昌市骨干教师、区数学学科带头人　周志强)

【片段一】自学讨论,深化认识

师:同学们的自学能力真不错,这题没有难倒你们,真棒! 接下来我们一起回头来看这句话,这句话是古代的文言文,很精辟但比较难理解。(课件出示)圆,一中同长也!

师:先来看一中是什么意思?

生:就是指圆有一个圆心。(课件出示)

师:同长什么意思?

生:就是圆心到圆上各点的距离(即半径)相等。(课件出示)

师:这是墨子早在2000多年前对圆下的定义,什么是圆?

师:他认为圆就是有一个圆心,并且圆心到圆上各点的距离都相等的图形。老师这里做了一个动画,一起看一下,再体会"一中"和"同长"的含义。

【评析:很多老师在数学课上渗透数学文化时就是穿插一点数学史料,让学生有所了解,而笔者的设计目的是让学生在此收获数学思想,感受到数学的神奇和魅力。简简单单的"圆,一中同长也",笔者紧紧抓住圆的这一数学本质,从文言文,到白话文翻译,再到数学语言的对接,让学生由远及近,走进"一中""同长",同时和本节课学习的名称——对应起来,"一中"就是"圆心","同长"也就是"半径",最后用一段动画动态呈现圆的形成过程。正是这样的动态呈现和动态参与过程,学生的认识才愈加丰富,愈加深刻,因为此时学生头脑中不是一个冷冰冰的圆形图像,而是一段画圆、电脑做圆的动态过程。】

【片段二】走向生活,丰富体验

师:现在我们也来思考一件事,(出示课件)如何在草坪的中间画一个圆?还用圆规画吗?

生:可以用绳子来画,把绳子一端用木头固定在圆心,把绳子拉直,绕一周就能画出圆了!

师:那起固定作用的木头应插在哪里?那半径呢?是指哪段?

生:应该插在圆心上,半径就是绳长。

师:其实刚才讲的方法早在大禹治水时期,就用过了,课件出示《史记·夏本》记载大禹治水:左准绳,右规矩。

师:怎么画的?你能理解其中的意思吗?

生:左手拿根绳子,右手拿根木头当圆心。绕一圈就可以画出圆了。

师：圆心是什么？半径是什么？

生：固定的木头是圆心，木头到绳子的距离就是半径。

【评析：本节课在数学本质上来说应该是一节数学建模课，因为圆也是一种数学模型，这一模型用数学语言来描述为"圆就是到定点的距离等于定长的点的轨迹"。这一抽象的数学定义，对于有一定文化积累的成人来说不难理解，但孩子就不同了。因此在小学里是不需要给圆下定义的，只要学生能够描述圆，也就是学生能从概念的外延和内涵两方面概括地描述圆是什么样子就可以了。"如何在草坪的中间画一个圆，也用圆规画吗？"这是一个挑战性的问题，同时也是极具生活价值的现实问题，因为很多时候人们手里没有圆规，即使有也不够大，还因为很多时候不需要像数学课本上一样画一个标准的圆，只要画一个近似圆就可以了。无论是怎么画圆都离不开它的数学本质"一中同长"，因此此环节中用木头固定，绳子画圆，其实是遵守了"一中同长"的数学本质的数学变模。让学生一方面感悟到数学的应用价值，另一方面感悟到生活中处处有数学。】

（周志强老师执教《圆的认识》在全国小学数学教学经验交流会上作展示获得好评。）

六、激发情趣的课堂

《红蜻蜓》教学评析

（执教：南昌市音乐学科带头人　陈璐嵘）

陈璐嵘老师参加江西省第二届"赣教杯"音乐学科"教学能手"现场教学竞赛课，所抽的课题是人音版四年级第8册第五课《红蜻蜓》。这是一首三拍子日本二声部

南昌市音乐学科带头人陈璐嵘竞赛课

儿童合唱歌曲,旋律优美动听,歌词质朴而深情,虽然只有短短的八小节三段歌词,却将童年情景生动地展现在我们的面前,令人难以忘怀。

在教学导入部分,教师发挥自己的声乐专长,采用深情演唱歌曲的方式,直接进入课题。然后播放日文童声合唱版《红蜻蜓》,吸引学生的注意力,让学生初步体会歌曲的感觉、速度、力度、音色,并从视觉、听觉上感受同首歌曲两种不同的演唱形式,从而为下面的二声部教学打下良好基础。

二声部演唱有一定的难度,如何用一节课的时间让学生掌握好两个声部的旋律,并能和谐地演唱二声部是本课教学的重难点。面对这样一堂课,想要在短短40分钟内完成好有效的常态教学并取得成效,还真不容易。由于先入为主的原因,高声部会给人一种主旋律感,而低声部学生同时演唱往往唱不准音,为此教师采用先学习低声部再进入高声部学习的方式,循序渐进、步步引导、细致的教学,将学生带入合唱美妙的音乐世界中。在分别唱会了两个声部后,安排高声部同学用U模唱,低声部同学唱歌词,减少声部之间互相干扰、跑音、攀比音量等不协调因素,让学生们在演唱中学会互相聆听、合作。

在教学中,教师充分挖掘歌曲的曲调美和情景美,创设意境,让学生身临其境,感受和表现歌曲的艺术美,并将"双基"放在具体情境中润物细无声地让学生体验。如:用寻找两只红蜻蜓飞行路线的方法,画出两个声部的旋律线,并随着旋律线的走向歌唱。这样做形象生动富有童趣,使学生轻而易举地唱准了旋律,并做到了音乐的力度变化,体验和领会到乐曲丰富的美感。整节课上,学生审美感受力强,歌曲演唱优美动听,较好地完成了两个声部的合唱教学,二声部配合协调。

合唱教学是音乐教学的重要组成部分,也是非常好的一种演唱方式,作为音乐教师要做有心人,不断地学习、探索、研究。相信通过教师不懈地努力,学生们的合唱教学技能不断提高,使之充分享受和表现合唱的艺术美。

(陈璐嵘老师执教《红蜻蜓》获江西省第二届"赣教杯"中小学音乐"教学能手"教学一等奖。)

第三节 大气的教学改革

实践和行动是人生的基本任务:学问和知识不过是手段、方法,通过这些才能做好主要工作。所以,人生必须具备的知识应该按实践和行动的需要来决定。

——裴斯泰洛齐(瑞士)

教师的教育生命在课堂,学生生命的充实与升华也在课堂。课堂不仅是学科知识传递的殿堂,更是人性培育的圣殿。平庸的教师是平铺直叙,优秀的教师是调动志趣,优异的教师是启迪路向,伟大的教师是唤醒灵魂。

我们憧憬着充满生机和活力的课堂,真正使孩子成为学习的主人的课堂,把知识的"冰冷的符号"转化为对它的"火热的思考"的课堂。孩子们的梦想总是让我们受到鼓舞,总能让我们感受到梦想的力量,在这种梦想中,我们仿佛看到一个个美丽的梦想成真,一只只骄雁展翅翱翔。为此,我们所秉承的教学理念是:重基础知识,重实践能力,重人文精神;提倡保护学生的兴趣,保护学生的热情,保护学生的才气;追求有厚实的业务功底,有专深的研究,有真情的授课;适时地把握教学的密度、深度、精度。

课堂教学,是仁者见仁、智者见智的话题。同一个内容,一千个老师去组织,就有一千个不同的课堂。尽管课题相同,看到的却大相径庭,孩子们的表现更有天壤之别。但是"个人智慧不过是草间露珠,集体智慧才是长河流水",同行观察能够有效弥补我们个人教学的不足,利用集体的智慧,共同激发我们每一位教师的教学才能;它能够集思广益,在交流和碰撞中相互启迪,共同提高,探寻蓝梦课堂的奥秘。

一、变"赛课"为"晒课"

有评价,就会有竞争。在学校里,学校将"赛课"变成了"晒课",鼓励教师将自己的课堂教学像"晒太阳"一样地公开"晾"出来。大家互相听听、看看、说说、学学,重在分享、交流、切磋,以谋求共同提高。

"以往每年学校的'赛课',都是参赛教师精心准备。挑灯夜战,誓夺第一,紧张求胜的氛围弥漫校园。自从改成'晒课'后,氛围一下子好了很多。"刘校长说。

"晒课"是一种淡化了激烈竞争,重在分享与交流,促进课改教师全员参与、均衡发展的新机制。"在刘红英看来,每两周一轮的"晒课",融校级专题培训、备课组集智备课、各备课组遴选代表讲课、教研组反思和绩效奖励为一体,通过"阳光晒课",晒一晒集体智慧和阶段性研究成果,晒一晒个人专业发展和课改职业幸福感,促使教师进一步研究课堂教学精髓,实现课堂教学的高效。

每学期伊始,各备课组就开始宣传"晒课·晒职业幸福"活动的意义,并推荐教师在学校安排的时间内"晒课",各教研组组织教师分学段参与听评课。为有效地提高"晒课"质量,教师参加"晒课"活动时强调"五定",即"定活动主题"、"定参赛人员"、"定赛课评委"、"定评价标准"、"定活动流程"。

定活动主题。赛课是交流合作、促进、提高的平台,学校要从专题性和实践性着眼,确定赛课主题,让教师在一定主题的引导下,进行专项研究,确保在赛课中能够暴露具体问题,并出台解决方案。

定参赛人员。除了全员性赛课,学校还组织选拔性赛课。选拔性赛课以学科组为单位,先在组内赛课,推选出优秀代表参加学校赛课。此外根据不同阶层教师队伍打造的需要,进行"青年教师赛课"、"骨干教师赛课"、"名优教师赛课"活动。

定赛课评委。在赛课的组织机构中,评委的确定也是非常重要的。为体现公平性,评委的人数一般不少于5人。在人员构成方面,除了校领导,各学科的教研组长、名师、学科带头人也都参加,并且还要兼顾不同的学科。

定评价标准。制定评价标准时,根据赛课的人员、目标达成的指向,明确评价的项目及赋分标准。和传统教学中更多关注教师的讲授、口才、表达等角度不同,在高效课堂的背景下,更注重对课堂中学生参与度、投入度、自信度、自主度、合作度等方面的考量。不同标准的评价项目,直接影响教师的关注焦点。

定活动流程。只有把每一个环节都策划好,才能保证赛课活动的顺利开展。因此,学校提前安排好赛课的日程课表,把时间、地点、人员等具体信息进行公示。赛课开始前,每名赛课教师上交自己的课堂设计,赛课结束后,教师进行课后反思。评委打分、现场点评、教师互动,也是赛课活动中非常重要的环节。

每轮"晒课"都有一个专题,教师遇到什么困惑,学校就培训什么,"晒课"的主题就确定为什么:如"高效课堂"教学法在课堂中的运用;如何实现学习目标达成;如何使高效课堂更高效;如何提高多媒体教学效果;展示课形式的多样性和实效性等。

由于每轮"晒课"不仅有专题,而且都按"五定"流程开展,因此教师在参加"晒课"之前,各备课组都是先是通过全体教师"导学",明专题、明目标,然后制定导学案,再由教师个人独立完成教案,而后同备课组集体互相听评课,实现实践层面的互学。在全校教师交流会上,三至六年级英语组、语文组和综合学科科组等9个大组实现理论层面互学。最后环节的评教评学是通过每个组安排一名教师以讲课形式,"晒晒"学习成果和实践成果。这种"晒课"机制,避免了名师赛课的选拔性、甄别性和局限性,进而凸显新课堂中新教师成长的全员性、普及性和均衡性。最后由学校根据专题不同,及时评出奖项若干,以示鼓励。

二、高效课堂现场

蝴蝶的启示
——扎扎实实教作文

在很多老师眼里,指导学生作文是语文教学中的一个难点。有些教师在平时的教学中忽视习作方法的指导,等到习作课上,担心学生不会写,就在课堂上实施"满堂灌":怎么开头、结尾,用什么好词好句等。这样写出来的东西千篇一律,作文没有体现学生的个性,学生完全是在被动地接受,没有主动参与、积极思考的过程。到下一次作文,如果老师不指导,学生肯定是绞尽脑汁,痛苦万分,在家长的"指导"下才挤出一篇作文来。这不由得使人想起一个故事:有人看见蝴蝶出蛹那痛苦的样子,决定帮它,于是拿剪刀把蛹剪开,谁知蝴蝶出来后挣扎了几下,死了。原来,蝴蝶必须经过出蛹时痛苦的过程,不断地扑扇翅膀,翅膀才能变得坚硬起来,才有可能存活。作文教学是一个循序渐进的过程,它远远不是几节习作课就能完成的。为了让学生成为能够翩翩起舞的蝴蝶,老师在平时的教学活动中应该扎扎实实地做些什么呢? 笔者认为主要可以从三方面入手:

(一)引导学生大量积累

1. 积累语言

语言积累包括积累好词佳句、优美段篇、唐诗宋词、优美散文等。

语言的积累主要有两条途径:背诵课文中的优美片段和阅读课外书。

背诵课文中的优美片段,在老师的督促下,大部分同学都能完成。而阅读课外书,可能会有很多同学因为缺乏阅读的兴趣而完成不了,教师应想办法帮助学生养成读课外书的习惯。例如:成立读书小组(一帮一)(互助小团队),每月举行一次小组读书赛;每天用早读的时间背诵两句名人名言;每周固定一节课作为课外阅读展示课,每节展示课拟定一个主题,如全班共读,培养专心读书好习惯;你演我猜;优美片段大比拼……

教师要制定奖励机制,培养小干部完成大部分督促检查工作,教师定期参与检查。

2. 积累生活

为什么学生一写到妈妈关心自己就只会写自己生病,妈妈如何照顾,写到同学互相帮助就只会想到借尺子? 这都是因为学生平时不善于观察,没有积累生活的素材,从而造成语言贫乏,思维狭隘。如何引导学生观察生活,积累生活,需要老师多动脑筋。有针对性地开展有意义的活动是帮助学生积累生活的一个重要途径。比如利用课间休息时间进行"水果大比拼",让学生观察水果的特点;利用活动课时间观察蚂蚁;举行"妈妈爱我,我爱妈妈"的亲子活动等。通过活动这个平台,调动学生的参与积极性,加深学生的自主感悟,帮助学生养成观察生活的好习惯。俗话说,"巧妇难为无米之炊"。试想,一个不会观察生活、语言贫乏的人怎能写出好文章来?反过来说,一个会观察、愿阅读的人,又怎么不会写作文呢?可见,积累生活、积累语言是习作的前提。

(二)教给学生写作方法

有了积累,还要会表达,"茶壶里煮饺子"的情况也很常见。作文少不了写作技巧,除了八节习作课,还有一个重要的指导习作的途径,那就是课文。教材设计每个单元都有一个主题,围绕这个主题设计课文、我的发现、读读背背、口语交际、习作等。所以单元中的每篇课文都是单元习作的范文。老师要善于捕捉住训练点,指导学生作文。下面以几个教材片段为例谈谈对作文的指导。

片段1(《灰雀》):公园里有一棵高大的白桦树,树上有三只灰雀:两只胸脯是粉红的,一只胸脯是深红的。它们在枝头欢蹦乱跳地唱歌,非常惹人喜爱。

训练点:动静结合写出灰雀可爱的样子。两只胸脯是粉红的,一只胸脯是深红的。是静态的描写,它们在枝头欢蹦乱跳地唱歌,写出了动感,灰雀的样子也鲜活起来了。

根据这个习作知识点,我布置了一道训练题:写一个人物的外貌,注意动静结合。

我的同桌中等个子,皮肤很白,一双圆溜溜的大眼睛扑闪扑闪的,显得十分机灵。头上扎着两个羊角辫,跑动的时候上下摆动,就像两只可爱的小蜻蜓。

妈妈哪儿都长得好,就那张嘴巴太小了,跟她的脸型一点也不般配,更让人烦心的是,这嘴一天到晚就像机关枪似的叽里呱啦唠叨个没完。

通过以上两个学生写的小片段,我们可以感受到学生已经接受了这个知识点,描写绘声绘色。

片段2(《荷花》):白荷花在这些大圆盘之间冒出来。有的才展开两三片花瓣儿。有的花瓣儿全都展开了,露出嫩黄色的小莲蓬。有的还是花骨朵儿,看起来饱胀得马上要破裂似的。这么多的白荷花,一朵有一朵的姿势。看看这一朵,很美;看看那一朵,也很美。

白荷花的样子:有的……有的……有的……白荷花的姿势(想象):有的……有的……有的……

通过板书总结出训练点:抓住样子的特点,想象不同的姿势,用排比句的形式描述出来,条理清楚,内容具体。

课后带学生观察了空中的云朵,仿照这种写法,写出来的片段十分精彩。

经常听到老师讲学生的作文不具体,不生动。确实,把内容写具体是作文的重点,也是小学生学习作文的难点。但是,如果老师能抓住训练点扎扎实实地训练,从小处入手,从片段开始,点点滴滴地积累,学生作文的能力就会稳步提高。

(三)激发学生写作兴趣

1. 创设情境,让学生有话可说,有话想说。现行的语文学习中,学生普遍认为作文是一件"苦差事",提到作文,他们就愁眉苦脸。如何变苦为乐? 变被逼无奈为很

南昌市十佳班主任吴勤耘老师与学生交流

想一吐为快? 这就需要教师创设情境,调动学生参与的主动性,在生活中找到习作的落脚点,在活动中激发习作的欲望,为他们情感的表达做好酝酿与铺垫。

2. 批改以鼓励为主。作文最大的目的是要引导学生说出自己的内心感受,表达自身的内心情感,所以老师不要忽视孩子的情感世界,只注重作文的形式。常常看到一些老师在学生的作文本上愤怒地批上"语句不通,太差了!""乱七八糟!"等句子。老师恨铁不成钢的心情可以理解,但是,我们应该

认识到,这样的语言除了打击学生的自信心,增加学生的自卑感以外,毫无用处。何不用些鼓励的语言激发学生的兴趣呢?就算再差的作文,我们也要用善于发现的眼睛,找到一两处闪光点,给他标上表扬的记号。也许这一两个小记号,就给了学生作文巨大的动力。

3. 多一些展示,让学生品尝成功的喜悦。让简陋的墙壁和黑板成为展示的舞台:每次作文,只要孩子们愿意,就可以用稿纸把自己认为写得好的句子抄下来贴在"习作园地"中。写了的孩子就可以盖红花;每周固定用二十分钟开展小组"作文诵读会";作文交流:让同学的爸爸妈妈读读我的作文……坚持开展这些有意义的活动,能让学生感受到成功的喜悦,激发他们习作的兴趣。

教无定法,作文教学更是如此,但无论哪种教法,我们都要立足于学生的立体式发展,立足于学生综合素质的提高,引导学生爱上习作,老师的任务是什么?笔者认为主要是帮学生拓展思路,激活他们说和写的欲望,至于怎么写,写什么,教师不要干涉太多,不然的话,学生就会成为一只永远飞不起来的蝴蝶。

(本文作者吴勤耘,曾获首届南昌市班主任素养大赛一等奖,以爱生善教蜚声青云谱教坛。)

三、长文教学选"点"

记得曾经听过青山湖区教研员曲青亚关于长文短教的报告,那时,只是模糊地知道一点:"长"文"短"教,选"点"很重要。每一篇课文,总有一个牵一发而动全身的"点",而这,就要我们通过对教材的深入研读,

校青年骨干教师彭慧在赛课中

找到文本的一个支点,来牵动整个文本的学习。可是这个"点"如何去找,如

何去抓呢?

记得在《最后一头战象》的备课过程中,一开始,我也很茫然,读了很多遍教材,仍旧无从下笔,找不到这个可以牵动的"点"。情急之中,想起全国特级教师于永正老师来我校做讲座时讲到过该如何备课:教师要对课文熟悉,看过课文之后,要把书合上,在脑海里把课文回忆一下,看看这篇课文哪些部分使自己印象深刻,而这部分内容就是本课的教学目标。而这个教学目标,就是我们将要寻找的"点"。

后来,我便采用于老师的备课方法。这回有收获了,现在我眼前的嘎羧宛若一位年老的抗日战士在垂暮之际,翻看自己的相册回忆往事,重回故地,或是找到自己的老战友聊聊以前战场的事情。而它的这份情感,正是这篇课文的教学点。

回过头来想想,一开始备课之所以不成功,就是因为自己的情感还未融入文本之中。我们经常倡导在课堂上要做到使学生能与教师交流、与文本交流、与作者交流。而这一切的基础,就是教师首先要做到与文本交流、与作者交流,只有这样,才能将作者所要表达的情感传达给学生,才能在教学中使学生做到与文本交流、与作者交流,才能在课堂上做到教师与学生有所交流。正是因为在备课的时候这点做得不错,自己首先走进了嘎羧的内心世界,所以在课堂上,我不再是机械地完成一个个的教学环节了,而是带着学生一起跨过一张张纸,透过一个个文字,走入嘎羧的内心世界,感受它的内心情感。因而,在课堂中我与学生也有了很好的交流,学生的情感也随着课文的深入融入其中。

原来"长"文选点应该融情于文。

然而,我们在备课的时候,光做到这点还是不够的,就好比有了框架,而没有沙石填充的话,房子依旧不能建起。如果只是看情感的话,我们的课堂教学依旧显得空洞,我们的学生依旧学无所获。这就要谈到我的第二点感受:抓语言特点,寻找教学点。

也就是说,我们在备课的时候,要去理解课文的语言特点,以落实一个"语言教学"的板块为目的进行短教。我们可以从课文的实际出发,从语言表达的方式人手,在课文中去寻找、发现语言表达的某个方面的技巧进行教学。这个"点"可能存在于词语的表达中,可能存在于句式的运用中,也可能存在于对人物的塑造中……只要我们善于发现课文中的这些语言学习与运用的"点",我们的学生才能学有所获。

《最后一头战象》中多次描写到嘎羧的神态、动作,也正是通过这些描写,作者将嘎羧如人一般丰富的内心世界展现在我们的眼前。因而,在教学时,我紧抓嘎羧的神态、动作描写,并告诉学生,这就是品细节的读书方法,让学生运用这一方法自学"重回战场"。这样一来,一节课下来,学生学会了怎么去品细节,也懂得了平时在习作中,如何去写细节,表达自己的情感。

没有"情感生发点",我们的教学则会枯燥,散乱;没有"语言训练点",我们的教学则会空洞,没有内容。所以,在"长文"教学中,我们应把它们合二为一,即:融情于文,抓语言特点,寻找"点"。

(本文作者彭慧,洪都小学骨干教师,任教班级曾获青云谱区优秀班集体。)

四、点亮学生眼睛

关注孩子,关注课堂教学的有效性,一直以来是美术教研组在做的主要工作之一,王军老师以他的教育教学的个人魅力和深厚的少儿美术教育教学研究认识,带动着整个美术组老师们进行着这方面的教育教学研究。

南昌市优秀教师王军在交流教学体会

儿童美术教学如何站在孩子的生活土地上去开展,如何让老师们去鲜活自己的课堂,如何在美术作品中去见到孩子,这也是一直以来王军老师和洪小美术教研组重点研究的课题。王老师通过让教研组全体老师对不同的儿童美术作品的欣赏,从孩子的认识角度出发去看作品;和教研组老师们一起交流探讨试验课中孩子的作品的呈现及整个课堂教学的鲜活,让老师们从实践中去总结、体会到在课堂教学中要注重两个张力的打开,即老师的教学张力的打开与学生思维张力的打开。通过试验课的研讨,通过课后作品的呈现,老师们体会到了:(1)在课堂教学中要有协同意识,要在课堂教学中主动地去协同其他学科知识,利用其他学科方面的知识去协同美术学科知识,从而达到唤起和扩大孩子的经验的效果。(2)关注课题的形容词的张力表达与表现,只有老师唤起和扩大了孩子的生活等经验范围后,才能从作品中见到那些细枝末梢上的感受与感觉。(3)老师要学会引导孩子去替换转换经验,让生活的一些行为转化为美术的行为。(4)让美术课堂关注到孩子的心智发展,赋予美术课堂更多的游戏精神。

王老师在教研活动中让老师们关注到这两个张力的打开,张力打开后,老师们的课堂鲜活起来了。

创建大美术观念,让孩子的美术课堂、美术行为得以延伸,这一直以来也是王老师带领下的美术教研组日常教育教研活动中研究与探索的主题。因为在日常教研中,王老师就重视全体美术老师们大美术观念的建立,因此在2014年全区的综合实践活动课程研究与探索活动中,就有意识地体现在课堂教学中。于是,我们看到了课堂上老师和孩子的鲜活课堂教学,我们也看到了课余活动时孩子们对此次创意活动的延伸。在校园上下课这段时间,孩子们常常会带着黏土的创意半成品放学回家,也常常会看到孩子们带着在家里和家长、和同学制作完成的黏土创意作品。创意作品在大街上、在社区、在校园里、在班上津津乐道的被品着、分享着。课堂上的同伴式的学习、学校利用家校平台与家长们的互动、美术老师们利用班上的 QQ 群与家长的网络上互动等等这些平台的构建与延伸,不正是大美术理念在综合实践活动的真正意义所在吗?美术活动在校园、在课堂上、在家里、在大街上、在社区、在网络上构建了一道道风景线,岂不是一件于学生、于家长、于社会有利的大美事!所有的这些风景线的展现都得益于王老师在美术教研活动中对全体美术老师们大美术,大综合实践活动观念的建立。

路漫漫其修远兮,吾将上下而求索! 给孩子一双特别的眼睛,让孩子在心智发展过程中得到有效的学习,任重而道远,相信在王军老师带领下的洪小美术教研组的全体美术老师会给洪小、给洪都社区、给社会不断地营造出一道道更美丽、更别致的风景线!

(王军老师曾被评为南昌市优秀教师,王军所在的教研组被评为青云谱区优秀教研组。)

五、一位普通教师的思考与实践

(一)我的语文教学安排

一个学期大约四个半月,我一般前两个月结束所有课文学习;接下来两个月一边拾遗补漏,一边自编教材教学。我先后自编了《古诗名句(200条)》《古诗80首》《古文观止(选编)》《论语》《经典课文片段》《孙

李明亮老师讲座

子兵法》《增广贤文》《美文欣赏》《成语识字材料》《形近字识字材料》等教材组织教学。最后半个月进行期末复习。几年坚持下来,我一方面确保了任教班级语文成绩在年级名列前茅,一方面促进了学生综合素质的提高。我觉得这样的安排与做法勉强算得上是一个教学创新。

(二)我为什么这样安排语文教学

1.教书育人的神圣使命感召唤我做出努力。斯霞曾说:"我总想达到一个合格的老师境界。我所理解的这个格不是用量化来衡量的,而是国家的要求,人民的嘱托。国家把自己的希望交给我们,人民把自己的子女交给我们,这个格的要求是很高的。为此,我一辈子追求老师人格力量,不断自我否定,自我超越。"斯霞老师的这段话不正好帮我们明确了人生意义吗? 我们也是

为履行国家要求,教育好人民的子女而生活着。教育家肖川指出:"我们的教学要达到的目标,培养学生健康、丰富的个性;切入并丰富学生的经验系统,实现知识向智慧的转化;帮助学生建构人类知识的完整图景,促进智慧能力的全面发展;提高学生的需要层次。"致力于实现这样的教学目标是我们的使命,也让我们倍觉压力大。实践中,我结束新授课后,通过自编教材,让学生从历史中,从伟大人物的传记中,从文学作品中,去感悟生命的伟大,去感悟人性的美好,去感悟人生的创造之美、奋斗之美,去激发和推动他们追求比生活本身更高远的东西。应该讲,这是我作为党员教师为履行教育使命做出的努力。

2. 我喜欢教书,也乐意在教学创新上付出努力。我看过《陈景润传》这本书。陈景润是我国乃至世界上最伟大的数学家之一,他一生都在研究数学。下放到农场劳动时,白天他还累得晕倒过。晚上才休息一下,他就披着棉袄在飘着雪花的走廊上看书。生病住院了,为了逃避护士的检查,他就钻到床底下用床单罩着,打手电看书。"文革"期间,有人要烧毁他的演算稿,他宁可被打得吐血,也要护住手稿。"面对再大的风雨,经历再痛的苦涩,他永不停息。一个人,总是一个人,没有人在身边。努力了多少年,还要奋斗多少年,谁能体会他的心。他只盼望心中美丽的数字能够实现。"看这本书,我几次感动得流眼泪,说"数学是陈景润的生命"一点儿也不过分。同时,我也扪心自问:"什么东西是我的生命?"身为教师,自然联想到,教育应该是我的生命。陈景润孜孜不倦地攀登数学高峰,最终生命化为永恒。我以他为榜样,也乐意在语文教学方面不断做尝试,让生命焕发出一点光彩。

3. 职业危机感迫使我做出努力。我曾看过王晓春老师写的《教育智慧从哪里来》这本书。在书中王晓春老师点评了 100 个教育案例。其中,他关于"医生越老越香,教师越老越臭"的分析让我深受触动。"医生为什么越老越香呢? 因为病人是否康复,医生只有依靠科学力量,依靠自己的专业技术,而专业技术这种东西越是研究越深,时间长了甚至会形成'一招鲜',而教师情况就不一样了,教师手中有权,这权力虽然不大,可对于孩子是有威力的,他们可以用各种手段迫使学生照老师说的去做,而短期内这常常比提高专业水平更有效果。所以,教师在工作中很少研究,专业能力停滞不前。时间长了,教师的思想就愈加受到禁锢了。"王老师说:"教师最重要任务是帮助学生深入具体地分析,他们的心理问题是什么,他们的智力类型是什么,他们的思维方式是什么,他们的困难到底在什么地方,从何处突破可以见成绩、建立信心。"这些工作很多老师(包括我)都没有好好做过。现在,社会上有不少专家批评我们教师不是诲人不倦,而是"毁人不倦",他们的声音也激起个别家长对我们的批评。现实中,我们教师是有情绪的普通人,是有欲望的平凡人,是有长短的正常人,我们的工作不可能无可挑剔。综合上面的情况,我认为:优化语文教学既是改革创新、体现人生价值的需要,又是我们赢得家长支持与宽容的需要。

4. 大语文教学观影响了我。书上、网上对"大语文的教学观"有铺天盖地式的阐述,在这,我谈一下自己的理解。

A. 语文是学习其他学科知识的工具,同时也包容于生活的方方面面。这是大语文教学观确立的基础。如音乐课播放一段乐曲后,请学生说出听后感受,这就是语文表达;又如生活中人与人的交际,这也是语文表达。

B. 语文基本知识(词句段篇)与基本能力(听说读写)训练应保留本色。这是大语文教学观实施的原则。否则,语文就不姓语,而姓科学、历史、地理、故事等了。

C. 开发语文课程资源,这是大语文教学观贯彻的途径。自然关系、历史地理、社会风情、名人典故、经典文化、艺术人文等都可以进入课堂,与语文教学融合。大语文教学强调组织开展经典阅读、游戏表演、社会访谈、报刊编辑、旅游参观、信息网络(如信息检索)、市场经济(如广告词编制)、传统文化(如古诗背诵大赛)等类型的实践活动,使语文学习实践化、综合化,让学生学习语文有快乐感,成功感。

我觉得我2个月教课内,2个月教课外,这是践行大语文教学观的一种尝试。

(三)我是怎么教统编教材的

在座的都是同行,都是有经验的优秀教师,我只好班门弄斧。

1.字词教学。自四年级起,考虑到学生已具备一定的独立识字能力,阅读教学一般不设识字组词教学环节。但我仍然是重视字词教学的,我的做法是:A.每篇课文新授后,会圈划短语让学生抄写后听写,如彩色的衣裳。所圈短语既拓宽词汇积累面,又易激起联想让学生复习课文内容。另外,短语实际上是一个小小语境,对于迁移语言运用规律也是有帮助的。B.平日教学时,对学生易错的典型字常提示;如蜿"蜒"与蜻"蜓"。C.一单元授课后,我会用专门本子安排本单元形近字组词练习。至期末复习时,这本本子就是复习资料之一。D.复习阶段我会拎出本册书中难写易错字词集中温习。E.有必要时,我会安排专门的拼音、汉字知识复习课。

2.园地不教。我的做法是:A.虽不教,但照进度安排学生默写园地中的"日积月累"内容。B.所有课文新授完后,我会拾遗补漏引导学生理解园地内容大意。C.复习阶段常组织学生默写园地中"日积月累"。

3.作文教学因批改费时,进度与其他教师同步。学生作文,要解决两个问题:一个是写什么的问题,我认为无论是命题作文,还是非命题作文,应倡导作文与生活的融合;另一个是怎么写的问题,解决这个问题的关键在于教师优化作文指导。我的做法是:A.年级训练各有特点。教二年级时,实施漫画作文指导,提高学生重现表象技能和文字叙述能力。教三年级时,我带学生做游戏,做一些小实验,写游戏作文和小实验作文。后来,我又引导学生写生活观察作文。四年级以后,我倡导以思路引领指导学生写作。以《一次实验》为例,我会为学生提供一般的写作思路,如"(1)引言:交代进行科学实验的人物、时间、地点等要素,可表现实验前人物兴奋的情状。(2)进入实验:写明实验前老师准备的工具;扣住老师的动作,叙述实验的过程;描写实验过程中实验现象及其变化;写出老师的质疑及描写同学们思考的情状;写清老师讲解的实验原理;描写同学们在实验前后内心与神态变化。(3)结语:表达感受,点明收获。"能力强的同学可以超越,能力弱一点的同学内化了这个思路提示,也能写出较规范的文章。B.当堂作文。当堂作文是一个优良的教学传统,可惜有些老师一味地追求新颖,认为传统的都是落后的,丢弃了这个传统。在我班上,园地里的作文不让学生回家写,一方面免得学生抄袭,一方面让学生集中思维,磨炼笔力。C.作文有严格的字数要求。我要求学生写满两页后修改,修改时另外增加 100 字。什么时候加完什么时候交。我这是在逼学生深入想、具体写。这个要求并非高不可攀,实际上,班上只有 3—4 位同学不能达到这样要求。D.渗透基本写法指导。在小学阶段,写景文一直是教与学的难点。教学中,我先教给学生游踪串联和凌空布局的结构法,再让学生体悟景物组合方法,体悟景物描写与修辞联想相结合、与人物感受活动相结合、与历史传说相结合等方法。经过一定强度的训练,学生能写出优秀的写景文。

4.阅读教学比较用心。有一位名师提出 18 字的语文教学策略"字词句段篇、听说读写思、整体感悟、细处摄神"。"字词句段篇"讲的是语文学习的内容,这里强调语言积累的重要性;"听说读写思"说的是语文学习的途径,这里突出语文学习的实践性与综合性;所谓"整体感悟",强调的是将整文内容(注意篇章结构)作为感知的对象;"细处摄神"就是引导学生在细微处用心体味,包括品词、品句,品味那些独具匠心、耐人寻味的用词、用句。我很欣赏这种教学策略。我的做法是:A.采用"整体感知—局部阅读—整体深化—训练迁移"的教学方式,在语境中理解词句的意义和作用,处理好整体与局部、理解与分析、吸收与发展的关系,成就学生的阅读能力。二年前,我产生一个想法。我看到我们的老师经常趴在办公桌上钻研课文、设计教法,还不时在课文的空白处写着什么。我想如果我们真的自己花了心思来钻研教材的话,那么写有你笔迹的这本教材就该妥善保管,这是你思维的成果。来年,你可以在这基础上再想再改进;如果你丢了,来年从头开始琢磨。如果心静不下来,我们来年的设计还比不上当初,那就没有应有的进步。B.要求学生必须做笔记。做笔记,利于促进学生深度理解课文,利于培养学生学习的成就感,也为复习功课提供素材。我认为自己这一点做得好,我们班上每个学生的语文书上都写有花花绿绿的笔记。记些什么呢? 我班学生会习惯性记下我写在黑板上的每个字。记在哪? 除结构性板书外,老师讲到哪行哪句,我班学生会习惯性地就把笔记记在哪行哪句的旁边。

5.语文练习先疏后紧。A.平日里淡化语文练习。学生语文学习水平主要取决于阅读积累与习作表达的常态化与优化,一味地想通过做练习来提高学习水平是徒劳的。平日里,我们完全可以淡化语文练习,解放学生手脚和时间。B.对练习的要求严格。课堂不是咖啡馆,任何人都不可以随随便便。教师要牢固确立课堂神圣的观念。练习也是如此。练习质量的高低,不仅反映学生智力水平,也反映学生的学习态度。而态度是影响一个人成长与发展的关键因素。在我班上,授完新课后,练习册一般由学生独立完成。尔后,老师找时间讲评。讲评时,严格要求学生订正;即使学生认为自己答案是正确的,答案可以不擦掉,但也必须在旁边补充写上老师讲评时板书的答案。讲评后,我再将练习册收上来批阅,对未按要求订正的现象予以批评纠正。C.期末复习时,为应付考试,这时需强化必要的语文练习。我的做法是推行专项复习,如多音字、形近字、成语、近反义词、句式变换、修改病句、关联词等各自形成专题,进行复习,做到既专项推进,又为学生备份复习资料,让学生在晨读或其他时间诵读消化。

6.引导学生有策略地学习。美籍教育家柯领说过:教育的根本规律是价值引导和自主建构。教育的终极目标是培养自主发展的人。自主发展的人,就是有清晰的自我认识、有积极的自我形象的人;就是有明确的努力目标,有内在的学习需要与成长渴望的人;就是有良好的学习策略与学习习惯的人。教育家肖川将学生学习策略是否精进作为衡量有效教学的六个标准之一。可见,策略学习多么重要。教学中,我曾让学生自编自己未来的故事,培养学生想象未来、憧憬未来、规划未来、设计未来的能力,进行自我价值教育;我曾引导学生将所有分类学习资料编印成册,体悟"整体—部分—整体"的知识建构学习策略;我还曾引导学生及时复习,比如某几个下午第二节课专门让学生背书读书,发挥下午四点左右对学生长期记忆力的培养作用;我曾鼓励和引导学生对概念、命题做出深度理解,学会解释,使学生充分进行智力体操,使头脑变得丰富等。

(四)我是怎么教自编教材的

追求完美的教学是我们每一个教师的梦想。完美的教学一定能让学生感受到人性之美、人伦之美、人道之美;感受到理性之美、科学之美、智慧之美;感受到人类心灵的博大与深邃;感受到人类所创造的文化灿烂与辉煌;能够唤起学生对于生活的热爱与柔情;唤起学生对未来生活的热烈憧憬和乐观、光明、正直的等待;能够以新的眼光审视生活、洞察人性物理。为了追求更完美一点的教学,我一方面夯实统编教材的教学,一方面自编教材来教一教。前面讲了,我自编的教材暂时以古诗文为主。怎么教呢?

有个别专家说:小学生学传统古文有一个方法,那就是三个字"跟我读",当然要持之以恒。我的做法也很简单:我只是领着学生读一读,这之前串讲其意思;课外引导学生背一背、读一读;介绍作品人物生平,介绍作品写作背景,串讲有关历史知识;组织学生进行有感情诵读比赛;召开有关主题班队会;组织古诗文书法赛;组织观看热门视频;晨读;组织《我喜爱一句古语名言》作文赛等。

为了维持学生学习兴趣,我不敢加重学生学习负担。对于自编教材上的作品,我没有强行要求学生背诵。但坚持下来,效果仍是明显的。我选编了200条古诗名句,你随意说出上半句,我班学生能立刻说出下半句;我从《古文观止》里选编了约35篇古文,我班学生能背出其中20篇,甚至有学生能完整背出诸葛亮写的《出师表》;我选编了《经典课文片段》供学生赏读,有学生写《美术老师》的作文,他依课文《刷子李》中师傅刷墙动作成功仿写美术老师画画的动作,他依课文《月光曲》中联想月夜海景成功仿写美术老师画作带给自己的联想,可谓妙哉!有老师说:我班学生看起来更有精、气、神。这我当作虚话。但我相信,假以时日,谁说不会出现"山花烂漫,我在丛中笑"的美好情景。

当然,我认为,我们不一定都得开发古文诵读的第二课程。我们可以以培养学生收集整理分析信息能力为重点开发研究性学习课程,可以以培养学生简单人生观、价值观、世界观为重点开发历史学习课程,可以以让学生获得精神享受、体验生命价值、感悟智慧人生、提升人文素养为重点开发故事会课程,可以以培养学生"感美—创美"能力为重点开发艺术欣赏与创作课程等。我们的教育改革需要百花齐放、百家争鸣,我们的学生也需要多种尝试、多种营养。

　　诚如上所言,虽然做出了一定的努力,成绩却和我躲起了迷藏。我记起了《童年·冬阳·骆驼队》里一句话:我们要学骆驼,沉得住气。你看骆驼,它从不着急。慢慢地走,总会走到的;慢慢地嚼,总会吃饱的。的确如此,对待生活、对待工作、对待学生,我们应该保持足够的耐心。我们坚信:只要我们默默地努力,情况总会得到改善的。

　　(上文为李明亮老师在江西省第十一届小学教育教学课题研究高级研修班上的发言。李明亮老师曾获"南昌市先进工作者、青云谱区优秀教师、青云谱区优秀辅导员"称号,以好学、创新、务实、精进的风格著称。学校已将其"课内高效、拓展课外"的教学法向全校推广。)

六、大师科学引领

　　2013 年 1 月,我们学校举行"朱婷教学研讨会",得到了市、区语文界权威的鼎力支持。总的来说,朱婷的语文教学实践反映了洪小的传统,融入了洪小的文化精神。下面,我谈谈具体意见:

刘红英校长在全省"内涵式发展"交流会上发言

　　今天的课堂存在四种类型:

　　原始课堂:什么叫"原始课堂",打个比方就是杂草丛生的课堂,是良莠混杂的课堂,没有技巧、没有艺术,也没有效益和效率的课堂,教师随心所欲、不负责任的课堂。这类课堂在我们现在的教学中还是大量存在的,不分年龄,不分阅历、经历、资格,存在于我们语文教学或其他学科教学的现实世界中。

　　功利课堂:功利课堂应该是教师主观意识较强的课堂,它的课堂教学目标十分明确、直率而单一。我的考察、研究的结论是,功利课堂主要存在两种倾向:第一种,教学目标直指升学考试,"考纲"、"考题"、"考试信息"以及"考试"导向都是直接影响、制约课堂教学的最重要因素;第二种,教学是在某些"改革"旗帜下的"实验性尝试",这种倾向往往不被人们所察觉,"为教改而教改"、"为课改而课改",教师在他实验行为的深处掩藏着他强烈的"功利性"因素,客观上牺牲了学生的学业素养的提高,牺牲了学生的学业成绩,或者以牺牲学生扎实的学业基础、严格的学业训练为代价,其实这类课堂还是以牺牲教师自身的可持续发展为代价的。

梦想课堂:能从学生的现实发展、终身发展的基础出发组织与实施课堂教学,既满足学生"考试"、"分数"的需求(近期发展),又能满足学生终生发展的需求。学生的自主学习与教师的关键性指导有机地结合。从学生好奇好探索角度,从人的自然本性的角度看,它是合乎人"自然成长"特点的,不偏颇、不偏激,有度有理,合乎性情的。

审美课堂:也就是叶老师所说的自然的课堂,是教学的最高境界。"返璞归真",也就是我们学校文化精神所提倡的课堂教学境界:是质朴大气的,是大处着眼的,是精雕细磨的。看似平常,实为精致;看似波澜不惊,实为大江大河。教师为了学生的发展,课堂教学"从心所欲而不逾矩";或闲庭信步,或翩翩起舞;教学有自己的教学规范、教学风格,有自己的"定法",但又时时能超越常规、超越自己。这种课堂实现了情和景的交融,处处是景,处处有情。教师把蕴藏在科学知识中的积极向上的人生态度、从容雅致的生活情趣、和谐发展的生存意识、顽强拼搏的进取精神等等这些滋养了人类文明几千年的精华和经典挖掘、将之呈现给学生,把有着鲜活的思想内涵、丰富的情感因素的知识在灵活、主动、多样的学习过程中交给学生,这样的课才称得上好课,这样的课堂不仅是学习知识的场所,更是陶冶性情、开启心智的地方。这种课堂讲究细节,讲究布局谋篇,讲究节奏,讲究时间与空间的丰富性,轻重缓急、抑扬顿挫的变化构成课堂的节奏之美。理想中的课堂就像一段美妙的乐曲,有"大弦嘈嘈如急雨"的时候,也有"小弦切切如私语"的时候,更有"嘈嘈切切错杂弹,大珠小珠落玉盘"的时候。像一幅国画,有密不透风的浓墨渲染,有疏可跑马的大片留白,错落有致、疏密相间,这样的课才称得上好课,这样的课堂才能给人美的感受,让人回味无穷。也就在这"梦的情境"中,在这

"美的浸润"中唤醒学生的发展意识、责任意识、生命意识。

我认为朱婷老师的课堂达到了梦想课堂、审美课堂的境界。

基于对课堂的这一理解,我们尝试建立自己的好课标准。首先,我们确立了两个原则:一是回归常态,二是建立理想。其次我们把这两个原则具体化为 12 个项目,作为诊断和评价一节课的要点:(1)符合课标要求——包括知识、能力、情感态度与价值观等方面;(2)符合学生的实际及可操作程度——与学生的心理特征和认知水

丁念金教授讲座

江西省教科所专家黄建国讲座

平相适应,关注学生的差异,教学目标明确、具体;(3)良好学习环境的创设——创设恰当的问题情景,有利于教学目标的实现;(4)现代信息技术的有效运用程度——选择恰当的教学手段;(5)学习指导与教学调控——为学生提供平等参与的机会,对学习进行有针对性的指导;(6)学生有效思维的长度——学生能提出有意义的问题或能发表个人见解;(7)发现性、探究性学习的开发度——促进学生深入思维,积极探究、尝试解决问题;(8)教学过程调控的有效程度——能根据学生的反应进行生成性教学;(9)课堂气氛的宽松度与融洽度——师生、生生交流平等、积极,学习进程张弛有度;(10)学生参

与教学活动的广度——学生参与学习活动的人数较多、方式多样、时间适度；(11)教学目标的达成度——多数学生能完成学习任务,每个学生有不同程度的收获;(12)学生情感内化的深度——学生体验到学习和成功的愉悦,有进一步学习的愿望。

要使每一堂课都能体现常态和理想的统一,毫无疑问我们需要大师。因此,我们推出了"550"计划及"打造名师"计划,一个是培养洪小的骨干教师,另一个就是打造当下的教学名师。打造名师的目的有两个:其一,传承优秀教育传统,做到既能把握优秀传统,又能与时俱进;其二,希望以名师来辐射带动其他教师,引领中青年教师的专业发展。洪都小学是一所建校60多年的名校,数十年来薪火相传,省市学科带头人、名师纷纷涌现。历史和现实中存在的名师群体,成为今天我校名师发展计划的坚实基础。那么如何充分利用这些优质资源,发挥好他们的引领作用呢? 我们为朱婷老师开设教育教学专题研讨会,通过研讨来提取这些教师身上的优秀教育基因,从而坚定地走大师、名师引领发展之路。

(本文为江西省首届人民群众满意的十佳校长、江西省专家型校长刘红英在洪都小学"朱婷教学研讨会"上的主旨发言。)

课堂教学,是我们教师职业生命的载体。

它,记录着我们共同的精神密码;

它,引领着颗颗追逐梦想的心灵;

它,栖息着追逐自由不羁的灵魂。

作为"蓝体文化"学校的一个基点,"梦想课堂"的工作主要是营造研讨氛围,促进教学研究,开展专题研修,推动校本培训,搭建发展平台,服务全校老师,整合集体智慧,实现"蓝体文化"学校的专业理想。

加强文化阵地建设，是形成校园内独特精神风貌和文化氛围的重要途径，也是形成校园内独特的文化精神、生活方式、价值取向的前提条件。"创建蓝梦校园文化，促进学校内涵发展，要发挥攻坚战的精神"这一直是我的信念。其中，文化阵地非但不能丢，反而要创，要搞活、搞亮。

——刘红英

校长的话

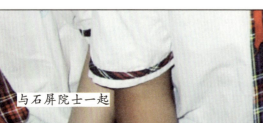

与石屏院士一起

第 5 章

创建阵地
为蓝梦文化助推加力

第一节　个性化班级

　　一种教师,自己做演员,让学生当观众,教师穷形尽相一演到底,学生充其量是被"填鸭"的容器,这是低层次的;一种教师,自己做观众,让学生当演员,教师撒手不问,收放无度,学生形同被放牧的"羊群",这是中层次的;一种教师,自己做导演,让学生当演员,教师投石激水、穿针引线,学生是被点燃的"火炬",这是高层次的。

　　班级文化主要指班级内部形成的具有一定特色的思想观念和行为规范的总和,是一个班级内在素质和外在形象的集中体现,也最能体现我们"蓝梦文化"学校的办学理念。

一、风格谐调　墙壁说话

　　教室是学生在学校活动的最主要的场所,教室环境、卫生、氛围潜移默化地影响着学生成长。为此,学校的教室环境从净化和美化两方面入手,学校统一布置了教室前墙上方的国旗,各班教室后墙上方的班训等,其他的环境布置全部采用个性化设计的方式。学校校园文化倡导的便是张扬个性,享受自由。所以,走进各班的教室,可以看到风格各异的班级布置。

　　风采栏:民主选举产生的文明之星、劳动之星、五律之星、学习之星、创造之星等,荣誉评选结果全部上榜。

　　航空角:定期展示同学们动手、动脑发明创造之作,幻想作品。

班级公约展示台

照片墙

笑脸墙

学习园地:优秀作文、规范的汉字、精美的手抄报、富有创意的美术作业等一一亮相。

照片墙:每个学生的照片附上他们的人生格言布满整个墙面,学生们在照片中姿态各异,但那一张张笑脸上的幸福感是何等相似。

展示台:孩子们的书法、国画、素描、剪纸、摄影、手工艺作品、纸质木质飞机一一展示,他们的多才多艺带给班级活力和生机。

班级公约誓言:教室里的班训在大多数人记忆中是刻板的,而洪小班级多是生动宣言和誓词。

航空角

这是 2010 级 9 班的班级宣言:以知识点亮人生,以进取成就梦想,我是一个了不起的人,我喜欢我自己。我是一个真诚、善良、热情、正直的人。我是一个聪明、勤劳、智慧、勇敢的人。我是一个充满爱心又乐于奉献的人。我真的喜欢我自己。世界上有那么多的奇迹,一定有一个属于我。我很新鲜,我是一颗刚从地下长出来的果实。我值得别人的尊敬,我值得别人的欣赏。我很高兴这样活着,加油,加油,加油!

这是 2012 级 14 班的班级宣言:我们的天下是奋斗的天下。"少壮不努力,老大徒伤悲。"若再问谁是英雄,又有谁会甘拜下风!昨日的誓言,今日的计划,明天的奋战。我们要用自己的行动来诠释自己的人生。在我们眼中,永远不存在"失败",我们展现的是不灭的活力,永恒的朝气。我们的宣言是:永不低头!决不放弃!

班级环境的个性化设计充分利用教室空间,让原本冰冷的墙面变成了会说话的文化墙。优美的环境给人以美的享受,以它的感染力唤起学生们对美的追求,使学生们大脑更聪慧,思维更敏锐,行为更文明,更激发人的上进心和求知欲。班级文化记录和诉说着一代代洪小学子在校园的幸福生活。

二、行为尚美　树立志趣

人们常说,生活中不是缺少美,而是缺少发现美的眼睛。其实,教育中也不是缺少美,而是缺少自觉地进行美育。将美育的教育目标最终转化为自觉的教育活动,就是在创造美的教育。

——陶西平

如果说学校是个大社会,班级就是构成这个社会的小家庭。孩子们在自己的班级里,尽情地锻炼自己,释放自己,梦将在这里启动。

1.把梦溶入孩子的心灵

在一年一度的田径运动会开幕式上,有一个班的展示赢得了全场热烈的掌声。在悠扬欢快的音乐声中,孩子们在一位美丽的班主任带领下,跳起了啦啦操。他们精神焕发,动作整齐,举手投足间韵味无穷。尤其是站在队列最前面的班主任,更是吸引了全场的目光。她身材健硕,眼睛亮丽,双手舒展,每一个动作都很优美;她那么沉静、那么从容,完全沉浸在自己的世界中。她就是学校语文教师兼班主任熊凤凰(青云谱区骨干教师)。

熊凤凰老师深受孩子们喜欢

熊凤凰性格温和,待人真诚,从容大气,无论是语文教师还是做班主任,她都能胜任,也深受孩子们的喜爱。但熊凤凰老师也受过委屈,有一次还被不懂事的学生骂过,而那次她却原谅了骂她的学生,由此可以看到了熊凤凰的教育胸襟、爱心和智慧。

那天课间,校长和她班上的两个孩子聊天。校长说:“一提起你们班熊老师,你们会首先想到什么?"

两个孩子异口同声地答道:"她对我们的爱!"

王裙说:"熊老师非常关心我们。比如,只要天气有变化,她就会提醒我们加衣服。昨天,下午放学时下雨了,她就叫我们先在学校待一会儿,等雨停了再回家。"

陈萍说:"熊老师喜爱每一个同学。我班上有一个同学学习成绩比较差,熊老师还是无微不至地关心他,经常问他听懂没有,如果没懂,熊老师就很细心地给他讲。这个同学同爷爷两个人一起生活,熊老师经常找他谈心,鼓励他,要他别让家里人担心。"

她接着说道:"熊老师善于发现同学的小错误,一旦发现便及时提醒帮助。熊老师很少发火,如果同学犯了错,她总是给同学们讲道理。"

校长问她:"如果让你对熊老师说一句话,你想说什么呢?"

她不假思索地说:"熊老师,你就是我在学校的妈妈!"

校长感动了,问她为什么会说这句话。陈萍说:"因为熊老师非常慈爱,像妈妈一样,但她又决不溺爱,善于将我们的小错误消灭在萌芽状态。"停了一会儿,她又说:"对熊老师的爱,我们只有乖乖听话,积极配合。"

王珺补充说:"熊老师对工作非常认真,讲课很仔细,板书工整,作业认真批改,我们每个同学都有一个家校联系本,熊老师每天都看,还要做记录,把同学们在家的一些表现摘抄下来。"

校长让她拿几本家校联系本给看看,王珺马上跑回教室,很快给校长拿了几本翻了翻,果真,每一页都有熊老师留下的红色字迹,校长看到王珺的家校联系本上有一页写着:"别忘了我们的赌注!"

校长问王裙:"熊老师这样写是什么意思?"

她笑了:"上次考试,我没考好。熊老师便鼓励我说,只要下次考试我有进步,她就给我买冰激凌。所以,她在我的家校联系本上写下'别忘了我们的赌注!'"

校长问:"结果呢?"

王珺说:"后来我进步了,熊老师也兑现了她的承诺。"

校长又问:"如果让你对熊老师说一句话,你又想说什么呢?"

王珺她说:"我就想说、说一句朴素的话——熊老师,谢谢您!"

这时,铃声响起,两个孩子便去上课了,而校长还在感动中。

于是,在熊凤凰老师生日那天,校长在给她生日贺卡上写道——

熊凤凰老师:

平时和你接触不多,但你确实在我心中占据着一个温暖的位置。你的善良、正直、敬业,让我对你真心敬佩!

与世无争,从容淡定,这是你的风格,也是你的幸福!

生日之际,真诚祝福你!

你的朋友　刘红英

也许对熊凤凰来说,写不写她的故事的确不重要,但她的故事早已写在了学生的心中。但是,刘校长的祝福可能久久地温暖着一个普通教师的心。

2.有温度的梦——人人都做圆梦的人

在南昌市洪都小学的大家庭中,有许多集体,其中有一个响亮的名称——2009级9班!"49个同学,49朵花,大家团结是一家。"2009级9班,是一个活泼友爱、团结进取的班集体。全班同学在班主任赵莉雅老师和各科任老师的关爱下,健康、快乐地成长着。在这个大家庭里,孩子们学习关爱他人、学习做公益事业,学会技能。新学期,2009级9班正向着更高的目标迈进!

班　训:团结,和谐,文明、进取

班级理念:以知识点亮人生,以进取成就梦想

28个活泼机灵的小帅哥,21个聪明伶俐的小美女,相聚在南昌市洪都小学2009级9班,组成了这个其乐融融的大家庭。在这个大家庭里洋溢着他们的欢声笑语,也将留下他们快乐成长的足迹。在这里,他们与书为友,在书海中扬帆远航;在这里,他们彰显个性,展示特长;在这里,他们勤学乐学,学会劳动、给予、宽容和感恩。他们坚信今年的硕果会更加香甜,他们坚信今年的笑脸将更加灿烂,我们更坚信2009级9班的同学们,将如雄鹰一般,在辽阔的苍穹,展翅翱翔,创造自己人生的辉煌!

春华秋实结硕果：

2009 级 9 班在全体老师的带领下及全班同学的共同努力下,在"同成长,共精彩"良好班风的指引下,成长为一个充满朝气、勤奋上进、团结互助的优秀集体,并取得累累硕果:2011—2012 学年第一学期荣获校秋季运动会团体比赛第二名;2008 学年第一学期被评为校规范汉字书写优秀班级;多次在学校黑板报评比中荣获一等奖等。几年来,班级的同学参加了学校的科技节、读书节、艺术节和体育节等活动,为班级赢得了许多奖。

成绩,只是对他们过去的肯定,而他们的明天还掌握在自己手中!所以 2009 级 9 班的每一位同学们都将以一颗平常心去看待成绩,以更昂扬的斗志去迎接挑战,用双手放飞自己的理想,用汗水滋润成功的果实! 2009 级 9 班,就是这样一个用关爱铸就的和谐的班集体,也许她羽翼未丰,但已展开了理想的翅膀;也许她前路坎坷,但已树立起必胜的信念;也许她还幼小,但一定能在和谐进取的氛围中茁壮成长!

班主任致孩子的一封信

亲爱的孩子们:

2009 年的 9 月 1 日,上苍给我送来一群活泼可爱的小天使,并嘱咐我要好好地照顾你们,教给你们一些做人的道理和生活的本领,最重要的是要让你们感受到生活的快乐,学会感恩,学会给予,学会做一个有爱心的人。

南昌市学科带头人赵莉雅

三年来,我一直按照老天爷的吩咐,尽心尽责地完成着他交给我的神圣使命。然而在这三年中,我也收获了许多意想不到的惊喜和快乐。你们就像老师的开心果,和你们在一起,老师便没有了烦恼,忘却了疲劳。

孩子们,如果你们是鲜花和小草,老师愿是阳光和雨露,默默地温暖和滋润你们的心田,让你们成为最美丽的鲜花和最青翠的小草!

在未来的求学路上,老师愿做你们的朋友,和你们一同成长。努力吧,孩子们!让我们一起学习,一起创新,一起想象,一起描绘多姿多彩的人生,一起设计美好的未来!

你们的伙伴:赵莉雅

(赵莉雅　南昌市品德学科带头人,南昌市优秀青年骨干教师,国家三级心理咨询师,江西省首届青少年心理健康教育宣讲团成员,南昌市网上家长学校及青云谱区管理站指导专家。)

3. 有色彩的梦——呵护每一个孩子

去年暑假后,我担任了 2010 级 2 班的班主任。全班 59 名学生,有 27 名是留守学生,学习成绩很差,只有几个少先队员,有些是学校"出名"的或者"挂号"的人物。

青年老师黄滩

应该如何去启发他们呢? 我的办法是正面指导,利用其"长",一举突破,打开局面。

开学不久,年级开展拔河比赛。我想,这个班的学生成绩不行,但活动能力大,这是他们的一大长处。于是我就利用业余时间领他们练拔河,他们非常乐意参加,男女生纷纷献计献策。结果,在比赛中一举夺得年级第一名,获得学校颁发的一个大奖状。这一下激发了学生的激情,一群学生拥到我面前,七嘴八舌,那高兴劲儿简直难以形容。有的说:"老师,咱使把劲,把学校所有的奖状都拿回来!"他们认识到,只要自己努力,一样可以当先进。

不久,学校又开展"创文明卫生城(学校)月"活动。我又想:这个班学生泼辣,能吃苦,对搞好卫生来说,又是一大长处。在动员时,我鼓励学生说:"同学们,咱拔河能拿第一,搞卫生就不能拿第一吗?"一句话,又给学生点了火。从此,他们一大早就来到学校,打扫教室、走廊、楼梯,甚至连校园也包下来了,结果得到学校的表扬,不少学生被评为"环境小卫士"。接着,我整顿课堂纪律、课间操等。根据学校的工作部署,我一个阶段集中抓一项工作,逐步建立起一些规章制度,注意物色和培养学生干部,加之学校的表扬、鼓励,各项工作逐渐走上了正轨,学生的劲头越来越高。一年来,学校设置的周流动红旗大部分被这个班夺过来了。我想班级班风已转变,下一步全面提高学生成绩也是可能的,真可谓:蓝图已绘就,奋进正当时。

（本文作者黄滩,教龄不长,已迅速成长为学校骨干教师,是青云谱区青年骨干教师培养对象,以素养高能力强潜力大吸人眼球。）

4. 有信心的梦——矢志不渝助成长

在时光流里,那时的我教中学,每当看到孩子们厌学,不愿写作业时,我就在想:冰冻三尺,非一日之寒;每当看到孩子们出口成"脏",习性懒散,我又在想:小洞不补,大洞难补;每当我在批阅作业,发现孩子们写作语病多,错字多,标点少,有的甚至连拼音都未过关,我还在想:万丈高楼平地而起。后来我将这些情况归纳为:从小基础不扎实,作文起步不踏实,文明素养检测不及时。

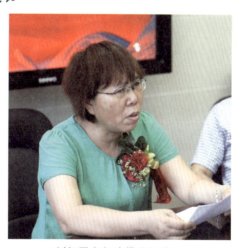

刘舒平老师谈带班经验

那时我陷入沉思:假如我是小学班主任,我将以双重的身份身体力行,既是传道解惑的教师,又是经营班级的"家长",一定要教出品学兼优的学生。

结果有一天,教改之风吹到了企事业学校,把我带到了"卧虎藏龙"的南昌市洪都小学。那时,我在想:我终于可以一展宏图,了我心愿了。结果抽签"中奖"的班级是一年级12班,这个班级像一盘散沙,进城务工的农民工子女超过80%,学生的素质参差不齐,我顿感这是个棘手的班级。我费尽心思教学,仍有人不完成作业,成绩不尽如人意,最低的分数居然只有7分,50—60

分的大有人在。面对如此局面,我真有点"巧妇难为无米之炊"的迷茫感。一个学期下来,我班语数成绩名列年级倒数第一;每天地上的纸屑层出不穷,被评"文明班"仅有一次。那时,我自我安慰地想:这可能是偶然的,学生大一点可能会有所改观的。没想到一年级下学期,学生的语数成绩仍是全年级倒数第一,"文明班"评比也是如此。当时我在想我的宏图、我的心愿大概要成为一个遥不可及的梦!但身为师者的责任感不容我对这群天真无辜的孩子听之、任之、放之,我彻悟与其让它成为我教学生涯中的"败笔",倒不如改变方法试一试。

那时,我绞尽脑汁想对策,我在想:班主任是学生健康成长的领路人,是班级的组织者和教育管理者,管理班级犹如在经营一个"大家庭",要从点滴抓起。班主任不能是旁观者,只站在旁边发号施令,一定要身体力行。地上有纸,班主任要带头捡;门窗脏了,班主任得先擦,然后让学生在潜移默化中跟随其后,久而久之,学生的好习惯养成了,综合素质也随之而提高。

从二年级开始,我便开始整顿班风,组建有力班委,我每天以身作则,七点半左右到校,摆齐桌凳,检查班级卫生,督促早读,评选了6个班长,分别管理纪律、早读和收本子等;2个劳动委员,一个负责包干区清扫,一个负责班级值日。一个月下来,班长丁鑫脱颖而出,我每天都看见他那小小的身影出现在包干区,弓着身子在捡纸屑。班会上,我多次表扬了他,还给他盖了"小红花"的奖章。之后,第二个"丁鑫",第三个"丁鑫"不断出现,班集体有了一种蓬勃向上的精神,"争先创优"的人就越来越多了。班风随之也好转了,爱学习的人逐渐增多了。真是"一分耕耘,一分收获",一年下来,我班摘取了23颗"文明星"(即被评"文明班"23次),学生们靠自己的努力终于荣获了"优秀班集体"的称号。面对一张小小的奖状,他们欣慰地笑了。

到了三年级,我开始对学生进行综合素质教育,有一次的主题班会"要成就大业,得从小事做起"给学生触动很深。从那时起,我班爱劳动的学生越来越多了,劳动委员发展到了6人,每天都有2个劳动委员和2个班长同时值日,他们各负其责。我仍然坚持七点半左右到校,了解学生的动态,若发现不负责任、偷懒的班干,立刻撤其职务。时常更新班干,既对学生是一种惩罚,也是给更多的孩子一个锻炼的机会。我还经常对学生进行"讲文明,懂礼貌"、"爱劳动,讲卫生"、"班兴我荣,班弱我耻"等各方面的素质教育,以此来提高学生的综合素质,同时也增强班级的向心力。要做好学生各方面工作,单凭一个班主任是不够的,而应形成以班干为中心的学生骨干力量。有人说,"班委是班主任的左右臂",此话我感同身受,太有道理了。举个例子,从三年级到现在,我班的卫生全权委托给了劳动委员,劳动委员负责早读前的清扫和下午放学后的打扫。班上每天都有早到的班干、劳动委员或劳动积极分子在拖地,擦门窗。班干之间互相督促,行者上,不行者下,人人都有资格当班干,班干随时都在更新。因为谁都乐意成为更新的班干,谁也不想被"刷",因而,劳动成了班级的亮点。我记得有一次班会上,批评了班长陆晨阳,不爱劳动,就不能评"三好学生"。没想到第二天,没轮到他值周他也早到,也自觉地投入到"晨扫"的队伍中去,一直到现在都如此,还带动了一批人。没想到班主任我的一句话还有意外的收获。

四年级开始,班级已步入正轨,和一年级相比真是天壤之别,每次我走进教室,看得都很顺眼,每天都窗明几净,学风越来越浓,学生们都常使用文明用语。目前的 2009 级 12 班今非昔比,朗朗的早读书声不绝于耳,坐如钟的眼操、阅兵式的课间操已成为洪都小学的"亮点"。我班还多次成为洪都小学的"风景线"出现在学校大型活动观众席上,多次得到校领导的好评。"卫生角"也焕然一新:每天拖把排成"一",扫把排成"一",纸篓排成"一",雨具也排成"一"。再也不会出现乱丢纸屑、扫把倒了没人扶的现象,也很少出现追逐打闹的场面,同学相互之间常会检查个人卫生和指甲是否修剪。可以说,整洁光亮渗透班级的每个角落,"文明之花"时时开。看到他们出色的表现,我的小小成就感油然而生,我想这大概就是辛苦后的快乐吧!

经过几年的努力,我班已连续 4 年被评为"优秀班集体"(其中前三年是本校"优秀班集体"),去年被评为青云谱区"优秀班集体"。以上成绩的取得,让我深刻地感悟到一个成功的班主任是很辛苦的,一个辛苦的班主任是深受学生爱戴的,同时也是备受家长敬重的。付出的是辛苦,得到的是快乐。

(本文作者刘舒平,所带班级曾连续四年被评为青云谱区先进班集体。)

三、丰富生活　多彩演绎

小学生处于人生发展初始阶段,他们的求知欲望强,可塑性大,渴望自身在德智体美等方面取得有益的发展,为将来的成长奠定基础。作为教育工作者的教育目标是培养社会主义事业的建设者和接班人。这两者对人才的要求,决定了班级活动的内容必然是丰富的。

例行的班级班会,是同学们敞开心扉、表现自己的最佳舞台,也可以促进学生对学校、班级事务的参与,加强师生之间、同学之间的交流,更能促进学生学会思考、学会合作、增强自信,培养他们多方面的优秀品质。为此,学校在班级文化建设方面,通过班级活动,努力营造出团结进取、积极向上的班风班貌。

为此,学校在班会内容方面确定了以"五爱教育"为底色的思想品质教育活动;以拓宽知识面为基础的科技活动;以公益服务为主体的实践活动;以提高学生审美修养、增强体质为宗旨的文体活动,以及国防军事活动,礼仪教育活动,人际交往活动等作为班会基本内容。

在活动形式上,班主任可以根据不同年龄段,不同时期,自己的特长和优势选择活动形式,充分发挥其教育功能,如季节性和纪念性班级活动;模拟性班级活动;假想性班级活动;实践性班级活动;游戏性班级活动;自治性班级活动;系列性班级活动。这些活动的目的,就是希望达到"励志蓝天上,求学大地中"。希望学生做一个有梦想的人,做一个能圆梦的人。因此,学校班会活动呈现出以下特色:

1.学生自主性强。

每个学期初,班主任都会拿出本学期工作计划给全班同学讨论,由同学们一起商议哪些项目可行,哪些需要再考虑,哪些需要补充,然后列成计划表,再由班干分头领取任务。牵头的同学可以组织感兴趣的同学来共同完善班会内容。从确定班会方案,到班会的组织,包括班会涉及的课件制作、道具、表演、奖品,全部都由学生自己准备。比如涂北芳老师班上,学生们早早地就各自领好任务,早早地就安排好班会流程,由学生自己主持召开的班会非常受欢迎,因为他们认为那是他们自己的课,自己的事!

2.形式多样,内容丰富。

说起班会活动的形式和内容,班主任还真是别出心裁,用心良苦。为了让一年级新生相互认识,尽快融入班集体里,以迅速培养出良好的班风,班主任充分发挥出她们的聪明才智,用各种教育方式促进同学们彼此了解。

比如胡雯老师在新生入校的第一个月里,专门召开了几次让孩子们彼此熟悉的不同类型的班会:

(1)看谁记得多。每个孩子在纸上写好自己的名字,贴在背上,然后由老师宣布开始比赛。孩子全部下位,开始记忆其他同学的名字,最后在规定时间内考查谁记得最多,谁就获胜。

(2)你要记住我。分小组进行同学介绍,然后小组内推选一位最具特色的同学在全班进行介绍,看看最终谁的名字被更多的同学记住。

又如胡长燕老师为培养学生的团队协作意识,召开了别样的班会活动。由学生自由组合,全班分成三大组,各组又有四个小组,先进行小组赛,胜出后在全班再进行决赛,最后看看哪个小组配合得最好,以此促使学生快速融入集体中。

为引导学生们学习当家做主,学会自治、自律和民主管理,有的班级开展了"最佳座位评比"、"自己同学自己帮"、"夺红花月月评"、"我爱我班"等活动。

循着航空足迹
——2009级9中队主题队会实录

(一)整队、报告人数

中队长:我宣布——2009级9中队以"蓝之梦·飞无垠"为主题的中队会现在开始! 各小队报告人数!

第×小队,小队长面向全体队员:第×小队队员起立! 稍息,立正。转向中队长,跑步至中队长距中队长约两步的位置立定,敬队礼(中队长还礼):报告中队长,我小队应到队员×人,实到×人,全部出席,报告完毕!

中队长回答:接受你的报告!

中队长敬礼,小队长还礼后回到本小队前发出命令:稍息,立正,坐下。跑步归队。

小队长向中队长报告完毕之后,中队长跑步至辅导员老师距老师约两步的位置立定,敬队礼(辅导员还礼):报告辅

"航空梦飞无垠"主题队会

导员老师,我中队应到队员×人,实到×人,全部出席,"循着航空足迹"主题队会一切准备就绪,邀请您参加我们的队会并给予指导,报告完毕!

辅导员回答:接受你们的邀请,参加你们的活动,并预祝你们的主题队会圆满成功!

中队辅导员敬礼,中队长还礼。

(二)宣布主题队会开始

中队长向辅导员报告结束后,面向全体队员宣布:南昌市洪都小学 2009 级 9 中队"蓝之梦·飞无垠"主题队会现在开始!(辅导员,队员鼓掌)

(三)出旗敬礼

中队长:全体起立,出旗,敬礼。(放出旗曲录音,全体队员向队旗敬礼,队旗出场)

(四)齐唱队歌

中队长:礼毕,齐唱队歌《中国少年先锋队队歌》(点击播放 MV 版的队歌伴奏)

唱完队歌,中队长:请坐下!

(五)中队长发言

中队长:当我们抬头仰望校园的天空,只见湛蓝湛蓝的一块天幕,那是我们心驰神往之地。低头俯视,脚踏着一块红色的泥土,那是我们理想起航的家园。我们热爱洪都小学,热爱洪都这片土地。亲爱的队员们,今天我们在

这里举行队会,了解我们应该熟悉的校园"蓝梦文化"。在这里我们向着蓝天,动手编织一个共同的愿望!下面我宣布2009级9中队"循着航空足迹"主题队会正式开始。让我们有请主持人飞飞和翔翔,大家掌声欢迎(掌声)

(六)中队活动开始

飞飞:新中国首架飞机展翅赣江,洪都小学迎着微笑起航。

翔翔:五千师生书写名校辉煌,教育创新成就崛起之梦想。

飞飞:是啊。如今,我们的校园正沐浴在航空科技之风中,这股强劲的风不仅吹遍我们的校园,而且吹进了我们2009级9中队,吹进了我们2009级9中队队员们的心灵。

翔翔:今天就让我们一起来了解航空航天方面的知识吧。

<h3 style="text-align:center">第一篇章　梦之源</h3>

飞飞:翱翔太空,是人类数千年来的梦想。长久以来,人类常常幻想能够在空中自由自在地飞来飞去。

翔翔:蓝天中飘逸的云彩,天空中展翅高飞的雄鹰,扑翼飞行的小鸟,无不令人向往,无不引发

人们对飞行的向往和渴望。

飞飞:古代因为落后,人们只能将这些美好的愿望寄予在许多关于飞行的神话和传说上。我们的飞飞队就收集了这方面的资料。

翔翔:噢?是吗?那我们赶紧来听听吧!

飞飞:下面请飞飞队的队员给我们介绍人类的飞行梦想。大家掌声欢迎!(鼓掌)(点击课件　飞行梦想)

飞飞队队长:大家好,我是飞飞队的队长蓝蓝,今天由我们4人代表飞飞

队向大家介绍我们收集的资料。下面就依次由我队的晶晶、明明、豆豆给大家介绍介绍吧!

(不变)(1)晶晶:嗨,我是晶晶,你们知道吗?我要介绍的飞行神话传说(点击课件)承载着一个古老民族对于太空的渴望。看(点击课件),这是美丽的嫦娥奔月,这是夸父逐日,还有神奇的女娲补天,瞧,这是孙悟空在翻筋斗云。

(2)明明:晶晶说得真好呀,我要说的就更加精彩啦! 你们不知道吧? 西方人对飞行也非常向往,看(点击课件)。古希腊深化传说中的爱神丘比特就有一对洁白的翅膀,可以在天上自由的飞。《凤凰与神毯》中海丽娅和乔治坐在神毯上也能自由地飞来飞去。

(3)豆豆:听晶晶、明明说了这么多,我也来说一说。其实,在遗留下来的古代壁画中也能有所发现。你们看(点击课件),敦煌莫高窟每年都吸引着数百万来自世界各地的游客。人们来这里,不仅能欣赏壁画上飞天女神的婀娜身姿和曼妙舞态,还可以感受到一个民族亘古不灭的飞天梦想。

飞飞队队长:在科技十分落后的时代,人们的美好愿望虽然无法实现,但是你看,他们把幻想表达得多么美妙动人啊!

翔翔:感谢飞飞队队员精彩的介绍。(鼓掌)

飞飞:神话虽然只是一种异想,但我们的祖先,并没有把理想局限于神话,而是付诸行动。翔翔,听说你们队也收集了资料,对吗?

翔翔:是呀! 他们主要是介绍人类探索太空的历程。

飞飞:噢,我可是听说他们的展示内容很精彩啊! 就让我们拭目以待吧! (点击课件 探索历程)

翔翔队队长:嗨! 大家好,我是翔翔队的队长! 今天我们要介绍的资料比飞飞队还要精彩,同学们想听吗?那就给我们来点掌声吧!在飞天梦想的激励下,我们的先辈不断地进行着制造飞行器械的探索。下面就由我队的队员向大家介绍我们收集的资料吧。(播放录音,学生按顺序走 T 台)

(1)草长莺飞二月天,拂堤杨柳醉春烟。儿童散学归来早,忙趁东风放纸鸢。这是风筝,源于春秋时期,至今已有 2000 多年。风筝是世界上最早的轻于空气的飞行器之一。

（2）这是孔明灯，又叫天灯，俗称许愿灯。相传因诸葛孔明发明制作而得名。它是根据热气球原理制成的。写下祝愿，象征着丰收成功，幸福年年。

（3）大家看，这是竹蜻蜓，别看它造型简单，却可以趁转动之势飞起很高！

旁白：人类在发展，科技在进步，为了更加接近蓝天，经过数代人的努力，又发明了飞机。

（4）1919 年 6 月 25 日，第一架全金属客机 F13 首飞成功

（5）1939 年 9 月 14 日，西科尔斯基驾驶自己设计的 VS300 直升机进行了首飞。

（6）1952 年 5 月 2 日，世界上第一种民用喷气客机"彗星"号，第一次在云层上面飞行，使旅客可以更加心旷神怡地鸟瞰白云下的美丽大地，它的平稳舒适也是前所未有的。

（7）1969 年 3 月 2 日，超音速客机"协和"号进行了首飞并获得成功。"协和"号比普通客机飞行时间缩短了一半。其设计被称为是力量与美学的完美结合。

（8）隐形战斗机，它们行踪诡秘，能有效地躲避雷达跟踪。多亏有了能吸收雷达波的隐形材料，才使隐形战斗机能轻而易举地从雷达眼皮底下逃之夭夭。

旁白：当然，人类对神秘的太空也充满了好奇，所以将脚步跨入了更遥远的太空。

（火箭资料）看，这是"长征"五号运载火箭，它是中国新研制的大型运载火箭。是它，让我们中国人实现了遨游太空的梦想。

飞飞：感谢翔翔队的精彩介绍。从远古时期嫦娥奔月的神话、敦煌的飞天壁画、"航天始祖"万户，再到一架架高科技的航空航天产品，我们人类的飞天梦做了几千年。

第二篇章　梦之翼

翔翔:风起,云开,想要飞翔,就要为梦想插上翅膀。而那些为航空航天事业做出贡献的人不正是这样的翅膀吗?

飞飞:是啊! 正是无数航空航天人物的力量,才能让这个梦想真正起航。

翔翔:下面,就让我们一起走进那些航空航天人物,感受榜样的力量。(视频材料)

飞飞:也许时间的书页会泛黄,但是鲲鹏展翅的精神永远放光芒!

翔翔:为航空航天事业做过贡献的不只是这些知名人士,其实还有更多的人在默默地付出。

飞飞:是啊! 在座的不少同学中的爸爸妈妈或者爷爷奶奶就在洪都集团工作,他们就是这幕后英雄的一员。

翔翔:下面大家就来听一个有关我们身边的航空人物的故事,感受他们的精神。

(航空人物故事演讲)

第三篇章　梦工场

飞飞:充满传奇色彩的航空企业,辉煌壮丽,

翔翔:艰苦奋斗的洪都人信念如歌。

飞飞:翔翔,你知道吗? 其实我们学校和洪都有很深厚的关系呢

翔翔:噢? 是吗?

飞飞:我们洪都小学不但位于新中国第一架飞机升起的洪都集团大院

内,而且它以前还隶属于洪都集团,是洪都集团的子弟学校。

翔翔:因为良好的优势,我们学校在航空教育这方面特别重视,曾经被评为"中国航空工业基础教育先进单位"。特别是最近几年,在刘校长等领导班子的带领下,学校更加重视航空方面的教育,并且取得了很好的效果!

飞飞:是呀,同学们,你们都了解到了哪些呢?(边说边出示课件)

按顺序介绍校园航空文化

第四篇章 梦飞翔

翔翔:是啊!我们学校为我们创造了这么好的条件,现在的我们更加要好好学习,为以后建设更加美好的洪都、为我国的航空事业贡献自己的力量。

飞飞:作为洪都人,我们真高兴呀!看着一架架飞机从洪都这片热土起航,我们真想变成美丽的蜻蜓,真想像鸟儿一样,挥舞着翅膀,在天空中自由自在地飞翔。

合:来吧,让我们在此唱响《蓝色梦想曲》,去实现自己的飞翔之梦吧!

歌舞——《蓝色梦想曲》

(七)中队辅导员讲话

飞飞:同学们!神秘莫测的太空,还有许多未知的谜团,等着我们去解答。

翔翔:祖国的未来是属于我们的,祖国璀璨的星空也是属于我们的。

飞飞:作为中华民族的后代,让我们抓紧每一分每一秒,

合:努力学习、为国奉献、为国争光!

飞飞:最后,让我们用热烈的掌声欢迎辅导员王茉莉老师做总结讲话。

王茉莉老师:亲爱的队员们,祝贺你们!你们的活动很成功!通过这次队会,我们对祖国的航天事业有了一定的了解,知道了我国的航天发展非常迅猛。我们更期待着你们在洪都小学这个梦工场放飞自己的梦想,实现自己的梦想!

(八)呼号

中队长:呼号,请辅导员老师领呼。

辅导员：准备着，为共产主义事业而奋斗！

队员：时刻准备着！

（九）退旗、敬礼

中队长：全体立正，退队旗，敬礼，礼毕。

（十）宣布主题队会结束

2009级9中队主题活动到此结束。

（文中王茉莉老师，是学校青年骨干教师，所带班级曾获"青云谱区先进班集体"称号。）

3. 多元的评价机制

如果你已经看厌了千篇一律的小红花、小红旗，如果你想获得最具个性、最值得收藏的"鼓励"，那么，在这里，你会感受到你所做的一切是多么重要，在这里你一定会收到一份有趣的奖品。因为，这里有班主任专为你在艺术节上出色的表现设计的奖状，这里有专门为你设计的奖品，还有她专为你在本阶段学习上的进步而设计的"表扬榜"。可能是老师为了给你在做好事那一瞬间留下动人一幕；可能是老师想定格你为了班级荣誉而在运动场上、竞赛上拼搏的俏影；也可能是老师感人肺腑的希望；这是不是有点"感动中国"的意味呢？像这样的奖品，是不是让今天的学生更觉得有意义呢？

每到学期结束，最令班主任老师棘手的是对学生的操行评定。面对几十号学生，从固定的几个方面，用固定不变的鉴定模式去套，写到最后，往往连自己也不知道写的是谁。用"认真"、"积极"等几个形容词，前面再加些"比较"、"非常"、"很"等副词来修饰，即使学过排列组合的人，又能翻出多少花样？

我们深知，单凭一张成绩报告单的几个数字、几乎通篇评语，是不足以全面评价一个活生生的孩子的。所以，在"蓝梦文化"理念指导下，很多班主任探索创新了评价机制，给学生做的评价不再是一张成绩单，而是一沓评价报告。这个评价报告里，主要由学生自评、老师评价、同学评价、最好的成绩、荣誉业绩展览、活动照片几大部分构成，从多角度总结一个学生在这一阶段的进步。

教育是个潜移默化的过程，教育的核心在于对人的塑造，教育的本质是让学生健康、正常成长,具体的知识是可以突击训练的,甚至于可以填鸭式硬塞进去的。如果我们在教育学生上出现了方向性的错误,那也会在潜移默化中影响到学生,这才是教育最可怕、最危险的地方。

教育就是保护天性、尊重秉性、培养习性。天性是指孩子在生长发育过程的特定阶段表现出的规律性的、共性的特性。秉性是指孩子从父母那遗传下来的,在性情气质方面的个体差异。习性就是孩子长期受家庭环境影响所养成的习惯、特性。

英国教育家洛克曾说:儿童一旦懂得尊重与羞辱的意义之后,尊重与羞辱对于他的心理便是最有力量的一种刺激。但是没有惩罚的教育是不完整的教育。但惩罚不等于体罚,更不是随便侮辱学生的人格;高明的教师对学生的惩罚,总是通过警诫、批评、强制、谅解、宽容、补偿等手段给学生以内疚的体验,以诱发学生深刻反省、悔过自新的动机。只有学生的尊严得到了保护,学生才会增加前进的动力,教育才能达到预期的效果。

第二节　活跃少先队

少先队是小学生在学校最广泛的群众组织,也是小学生中最为先进的组织。按照少先队章程,中国少年先锋队是中国共产党创立,并委托共青团领导的少年儿童群众组织,是少年儿童学习共产主义的学校,是建设社会主义和共产主

少先队员与老红军在一起

义的预备队。少先队是整个少年儿童教育的重要组成部分,是学校教育的得力助手,少先队紧密配合学校对少年儿童进行教育。按照"教育要面向世界、面向未来、面向现代化"和"树立创造的志向、培养创造的才干、开展创造性的活动"精神,通过特有的组织教育、丰富多彩的活动和队员当家做主的集体生活,让少年儿童从小接受基础的共产主义教育;为培养他们成为有理想、有道德、有知识、有体力,立志为人民、为祖国、为人类做贡献的一代新人打下良好基础。

为建设好少先队文化,学校始终坚持用爱国主义精神教育少年儿童,反对和抵制封建主义和资产阶级腐朽思想对少年儿童的腐蚀和影响;坚持正面教育,调动积极因素,克服消极因素,长善救失;坚持集体主义教育,重视少年儿童的个性发展,使少年儿童在少先队组织中得到系统的教育。

为加强少先队的建设,让他们从小学习自己管理自己、自己教育自己,发挥其主动性、积极性和创造性,学会当家做主。学校总辅导员每年定期举行少先中队、大队干部民主选举,推选中队、大队干部,定期举行新少先队员入队仪式,发展优秀少年儿童入队。

第十八届少代会

拥有高效健全的组织,拥有责任心强、能力强的干部队伍是任何一项工作得以顺利实施的重要保证。为提高小干部的工作能力,学校把少先队干部的培养工作作为一项重要工作来抓,非常重视提高干部工作能力和热情。每周一次会议、每月一次培训,组织他们学习,教给他们工作方法,共同商议工作事项,交流心得体会,同时让他们深入文明监督岗工作中,与队员们共同监督处理大队各项事务。如大队长分担了主持晨会的任务,负责每周的文明评比、卫生、纪律监督方面工作,定时或不定时对各中队的教室卫生、文明行为规范、红领巾佩戴情况等进行抽查,督促各中队整体素质提高。这些工作增强了他们的服务意识,培养了他们的工作能力,拓宽了队干部的视野并增长了见识。一支想干事、会干事、巧干事的小干部队伍的形成,促进了少先队工作的有序、有效开展。

与此同时,学校还建立了五个适合学生个性发展、兴趣培养的社团,即"蓝梦少儿科学院"、"蓝梦少儿艺术戏剧院"、"蓝梦少儿文学书画院"、"蓝梦少儿体育院"、"蓝梦讲坛"。社团内设书法美术班、围棋班、航模队、车模队、足球队、田径队、管乐团、合唱团、舞蹈队、京剧团等。学生通过参加这些社团活动,培养了特长与才干。以组织为保障,以活动为载体,以阵地为依托,走出了一条切实可行、富有特色、可持续发展的少先队路子,取得了一定的成效。学校少先队先后被授予"南昌市少先队宣传优秀奖"、"南昌市优秀雏鹰假日小队"、"南昌市魅力少先队"、"南昌市礼仪中队评比一等奖"、"南昌市优秀红领巾小记者团"等。与此同时,学校少先队还涌现出了一大批优秀的少先队员和辅导员老师,其中包括南昌市优秀辅导员、南昌市优秀中队辅导员、南昌市"十佳"大队辅导员、青云谱区"十佳"中队辅导员、青云谱区"十佳"少先队员、青云谱区优秀少先队员、青云谱区优秀队干部等。

在少先队教育过程中,学校积极引导少年儿童学习科学文化知识,懂得做人的道理,积极引导他们参加校内校外实践锻炼,让他们去接触社会、接触大自然、接触现代科学技术,在现实生活中接受教育和锻炼。并

第十九届少代会

通过力所能及的实践活动、巩固加深科学文化知识、开发智力、陶冶情操、磨炼意志、增强能力,做到知行统一。

在活动中受教育,在活动中求进步。少先队适时抓住各种重大节日、重要时事的教育契机,利用学校阵地开展各类有意义的活动,做好未成年人思想道德建设。3月的"学雷锋活动月",开展"学雷锋"系列活动,如通过"寻找身边的小雷锋"摄影大赛、红领巾广播站传播的身边小雷锋先进事迹、出期刊板报、"弘扬雷锋精神　建设心灵家园"主题征文、网上寄语等活动大力推进"学雷锋"常态化,让学生在活动中了解雷锋、学习雷锋、争做雷锋,以实际行动传承和践行雷锋精神。为增强少先队员"热爱祖国、热爱家乡"的意识,在大队部及美术组老师的组织下,近120名蓝梦书画社的学生参加了主题少儿百米长卷现场绘画。绘画现场热闹非凡,少先队员用绘画的形式表达了自己对生活、对家乡的热爱,用童心妙笔描绘出内心对文明的体验和感受。为倡导廉政文化进校园、手牵大手教育活动,带领学生走上街头开展主题为"文明与美丽"的社会实践活动。活动中,同学们通过发放传单、为市民解答廉政文化等多种形式,表达了做一个文明学生,建文明校园,爱美丽家乡的决心。少先队还开展网上祭先烈、"探寻先辈之路　感悟幸福生活"文明祭扫活动、开展以"真情献父母"为主题的"给妈妈写一封信"书信评比等活动,重点培养孩子爱英烈、知感恩、爱劳动等优良品德,引导学生认识中华民族的历史和传统美德,从而树立正确的理想信念。

遵循少年儿童生理、心理发展的特点,大队部有针对性地开展活动,寓教育于活动之中,寓教育于娱乐之中,力求生动、活泼、丰富、多样、新颖、有趣、富有知识性,具有吸引力和感染力,为少年儿童所喜闻乐见。特别

拜师活动

值得一提的是:2013年9月28日是孔子诞辰2564周年纪念,学校举行"读经典、忆先贤"为主题的纪念活动,全校师生受到了一次传统文化的启迪和教

育。活动中,展示孔子的画像、介绍了孔子的生平、诵读了儒家经典中的诗句,以这种独特的方式用最虔诚的心声来表达对孔子的崇高敬意,传承华夏文明。大队部坚持以航空科技教育为核心,营造"蓝梦"教育特色氛围,为展示"蓝梦文化"综合成果,从 2012 开学起,就开始筹划一部体现航空特色办学的音乐剧,经过长时间的筹备、组织、编排,蓝梦社团近 200 名师生上演了一台精美绝伦的《蓝梦之旅》儿童幻想音乐剧,受到了来自全国各地学习考察的各级领导、同行的高度赞誉。

　　学校通过创造性活动,帮助少年儿童树立了创造性志向,创造性才干、创新性素质开始萌芽,培养了追求卓越的精神、做事严谨的态度,使他们成为品行好、人格全、意志坚、具有创新精神和实践能力的"洪小人"。

一、蓝梦之旅

第一幕　打开教室

片头……

场景:LED 屏,青山绿水的画面

音效:水滴声。

舞台中央大玻璃盒,作为抽象的教室,七八个学生在一个教室读《坐井观天》。

"蓝梦之旅"主题音乐剧

小小玩着纸飞机上场,捡纸飞机时发现了教室,好奇地靠着教室边看。

众学生发现了小小,笑了起来。

杨老师:(亲切地蹲下)小朋友,你叫什么名字?

小小:我叫小小(好奇又羞涩地)你们在干什么?

杨老师:我们在上课啊!

小小:那我也能来上课吗?

杨老师:当然可以,杨老师欢迎你。

小小走进玻璃盒,坐下和学生一起读《坐井观天》。

LED屏,四季变换。

音效:学生的朗读声在空中回荡。

小小忽然举手

杨老师:小小,有什么事吗?

小小:(站起来,紧张地)杨老师,我……我的纸飞机丢了。

众学生哄堂大笑

杨老师:(等笑声平息)同学们,谁来说说看你们为什么笑? 班长先说。

班长:老师说过上课应该认真学习,不能玩玩具。

学生甲:都上学了还玩纸飞机,真幼稚!

杨老师:一百五十年前,有一位牧羊人带着两个幼小的儿子替别人放羊为生。有一天,他们赶着羊来到山坡上。一群大雁鸣叫着,从他们头顶上飞过。大儿子眨眨眼睛,羡慕地说:"要是我也能像大雁那样飞就好了。"小儿子也说,要是能做一只会飞的大雁该多好啊。牧羊人可没像你们一样说:真幼稚! 他对两个儿子说:"只要你们想,你们也能飞起来。"你们知道后来怎么样了吗?

学生乙:哦,我知道了,后来他们都变成了大雁。

众生齐笑。

杨老师:(摇摇头)两个儿子牢牢记住了父亲的话,并一直努力着。等他们长大,哥哥36岁,弟弟32岁时,他们果然飞起来了。(指学生乙,笑着)不是因为他们变成了大雁,是因为他们发明了飞机。他们就是美国的莱特兄弟。

班长:那……

杨老师:那我们今天一起来帮小小找他的纸飞机,好不好?

众生齐:好。(一齐鼓掌,然后准备弯下腰找)

小小:(大声地)不用找了。杨老师,我找过了,教室里找不到我的纸飞机。

众生:那怎么办?

杨老师:那我们就打开教室找。

众生:(惊讶地)打开教室? 教室怎么打开?

杨老师:对,打开教室。(拿出校本教材)

教室缓缓打开,灯光改蓝色追光背景。LED 屏,蓝色星光

众生发出惊奇地赞叹,全场灯光暗。

第二幕 天 问

灯光亮起。

场景:屈原立于舞台中央偏左,四十位童子着汉服席地而坐,手捧竹简,身旁立一方形孔明灯。舞台右侧为二米左右的大孔明灯。

音乐:鼓或编钟。音乐开始接一声长啸,屈原

主题音乐剧剧照

手执毛笔,朗诵《天问》:遂古之初,谁传道之。上下未形,何由考之。

四十位童子齐声朗诵、舞蹈:遂古之初……

LED 屏:《天问》的原文一个字一个字上升,孔明灯。

画外音:介绍屈原及《天问》;孔明灯及其原理。

杨老师:小小,去,去和远古的诗人对话,问问他是否知道你的纸飞机飞到了哪里。

小小:(走上前去),屈原您好。

屈原:小朋友,你好,你叫什么名字?

小小:请问您知道我的纸飞机在哪里吗?

屈原:什么是纸飞机?

小小:是用纸做的,可以在天上飞。

屈原：天，天是什么？白天光明，夜晚黑暗。究竟他为何而然？阴阳参会而生宇宙。哪里是本体，哪里是演变，天的形态传为九重，有谁曾去环绕度量？这是多么大的工程。是谁开始把它建造？……

小小，很遗憾我没法帮你找到你的纸飞机。但是我相信后来的人们会更加富有智慧。你去找一找他们吧。（挥手告别）

LED屏上的文字孔明灯变成一个个光点，聚集在一起，变成一幅幅古往今来科学家的照片，向画外飞出。一童子领舞，奔跑，最后定格。

第三幕　星际航行

杨老师：小小找到你的纸飞机了吗？

小小摇摇头没有

杨老师：那我们就到更远的地方去找，来，孩子们拿出咱们的校本教材。

杨老师将校本教材放在桌子上，追光灯渐暗，桌子下灯光亮起来

音乐、色彩、神奇LED屏上电弧闪过、电弧越来越多越来越高、音乐热烈

画面上出现两个动画人物：飞飞和翔翔

众生惊讶地：哇

班长：我知道了！是飞飞和翔翔。

飞飞翔翔从LED屏上方飞到下方课桌椅遮挡处，然后从课桌椅后走出。

LED屏变为飞船等待发射画面

飞飞：中子星航天发射基地，好奇号航天飞船，第二十七次星际访问目标星系仙女大星系、卫星星系。访问授权等级：绿色友好，飞船驾驶：飞飞、翔翔。飞船船长——小小

小小：我？

主题音乐剧剧照

飞飞:对,你——

众学生、老师:小小,上,快上啊!

小小走上前去。

翔翔:现在进行飞船发射最后一次系统检查,动力系统正常,导航系统正常,星际通信系统正常,飞船进入起飞倒计时,十、九、八、七、六、五、四、三、二、一,发射。

(LED 屏飞船起飞,发出巨大的轰鸣声

巨大神秘的宇宙空间出现在画面上各种散发着美丽光泽的星体在缓慢移动)

飞飞、翔翔介绍星体星系的各种知识,拇指灯亮

(声音渐弱)

歌舞《我们是宇宙的精灵》

突然一声巨响,飞船 LED 屏剧烈地晃动一下,刺耳的警报声响起,大家都趔趄一下,"前方出现黑洞、前方出现黑洞,注意穿越引力场、注意穿越引力场。"

小小惊讶地问:什么是黑洞?

飞飞解释什么是黑洞

小小:那我们现在该怎么办?

飞飞:加大马力,冲出去……小小加油!

众学生、杨老师:小小加油!

(音效　轰隆声越来越响,而后又突然安静下来)

只看见小小及所有的人紧张地注视着前方,喊叫着却没有一点声音。定格。突然爆出一陈欢呼声,大家互相拥抱。

第四幕　我的纸飞机

画外音,音乐热烈地延续,经……度……分、北纬30度28分,前方即将到达,我们的家园地球 LED 屏蓝色的地球

众学生神往地看着地球

班长赞叹：地球真美！

学生甲：太空也很美！

杨老师：对，他们都很美！

主题音乐剧剧照

飞飞、翔翔：好奇号航天飞船第二十七次星际访问圆满完成。小小，我们该走了。

小小：可我舍不得你们。

飞飞：我们还会再见的。

小小：在哪里？

飞飞：在你的教室里，在书本上，或是在你长大真正当了飞船船长的时候。

飞飞翔翔退下。

杨老师：同学们你们爱这片浩瀚的太空吗？

众学生：齐：爱！

老师：那我们就把我们心中的太空画下来好不好？

众学生：好！

众学生在 LED 屏前画起来，道具、纸帽子，小水桶，画笔，调色盘等。

LED 屏显示一幅五彩斑斓的儿童画。

众学生、老师背对观众，看着巨大的儿童画。

班长：真可惜，小小你还是没找到你的纸飞机，来，我折一个送给你吧。

小小接过飞机看了一会儿：不，我找到了，（音乐推向高潮）在这里，它永远也飞不走了

（转身向 LED 屏走去，众人将方块叠成一道阶梯，小小爬上去，用笔添上了一架纸飞机）

（转回坐在上面，举着纸飞机，追光灯）

班长:同学们,我们倒数五下把纸飞机飞出去好不好,五、四、三、二、一……

舞蹈演员上,玩航模的,画画的,滑旱冰的,踢足球的(改成星球)

歌曲……

第五幕

音乐舒缓柔情地……

杨老师、众学生看着打开的教室

小小:杨老师,我喜欢这个教室。

杨老师:那我们把它包起来做成一个大大的礼物送给更多的孩子们好不好?

好!

(音乐再度推向高潮)

孩子们合力用绳子将放下的玻璃拉起来,再用红绸子将大玻璃盒扎起来。

垂帘垂下,投影,科普图片节奏越来越快,

突然静止,定格两行字:

飞行,以艺术的方式;科学,将志趣地起航。

给孩子一座天空之城。

LED 屏两边是孩子们神往的脸庞。

老师牵手,谢幕。

二、520 故事

"520,我要赢",这是学校"520 中队"的孩子们上课时高呼的一句响亮口号。

"520 中队",是洪都小学成立的一个特殊学生中队,队员是从各年级各班学生中挑选出来的。第一批进入"520 中队"的学生有 35 人,这些学生大多有羞怯、自卑、自弃、好动、不够自信等缺陷,而且学习成绩不太好,是老师心目中"头疼"的学生,也不受同学的欢迎。

面对这样的学生，刘红英校长说："关爱每一位学生是教师的天职。对所谓的'问题学生'，老师更要用心呵护，孩子将来可能是科学家，也可能是一位普通劳动者，但只要未来在工作岗位上找到自己的位置，有良好的心态，他就是成功的，

520 中队活动

也就是洪小追求的成功教育。"她经过深思熟虑，决定成立"520 中队"，谐音"我能赢、我能行"。学校将这类学生集中到一块，挑选经验丰富、富有爱心的老师做辅导老师，利用课余时间，通过各种活动，引导这些孩子恢复自信，增强自律，从而提高学习积极性。为此，刘校长与辅导教师一起研究制定了工作方案，要求辅导老师对他们重激励，重引导，通过心理辅导、活动体验、自我反思，使他们明白"520，你能赢"、"我爱你"。

陶行知先生曾提倡："男教师要学做富兰克林的父亲，女教师要学做爱迪生的母亲。"他还说："教师应该谨记，你的教鞭下有瓦特，你的冷眼中有牛顿，你的讥笑中有爱迪生。对任何学生都不轻言放弃！这便是教师的伟大之处。"这也是 520（我能赢）精神所在。

下面是学管处副主任吴建强讲的"我与 520 成长"的故事，读后想必有所感触：

520 初会时的迷茫

我是 2011 年开始到学校学管处工作的，第一项任务就是负责"520 中队"。"520"是什么意思？为什么会有这么一个中队？

中队取名为"520"，有两层含义：一是"我爱你"，二则是"我要赢"。在学校这个大家庭中，"问题学生"这一群体是不容忽视的，他们需要比一般孩子

更多的关心和爱护,需要老师对他们倾注更多的爱去感化他们,使他们能够更好地融入班集体、融入学校生活。学校计划把各班的"问题学生"集中起来,组成这样的一个中队,定期给他们进行针对性的教育和心理辅导。这个中队体现了我们洪小对学生的尊重、认可、关爱,也是对孩子的一份殷切期望,是学校"人人追梦"教育思想的具体落实。他们的转变,不仅仅对他们个人有意义,对班级、年级乃至甚至整个的学校意义都很大。

这样一个中队,我要怎么开展好活动呢?我开始翻看中队的所有资料。

520——求索中的诗行

当我拿着那一份"520中队"的队员名单,终于体会到这是一群怎样特殊的孩子了,"基本情况"一栏里班主任们几乎写的全是孩子们的缺点。刚开始举办中队活动的时候,有的学生认为"520中队"就是一些差生去的地方,不愿意来,有些甚至是被班长拉过来的。我开始感到任务的艰巨,同时也开始认真思索:我到底能为这帮孩子们做点什么呢?"520中队"到底要怎样才能成为孩子们的家园呢?

一次偶然的机会,我接触到一本书——《爱心树》,那是一个讲述爱与索取的故事。我突然觉得有必要让这帮孩子走进这样一个故事,尽管我知道孩子们不可能会因为这一堂课而立刻有很大的改变,但我想,至少这将是一个好的开始。

我找到学校里课堂调控能力极强的徐晨辉老师,和他一起交流这帮孩子的情况,徐老师很爽快地答应上堂课,并认真备课,积极准备了教案和课件。可能这就是一种爱吧,一种教师对学生深沉的爱。

这次活动中,尽管徐老师时常强调课堂纪律,可他没有半句怨言,并一直在努力拨弦。课中,徐老师给了"520中队"的每一个学生一个深情的拥抱,学生们非常感动,有一名学生还当场落泪。原来,这个学生的家庭情况比较特殊,从小到大,还从未有人像徐老师这样用心地拥抱过这个孩子,甚至包括他的父母。这次活动深深打动了这个孩子,后来他的变化很大,进步很快。

初战告捷,我开始对办好"520中队"活动充满了信心。于是,我从网上下载了许多中华仁爱的故事让这帮孩子们来看。每次组织队员们讨论观后感时,孩子们都能说出其中的深意。我发现,这帮孩子都很聪明。我希望自己能像《爱心树》故事中的那棵树一样,多给孩子们一些爱和温暖!

520 蜕变后的成长

一个学期下来,我寻思着,我一个人的力量是有限的,洪小有这么多的优秀老师,其中更有当了多年班主任的老教师,他们教学经验丰富,定会有更好的办法来给这帮孩子们传授些什么。于是,我和周蕊副校长经过多次反复推敲、商定,以

520 中队活动

《国家中长期教育改革与发展纲要》和《中共中央国务院关于加强和改进未成年人思想道德建设工作的若干意见》为指导思想,从指导教师的安排,到每次活动的组织形式、活动内容都一一具体化,制定出了《"520 中队"发展方案》。

学校刘红英校长对"520 中队"工作很重视,在看方案时她对我说:"'问题学生'转化工作是学校管理当中很重要的一项。如何转化,这应该是每一个管理者、从教者都得面临的一个课题,把这帮孩子们教好,这是学管处真正做的一件大实事。"刘校长还很关心中队指导教师的安排,她说:"像这样的课,不是任何人都可以上的,选指导教师一定要慎重啊。"

带着刘校长的谆谆嘱托,我们定下了如今"520 中队"的六位指导教师,她们中有在教育事业上耕耘了 40 余年的老教师;有充满爱心,经常在养老院、孤儿院做义工的青年教师;有所带班级被评为区优秀班集体乃至市优秀班集体的优秀班主任;更有教学能力强、勤奋肯干的教学好手。

这六位指导教师每人自行设计组织一次"520 中队"活动,每一次活动,六

位老师均到场听课,活动结束后一起讨论总结。更让我欣喜的是,大家的想法近乎一致——尊重中队的每一个孩子,让每个孩子蜕变成长,感受成长的喜悦。一次次的活动里凝聚了指导老师们的心血,刘校长也前来听课,给予了老师们很高的评价。看吧:

张蕾老师通过卡片 + 签名、拼图等方式引导学生感悟团队精神的重要性;另一方面,通过选举本届"520 中队"的大、中、小队长,使学生积极参与到"520 中队"的活动中,增强了中队的凝聚力。

刘舒平老师在更正中队学生的上课行为后,以"璞玉"作引,由表及里,使孩子们意识到自己就是一块未经雕琢的"璞玉";以丘吉尔、瓦特等古今中外后进生成为名人的事例作结,使孩子们重拾自信,勇于诚实面对自己。

赵莉雅老师通过"自我认识的心理小测验"激励孩子们大声说出了自己的优点,还勇敢地表达了对自己不满意的地方,让学生全面认识自己,克服自己的不良习惯,做最好的自己。

熊晓妹老师围绕"做遵纪守法的好少年"这一主题展开,通过分步板书古字"灋",使学生了解了今字"法"的深刻内涵,并由"恶作剧的后果""抢劫五元钱沦为抢劫犯""机场黄金可以随便捡吗?""ATM 机上的 171 次恶意取钱""我爸是李刚""未成年人犯罪也要负责任"等一个个真实的小故事,让孩子们懂得遵纪守法的重要性,争做知法懂法守法的好少年。

林磊老师围绕"学会合作"这一主题,通过《三个和尚》的故事、"渡船"游戏等让孩子们明白合作的重要性,并懂得了合作也要分清是非对错,增强了合作的意识,也在游戏中领悟、了解合作一般应有的正确态度和方法,体验到了合作的快乐。

吴勤耘老师通过播放了《星光大道》年度总冠军刘大成的故事,让孩子们明白:发现兴趣,敢于创新,努力探索,掌握一技之长是我们每一个人都可以做到的。

活动还在继续……

一次次精彩,连我自己也颇受教育,对下一次的活动充满期待。记得有一次在校园里碰到了几名"520 中队"的学生,其中一个主动跟我打招呼:"吴老师,下一次活动是什么时候呀?"欣喜的同时,我意识到他们喜欢上了"520中队"。他们之所以个个来这里开展活动,正因为在"520 中队"这里,他们感受到了爱!

520——未来从这里起航

520——"我爱你",这是洪都小学对具有问题倾向学生深深的关爱,更是一个神圣的承诺;520——"我要赢",这是中队孩子们对自我的重新认识,更是一个成长的希望。正如洪小的校训"励志蓝天上,求学大地中"所体现的精神,我相

520 中队活动

信,"520 中队"走出的每一个孩子,他们的未来将从这里起航!

尽管有了一些小小的成绩,但这只是开始,520 路还有很长。路漫漫其修远兮,吾将上下而求索! 在"520 中队"的成长历程里,我也和中队一起完成了对自我的不断完善。520,我将与你共成长。

刘圣尧同学谈到自己在 520 中的成长经历,感叹地说:

"曾经,我自认为自己是个让爸爸妈妈头疼,让老师忧心的孩子。每每回想过往,我感到愧疚……"

记得三年级的一次体育课上,我不尊重体育老师,还和她顶嘴。班主任林老师知道后非常生气,要我马上跟体育老师道歉,林老师还循循善诱,帮我分析……可我还是我行我素,一直被同学们排斥。

不知道从什么时候起,我成为了"520 我要赢"这个集体的一分子。我很喜欢那儿,因为在那里,老师们对我们格外地关注,每次都会带来我们喜欢的活动,让我们在活动中轻松快乐地学习。

就像刘舒平老师说的一样，我们每个人都是一块还未经雕琢的"璞玉"，所以，我要坚持在学习和生活中，从点滴做起，每天为他人做一件好事、坚持每天使用文明语，规范自己的言行。因为我知道"学莫大于博，行莫大于约"啊！后来，我还在赵莉雅老师的课上认识到自身的优缺点，让我找回了信心。我曾经不懂事，喜欢去敲同学的脑袋，而且手不知轻重；但是熊晓妹老师给我们上过课后，我懂得了什么是法律，明白了遵纪守法的重要性。我知道自己以前的行为是多么的无知。我下定决心，一定要和其他同学一样，做一个遵纪守法的好少年。再看现在，同学们都说我变温柔了，这难道不是"520"给我带来的转变吗？

我喜欢"520"，但我更爱"520"。这个学期的第一节活动课上，吴勤耘老师让我们认识了一个人——刘大成。这个人其貌不扬，但他的口技表演却让我们折服。后来吴老师告诉我，每个人都可以有自己的特长，但首先要有兴趣，其次再通过创新、努力，将兴趣转变为特长。我突然想到，我能不能把爱看课外书这个兴趣变成自己的一技之长呢？渐渐地，将兴趣转化成特长，我成了班上的一名小小"说书家"。只要是老师批准了，我就会站上讲台，和同学们分享我读过的故事。同学们有时也听得津津有味，但他们不知道，他们的表现给了我极大的鼓励，让我越来越自信了。

我喜欢"520"，因为它让我找回了自信；我喜欢"520"，因为它让我快乐学习；我喜欢"520"，因为它让我健康地成长……我爱"520"，因为它让我有了勇气去挑战别人，还让我有了梦想要赢过自己……

三、悦心屋记

2012 年 8 月，在校长刘红英的大力支持下，洪都小学的心理咨询室的建设工作全面完成。本着安静和方便的原则，学校的心理咨询室选择了风范楼二楼的东侧的一间房间。这里安静，便于学生来咨询或谈话，是一个比较理想的场所。同时心理咨询室以温馨淡雅的绿色调为主，室内一律采用童趣图案为装饰，房间里以植物花卉为点缀，而且还用了一些卡通玩偶装点，整体感觉温馨、舒适、明快，符合不同年龄的学生特点，为学生营造了出一个宁静安全、适合倾诉的空间氛围。赵莉雅老师根据小学生年龄小，名称的选择以亲切、易懂，学生能接受为原则，以帮助同学们正确面对学习、生活中遇到的各种烦恼，给同学们一个心灵倾诉或求助的

心理咨询

空间，让同学们能在多彩的童年快乐成长，健康发展为目的，把心理咨询室的名称确定为"悦心屋"。

同年9月5日，"悦心屋"正式挂牌成立了。当时这个消息通过校广播告知全校学生，通过南昌市网上家长、学校家校平台将此消息告知全体洪小家长。消息一经发布，就收到近十位家长的来电咨询。一时之间，大家都在关注"悦心屋"。

从此，南昌市洪都小学的心理咨询室——悦心屋，成为学生心灵的港湾。"从一年级新生入校，我们就把联系方式告诉了学生和家长，以便于他们在需要的时候能随时和我们交流。记得一位同学因'口臭'而不敢和同学、老师说话，四处求医无果，内心痛苦导致成绩一落千丈。她鼓起勇气走进心理咨询室，或痛哭、或诉说。我给予她理解和支持，更重要的是我发现了她的'口臭'是心因性的。我引导她改变认识，并用'行为疗法'帮助她强化认识。最后，她没有了'口臭'，变得开朗大方，还赢得了许多珍贵的友谊。"赵莉雅老师骄傲地说，类似的故事在咨询室里还有很多。能听见学生的心声，能看见学生的心灵之花慢慢绽放，对赵莉雅老师而言，是有趣、有意义的事，当然，有时候因为咨询的人太多，她也会很辛苦，这就叫"苦并快乐着!"

心理咨询室除了个体辅导外，还有团体心理辅导。一月两次给有需要的孩子上一次团体心理辅导课，该课成为了学生讲心里话的地方。"我们没有专门订相关的教材，每次上课之前都根据学生的需要与特点由团辅老师进行精心备课，有效组织团辅活动。"赵莉雅老师说。洪都小学团体辅导课的上课

地点和方式都很灵活,讲解、辩论、观看有意义的视频在教室内进行,游戏和拓展训练在教室外进行。"我们采用灵活多样的教学方式,希望能解决学生的心理困惑,希望促进学生之间的交流、分享、合作,希望学生身心都能得到放松,希望心理课成为促进学生发展的一个充满正能量的场所。同时我们的心理老师也在倾听与互动中,感受着他们的点滴变化,为他们的心灵成长而欣喜。"赵莉雅老师说,"在洪都小学,个体辅导老师和团体心理辅导老师成了学生的'朋友'"。

洪都小学心理咨询室除了对学生进行心理辅导外,还开设心理健康讲座,每年会对家长进行一次心理健康讲座,引导家长学会理解孩子,学会与孩子沟通,学会肯定鼓励孩子,学会与老师配合,心理健康讲座赢得家长对学校的支持。目前,由赵莉雅老师主讲的《送给青春期女孩礼物》的青春期讲座已经成为洪都小学的学生心理讲座的固定讲座,学生反响极好。

洪都小学自开展心理健康教育工作以来,取得了一定的成效,心理健康教育已发展成学校的一大特色。学校心理健康教育师资强,目前由 2 名国家三级心理咨询师和 2 名正在学习的心理教师,以及 5 名热心心理健康教育的青年教师组成。"悦心屋"还引领全体班主任参与到学生心理健康教育的实践和研究中来。在赵莉雅老师的带领下,全体心理教师参与到南昌教育学会"十一五"科研规划课题的子课题《关于和谐校园背景下小学生心理健康时效性的研究》中来,该课题于 2012 年 10 月立项。我们深深感到,有校级领导的高度重视,有学校师生的齐心协力,心理健康教育工作已成为学校教育的重要组成部分,在学校跨越式发展中起着重要的作用。

"做学生心灵的导师,让每一位学生都能走好成长的路是我们全体洪小教师的奋斗目标。"南昌市品德学科带头人、南昌市优秀青年骨干教师、国家三级心理咨询师赵莉雅如是说。

第三节　多彩活动节

一、魅力四射的艺术节

学校艺术节，每年12月份拉开大幕，至今已经办了16届。整个艺术节由文艺汇演、学生艺术作品大赛及小制作展示三大板块构成，主要培养和发展学生语言智能、表演智能、手脑并动智能等。尽量让每个孩子得到展示，得到锻炼。

参加南昌市中小学生"魅力校园"艺术节表演

学校有学生近五千人，文艺汇演想让每一个学生都登台似乎是不大可能的，但是学校提倡的是"人人参与，人人快乐"，所以，学校鼓励全班参与的大型节目，还特别给这类节目设置集体奖项。另外，为保证节目质量，节目也会进行筛选，一旦落选，音乐老师也一定会把落选的班级节目以合并或者重组的形式，让它再次登上舞台。总之，要确保每个班都有节目，每个班尽可能多的孩子能积极参与，展示自我。

在活动中，尽量以专业化的标准去要求孩子，使他们通过一次活动，得到一次实实在在的历练，打一次深深的烙印。于是：

节目彩排时，专业舞蹈老师熊静老师来了，叶昌锋（南昌市最佳指挥）这样的专业指挥也来了；

主持人培训时，戴刘菲（省电视台主播）这样的专业主持人来了；

正式演出时,专业化妆师来了……

　　总之,学校尽可能让参与的孩子能感受到一台高规格的文艺演演出到底是什么样子的,每一个细节应该如何去处理,我们不求最好,但求更好。

　　文艺汇演都是以班为单位,孩子们自编自演自己的生活。正式演出前,各班同学都抓紧时间彩排,许多班排演的大型节目,除了忙里忙外的演员,班上甚至还设置了道具组、配音组、化妆组等,可以说"麻雀虽小,五脏俱全"。这个时候进到校园,乍一看,都会以为进到了文化馆。每年的校艺术节,对于学生来说,可以称得上是一场盛会,大家都发自内心地喜欢,积极参与其中,其乐融融。

　　另外,原本艺术作品的比赛,只需要让孩子把自己的作品带来评比就行;但学校考虑到孩子们方方面面的才艺,如果能当着大家的面展示出来,参赛者就更会有一种自豪感,同时还能激发其他孩子向他人学习的欲望。所以,学校不怕麻烦,又精心组织了许多开放的现场比赛。

二、激情飞扬的体育节

　　金秋送爽,也送来了学校的体育节。每年九月开学不久,学校即举行每年一次全校性的体育节。体育节是学校学生最快乐的节日,所有的学生都投身到热火朝天的体育节活动中去了。

"蓝梦杯"体育节

　　学校的体育节由田径、足球、乒乓球比赛,航模、车模比赛、体育知识竞赛、体育摄影等板块构成。它从多个方面培养学生的身体运动机能,让学生感受体育竞技精神,感受体育团队精神,感受参与到集体中的美好。为让更多的学生置身于活动之中,达到全民锻炼的效果,学校在竞赛项目上:

1.设置多种集体项目,培养团队协作意识。

学校针对学生爱好要求,除了传统的田径集体项目 4×100、4×50、4×25 接力赛外,专门设置了四人五足跑、多人跳绳、"阳光伙伴"集体跑、男女各 20 名接力赛等集体项目。这类比赛项目参与面广,学生只要稍加练习,便都有参与的机会,因此成为班级之间争夺最激烈的项目。

2.培养一支运动会志愿者服务队。

以前,为了维持运动场上正常的比赛秩序,校少先队总是要求各班抽调若干名学生集中在一起开展工作。这么做,许多学生主动性不强,也没有凝聚力。现在,每年体育节开幕之前,学校会以公开招募的形式在全校招学生服务志愿者,同学们十分踊跃,想是"志愿者"这个称号让大家觉得能为他人服务是无上的光荣吧。

3.优秀运动员、优秀摄影作品的评选。

体育节上,学校既要培养学生为班争光的团队意识,又要培养学生的运动品质;既要求学生在技术体质上"更快、更高、更强",又要求学生"友爱、坚韧、顽强"。所以,学校从第二十届体育节开始就设置了校"优秀运动员"的评选,先由

竞赛场上

班级推荐,再进行全校民主投票,评选之后颁发证书、全校通报表扬,这样大大激发了运动员的个人积极性。

同时,由少先队组织,让每个班选送一二名小记者组成小记者团,让他们在此期间跑新闻、抓拍照片,运动会结束后评出优秀通讯、十佳摄影作品。小记者们的新闻采访,还真是有模有样。

4.开展体育知识竞赛。

体育知识竞赛的开展,让学生了解到更多的体育规则,在观赛的过程中就有了更多的乐趣。体育的精神是重在参与,只有先了解规则,才会懂得欣赏,最后才有可能去参与。

学校的体育节虽然以多种形式开展,也尽可能考虑让更多的学生参与,感受体育带给人的快乐;但不管怎么说,能站上跑道的学生毕竟有限,这都受学校场地、活动时间所限。为此,刘红英校长就思考着,如果在田径运动会后,多增加些趣味运动比赛项目,以班为单位,以集体的形式参加,也许参与的人数就会更多,得到锻炼的人也会更多。为此,她提出:把一些集体项目分解到每天"阳光体育"运动中,利用"每天锻炼一小时"的大课间活动。学校还在校园硬化的场地上,绘制出各种儿童游戏图案,供学生活动,例如跳绳、跳房子、跳橡皮筋等。在冬季,学校还开展跑操活动,跳长绳、踢毽子,甚至花式跳绳这些活动在全校广泛开展,既弥补了学校场地不足,也让同学们在有限的环境里达到了健身的目的,同时体会到无限的乐趣。

三、情趣高雅的读书节

少年最是读书时。学校一直倡导快乐阅读,营造书香校园。每年谷雨时分,"谷雨"读书节隆重登场。整个读书节由多个部分构成:三年级的"讲故事比赛"、"谷雨朗诵会",四年级的"现场征文比赛",五年级的

学生阅读

"古诗文朗诵默写活动",六年级的"读书——让梦想插上翅膀"手抄报比赛、"我喜爱的一本书"的推荐活动、"我喜爱的读物"评选活动以及各年级组织的"书香班级"评选活动,力争以多样的形式培养、发展孩子的语言智能。

不管是何种形式的读书节比赛,学校都以专业的眼光去看待,为孩子提供一个表现舞台。学校邀请江西省电视台的首席节目主持人、省特级语文教师来给孩子们做指导,相对于平时的语文课堂,更能让孩子感受演讲的魅力,感受文字的力量,感受到朗诵的精彩纷呈。

为了将读书节的成果发扬光大,也为了让孩子们在做小事的过程中体会到奉献的快乐,学校组织学生进行"图书募捐"及"图书义卖"活动,筹来"小小的"善款,最终都以学校的名义资助周围最需要帮助的人。

四、创意无限的科技节

每年11月份,那是让多少科技迷欢呼雀跃的日子,因为,科技节来了。你的小发明,你的小创造,你的好手艺,你的巧点子,全都可以展现出来。

科技节不是少数科技爱好者的节日,不是少数动手能力强同学的节

科技课堂

日,不是少数比赛选手的节日,它是我们全校每一个班的节日,是全校每一位老师的节日,是全校每一个孩子的节日,我们一个都不能少。

科技节分为几个步骤:

1. 广泛宣传动员。听科普讲座,听科学家讲科学,观看科普展、科普影视,参观科技博物馆,探访高科技飞机制造厂,走访老科技工作者。

2. 让科技走进班级。先在班级内部开展科技制作比赛,由科学老师指导部分科技的设计,美术老师指导作品外包装的设计,其他任课老师都被分派任务,分头指导本班同学创作科技作品以及参评。然后在此基础上,举办全校学生科技作品展。

3. 全校按年级进行各类户外科技比赛:二、三年级"纸飞机比赛",四年级

"巧叠木块",五、六年级"遥控飞机、遥控赛车、遥控舰船"比赛等。

4.结合学科特点,由教研组选定比赛项目。学校组织的年级比赛项目,如"空杯运球","巧叠木块",都是在学管处和校教务处的组织下,在广泛征求意见后确定下来的,然后再由年级组写出详细活动方案,报学校核准最终确定。

在科技节里,孩子们没有束缚,没有羁绊;在科技节里,孩子们可以大胆表现,自由创作;在科技节里,孩子们尽显才情,张扬个性;科技节里,孩子们可以放飞自己的梦想,任凭他们展翅翱翔。

五、如火如荼的劳动节

开展自我服务性劳动是小学生从事劳动的第一步,是培养少年儿童独立生活的有效手段。目前,学校独生子女多,家长看得重,一切围绕着孩子转,很多事情都由爸爸妈妈、爷爷奶奶代劳了,很多学生中存在着"骄"、"娇"二气,造成孩子在生活上自理能力差,缺乏劳动观念。为了使学生具有初步独立生活的能力,做到自己能做的事自己做,从小养成爱劳动的好习惯,根据小学生年龄特点,在学校里,班主任老师除按照教育要求,开展相应的自我保洁、清理班级卫生劳动以外,在家里,学校对学生实行了"两卡"制度,即低年级学生实行生活自理卡,高年级学生实行劳动卡。

自理卡的项目有:①整理书包文具;②洗手、洗头、洗澡;④叠被子;⑤梳头;⑥缝扣子;⑦懂得120医疗急救、119火警、110报警电话、父母及家庭电话等社会常识。

创意无限的劳动节

劳动卡的项目有:①生活自理;②拖地、擦桌椅;③洗碗、洗锅;④拣菜、洗菜;⑤煮饭;⑥买小件生活用品;⑦整理房间;⑧掌握常用的煤气、电气使用方法;⑨掌握防火、防盗常识;⑩掌握交通安全相关常识。

学校对"两卡"作了三条规定,规定每天由学生自己记载在家校联系簿上,家长一周签一次字,教师每月评一次分,学期结束时评优。

在学生自理生活能力的培养上,学校还开展了"今天我当家"、"我学会了炒菜"等少先队主题活动。同时,学校坚持把学生劳动的态度列为思想品德考核的重要部分,对劳动表现突出的学生授予"自理能手"的光荣称号,给予表扬奖励。

为了推进"两卡"的实施,从小培育学生自我劳动、自我生存的能力,学校坚持在低年级学生中开展穿衣服、洗小件衣物、钉扣子的劳动竞赛;在中、高年级学生中开展包书皮、叠衣服、炒菜、泥捏、剪纸、冷拼等劳动竞赛。这也就是学生的——劳动节。特别是"冷拼",学生兴趣很高,大家用白萝卜、红萝卜、青菜、芹菜、西红柿等原料进行拼摆。他们用白萝卜雕"孔雀"、"金字塔",用红萝卜雕五星花,做出了形态逼真的"孔雀开屏"、清晰多姿的"锦上添花"、色彩鲜艳的"葵花向阳"、造型优美的"雪人观鱼"、惹人喜爱的"小兔吃萝卜"、喻意深远的"万年青"等等令人赏心悦目的菜肴。尽管还有那么一些不尽人意,但毕竟是自己的劳动成果,这样的活动使学生从劳动实践中得到锻炼,学会了一些生存的本领,养成了劳动的好习惯。

第四节   缤纷梦想队

一、蓝梦合唱队

学校的蓝梦合唱队自 2005 年组建至今,拥有固定队员 60 名,经专业教师音乐素养考试合格准予加入。6 年的时光,从第一个缓吸缓呼的气息练习到花腔高音的初步训练,从第一个大三和弦 135 的和声训练到二声部歌曲的演唱,每一个进步都饱含了老师的付出和孩子们的汗水。艺术的道路上总是汗水比掌声多,在学校的大力支持下,合唱队在 2007 年青云谱区校园特色展示周"七月小荷"活动中获得一等奖,2008 年在南昌市第三届"洪城之春"艺术节中获合唱二等奖,2009 年在青云谱区校园特色展示周活动中获合唱专场二等奖,2011 年在南昌市第四届艺术节活动中获一等奖,2013

校合唱队表演

年在区校园特色展示周活动中获一等奖。队员梁馨洁等在全市"迎城运、促和谐"童谣朗诵大赛中获一等奖,王智莹等四名学生受邀参加江西电视台 2012 年少儿春晚直播演出。成绩虽属于昨天,但对今后的教学,有着不容小觑的激励作用。老师秉承对艺术追求完美、对教学严谨认真的态度,让少儿合唱队成为"小百灵"的爱巢,让孩子们更多的感受声乐艺术带来的享受与快乐。

2012 年,随着京剧、赣剧进校园活动的开展,以"熟悉戏剧、尊重艺术、传承文化、提高素养"为目的,与省京剧院、赣剧院老艺术家结盟,聘请她们作为学校艺术教育顾问,指导学生。经老艺术家们悉心地调教,一招一式地教授,学员进步非凡,学校蓝梦京剧团在江西省首届赣剧比赛中获得一等奖。

二、蓝梦舞蹈队

洪都小学舞蹈队成立于 2000 年,至今已有 12 年了,它是我校一支素质高且充满活力的队伍。自成立以来,一直深受孩子们的喜爱,是学校造就小舞蹈艺术家的摇篮。舞蹈团经常参加各级各类文艺演出及比赛,并取得突出成绩:2001 年荣获首届江西省电视舞蹈大赛小学组铜奖;2002 年获校园艺术节二等奖;2003 年荣获南昌市中小学艺术节舞蹈类二等奖;2004 年获校园艺术节二等奖;2005 年荣获南昌市体育节团体健美操二等奖;2006 年荣获南昌市中小学艺术节舞蹈类二等奖;2007 年 6 月舞蹈《井冈娃》参加南昌市金色童年文艺大赛荣获一等奖；2011 年 6 月舞蹈《春江水暖》参加南昌市金色童年文艺大赛荣获一等奖;2011 年 7 月舞蹈《春江水暖》参加青云谱区校园特色展示周活动中荣获一等奖。

校舞蹈队精彩表演

三、蓝梦铜管乐队

铜管乐队一直是洪都小学引以为豪的特色，并多次参加各级各类大型活动表演,曾作为三个备选乐队之中最终选定的一支队伍,参加第四届江西省少代会开幕式演出,获得第二届南昌市器乐比赛二等奖、南昌市鼓号队最佳表演奖、第二届

校管乐队参加交流活动

青云谱教育特色展示周活动一等奖的好成绩。作为重点推举乐队参加了 L15 高教机首次展飞、迎接国家领导的迎宾活动,并在其他多次大型活动中亮相,得到了在场领导的一致好评。2012 年 7 月,参加中国香港青少年文艺汇演获优秀表演金奖,参加了中国军乐节展演。

四、蓝梦足球队

学校是江西省首批足球传统项目学校,足球队每天坚持不少于 1.5 小时以上的训练,不管风吹雨打,严寒酷暑,数十年如一日,为英雄城南昌小学足球史谱写了光辉的一页。

学校足球队 1980 至 1985 年连续六年获南昌市小学足球比赛冠军；1981 至 1983 年三次获得江西省小学足球比赛冠军；1983 年代表江西省参加"南方十省小学足球比赛"获得第四名；

校足球队的训练

1983 年学校足球队被江西省团省委命名为"江西红领巾足球队"；1999 年获得南昌市小学足球第一名；2002 年获南昌市"中华小甲 A"足球比赛第二名；2003 年获江西省足球四级联赛小学组第三，同时获体育道德风尚奖；2007 年获得南昌市小学足球比赛冠军；2009—2010 年度获南昌市"校园足球"足球联赛一等奖、优秀组织奖；2010—2011 年度获南昌市"校园足球"联赛一等奖、优秀组织奖；2010 年荣获南昌市小学生足球比赛亚军；2012 获南昌市"校园足球"联赛一等奖。学校足球队先后为江西省足球队以及体育院校输送了几十名优秀足球运动员。1985 年，学校被南昌市批准为首批足球传统项目学校；1998 年，学校被江西省批准为首批足球传统项目学校；2006 年，学校荣获"江西省足球传统项目学校先进单位"称号。

学校足球队带动了学校群众性体育运动的开展。2012 年，学校参加全省"阳光伙伴"活动比赛荣获全省第七名，进入到全省先进行列。我们有理由坚信：洪都小学群众性体育活动明天会更加灿烂、辉煌！

五、蓝梦航模队

作为原企业学校的洪都小学，有着与企业血肉相连的人文关系，为此，学校依托中航工业洪都集团公司厚重的航空文化，从小培养学生热爱航空，立志为祖国航空事业做贡献，开创了洪都小学航模特色办学之路。

从 2011 年春季开学开始，学校在三、四、五、六年级学生中进行了广泛的航模知识宣传,为达到以点带面的效果,学校选拔了 120 名学生组建成洪都小学航模一队、二队、三队。

校航模队竞赛获奖

为检验平时的训练质量,给学生提供一个展示技能的平台,2011 年 7 月 15 日学校首次组队参加首届"浦发银行杯"江西省青少年航空航天模型锦标赛。经过 4 天紧张激烈的角逐,喜创佳绩,我校 21 名选手参加了 9 个项目的比赛,获得团体总分第一名,6 个项目的单项团体第一名,分别为:"小莱特"橡筋动力模型飞机创意赛、"猛虎"橡筋动力直升机竞时赛、"米奇一号"电动自由飞计时赛、"山鹰"电动遥控滑翔机定点竞时赛、"天戈"遥控直升机障碍赛、"天使"直升机救援赛。

校航模队竞赛获奖

2011 年 8 月,在由中国科协、国家体育总局、教育部、共青团中央、全国妇联共同主办的 2011 年第十三届"飞向北京—飞向太空"全国青少年航空航天模型教育竞赛总决赛中,学校也取得了可喜成绩:"米奇一号"电动自由飞竞时赛获小学组金奖 1 人、二等奖 1 人;"天使"遥控直升机救援赛获小学男子组一等奖 1 人;"天戈"遥控直升机障碍赛获小学男子组二等奖 1 人;"猛虎"橡筋动力直升机竞时赛获小学男子组二等奖 1 人、三等奖 1 人;橡筋动力模型飞机创意赛获小学男子组三等奖 1 人。

在2012—2014年三年中获全国全省航模大奖82人次,仅2013年和2014年两年参加全国、全省航模大赛就获得48项大奖。其中,2013年获得全国航空航模比赛银奖,连续三年获省竞赛团体总分第一,梁玉祥同学在全国青少年航空航天模型竞赛获得一等奖。另在航空竞赛的基础上,我校2013年在南昌市海模比赛获得一等奖。

第五节　家校合作赢

福禄培尔在《人的教育》一书中指出:"学校和生活的一致,家庭生活和学生生活的一致,是儿童时期完善教育的首要和不可缺少的条件。"

苏霍姆林斯基说:"只有学校教育而没有家庭教育,或只有家庭教育而无学校教育,都不能完成培养人这一极其艰巨而复杂的任务。"

作为小学生,不仅生活在学校环境之中,他们首先而且主要是生活在家庭环境之中。家庭教育不仅是孩子们在上学以前接受教育的主要渠道,在孩子们上学以后也会对他们产生十分深刻的、潜移默化的影响。尤其是当前的独生子女,家庭教育对孩子在学校中接受教育能起到一定的制约作用。如果两者一致,将强化和提升学校教育的效果;如果两者产生矛盾,将破坏和削弱学校教育的作用。最完善的教育是学校教育与家庭教育的完美结合。家庭和学校作为孩子成长的两个重要场所,在孩子的成长过程中缺一不可。家庭教育是学校教育与社会教育的基础,又是学校教育的补充与延伸。

让每一个学生都获得发展,使每一个学生都健康成长,这既是学校教育的出发点,也是学校教育的终点。然而,大量的事实证明,孩子的性格、言语、品质、价值观等基本上是在家庭中形成的,家庭起着决定性的作用。因此,在教育学生的过程中,家庭和学校绝不能视为两个独立的个体,学校与家庭之间必须有畅通的沟通途径,为学生创造理想的学习环境、健康的生活环境。为此,洪都小学建立了"洪都小学家长办学委员会",制订了《委员会工作章程》,定期开展教育教学研究,协同学校开展孩子的教育。学校还通过江西省教科所家长函授学校,开展家庭教育讲座,指导家长开展家庭教育。学校通过对每届学生家长进行一轮培训,让每位家长认识到与老师携手的重要性,使家长明白自己在孩子成长中的重要作用,以及与学校、教师联手的必要性,使"学生成长多协作,家校合作共参与"的家校合作理念深入到每一位教师、家长的心中。

为此,学校确立了"一个体系、两条途径"的家校合作模式。"一个体系",即建立社区、家庭、学校三位一体的教育体系,并最终通过"信息网络平台"、"家校联合"两个重要途径来实施。

一、畅所欲言"班级博客"

随着博客时代的来临,我们家校交流的平台也与时俱进,每个班都拥有了自己的"博客"。这是属于他们自己的"一亩三分地",每个老师、学生、家长都是这块土地的耕耘者。在这里,他们悔过,哭过,爱过,笑过。

杨欢老师公开课

张张照片、句句话语、篇篇文章、点点真情,不仅展示了师生丰富的情感世界,更成为大家心灵沟通的纽带。

杨欢老师谈到"班级博客"在自己工作中的益处时说:

上学期我接了一个一年级新班,如果能够使刚入学的一年级孩子很快适应学校的生活,并爱上自己的老师、同学以及所在班级,那班主任的工作可以说是成功了一半。于是根据一年级孩子的特殊性,我创建了标题为"让爱住我们的班"的"班级博客",这个标题也将是我班的奋斗目标,意在让孩子们从小懂得爱是一个永恒的主题,这个美好的世界值得我们去奋斗!一个多学期以来,我坚持用"班级博客"、写班级日志的方式记录自己的教育生活(现有班级日志百余篇)。通过它来阐释教师情怀,进行教学反思、研究班级管理、探索师生互动,参与家长交流。

对我而言,"班级博客"最重要的作用是:

1.记录了班级管理的发展轨迹。班级管理工作千头万绪而又丰富多彩,各类突发事件层出不穷。通过"班级博客",我将自己班级管理工作中的琐事和感悟记录下来,每过一个阶段回头看看:那一段时间,班级里都发生过哪些现象,哪一些学生容易出现哪些问题,自己的班级是怎样一步一步发展。这些情况都一目了然。通过"班级博客",我可以清晰地看到自己班级的发展轨迹。

2.创造了孩子们展示的平台。有舞台的地方就有掌声,有掌声的地方就有展示,有展示的地方就有长大,有长大的地方就有幸福。而学生的幸福长大就是老师的幸福!"班级博客"记录着我们班级中每个孩子的成长足迹;记录了班级中一件件平凡的事;这里有孩子们精彩的作品展示;这里有孩子们在校园生活中的喜怒哀乐;凡是与班级有关的大小事情在"班级博客"上都可以读到。孩子们看到自己在博客中的每一个镜头,每一次笑脸都是他们幸福的体验与回忆,从而树立了孩子们的自信,也为孩子们创造了更多展示的平台。

3.加强了与家长交流的机会。作为一名新时期的班主任,我们在教育好孩子同时,更不要忽略教育好孩子的家长。通过这个"班级博客"促进家校沟通,也是在引领着家长的成长。因为家长的成长、家长观念的改变、家长素质的提高,最终会促进学生的成长。在"班级博客"中,我可以和家长进行有效的交流互动,家长们也可以和班主任、科任老师及孩子提意见。我和家长们的交流,因为"班级博客"而突破了时间和空间的限制,我们的沟通无时不在。

4.谱写了心灵之音。面对班级事务存在的种种问题,心态再好的人也会有心烦意乱和失意的时候。但通过撰写博客,我找到了一个平复自己情绪的最好方法,解开了不少困惑,心灵之音在键盘上尽情流淌。"班级博客"有利于创设和谐的班级氛围,有利于心灵的沟通,有利于班级文化的建设,必将促使各项班级工作顺利开展。"班级博客"也正在慢慢改变着我的工作和生活,让我学会了实践、总结、反思。今后,我将会继续坚持用"班级博客"书写班主任教育生活!

下面摘录我们"班级博客"上一段交流对话。

"班级博客"分享课——我从哪里来?

2011-10-21 21:39:50   分类:班级日志

孩子们和家长们共同盼望已久的分享课,在今天下午第二节班会课终于又一次开课啦!这节分享课的老师是温柔漂亮的娜娜姨(大万浚哲妈妈)。她是妇产科的一名医务人员,今天精心为同学们准备了一节"我从哪里来"。孩子们上分享课表现得很新鲜,特兴奋,对娜娜姨更加热情。分享课上,我们了解了我是由一个叫"精子"的细胞和一个叫"卵子"的细胞结合形成的"卵细胞"。"卵细胞"住在妈妈肚子里面一个温暖的房子里——子宫。经过九到十个月,大概四十周的时间,胎儿就形成了,那就是我!课堂上,娜娜姨带来了许多图片,同学们充满好奇,听得津津有味,哪怕是有一些根本听不懂的术语,他们也似懂非懂地点点头,那一个个小模样真有趣!不过想说,这节分享课,孩子们对"我从哪里来"这个问题不再有疑惑了;我还想说,孩子们开始体会到妈妈孕育小生命是一个非常辛苦的过程了;我更想说,感谢娜娜姨的精彩课堂!

今天的作业中我还加了一项,回家后每人摸着妈妈的肚皮说说话,提提问,比如,"我生下来多重呀?"我在妈妈肚里时,妈妈有什么感觉呀?"等等,这是一个亲子的过程,更是让孩子初步懂得无私的母爱!

期待下一次的分享课……

（杨欢老师心灵手巧,擅长创造性地开展班队活动,曾参加南昌市第三届引航杯班主任专业技能素养大赛获一等奖,是一位热衷为学生梦想编织翅膀的好老师。）

二、形式多样的校访日

让家长进课堂,和孩子们一起听课,感受新课程,了解孩子在课堂上的表现情况,了解学校的教学过程,并和教师讨论,采取一些有效的措施,提高学生的学业成绩,促进学生身心的全面发展,已成为学校让家长了解教育的一个重要渠道。不仅如此,我们还邀请家长参加班级展示会、主题班会、读书节、体育节、科技节、艺术节等,让家长分享孩子在学校的学习成果和优秀作品。

"课改以来,我的孩子变化可大了,原来孩子在家里很少说话,现在来客人,落落大方地招待客人,让我们做父母的惊喜万分!"一位家长给青云谱区教育局局长打电话讲述自己孩子的变化。为什么家长不给学校打电话,而非要给局长打电话? 这源于课改伊始,学校与家长的"一场较量"。

副校长周蕊说:"洪都小学学生家长多为'高知',课改初期,对课改'颇有意见'。为此,学校专门请来局长与六年级部分家长对话。"

其实,部分家长的担心代表了很多人的心声:学习小组分得多,完不成教学任务怎么办? 作业少了,知识得不到巩固怎么办? 分组坐,课堂纪律得不到保障怎么办?

这场特殊的座谈会一直从下午两点开到晚上六点,陈忠良局长从教育的理想、教育的目标、改革的路线 3 个方面,与家长进行了推心置腹的交流,最终解除了家长们的担忧。

之后的实践证明,小组合作学习使优秀学生的能力得到增强,潜能生得到有效推动,很多家长欣喜地感受到孩子能力提高了,变得更加自信开朗了。于是,这便有了这个特殊的电话。

事实上,在高效课堂推进的每个阶段,洪都小学都会采取电话、座谈、《致家长的一封信》、网络平台等形式,积极与家长取得联系,征求他们的意见和建议,有力地保障学校课改的顺利推进。

共同参与,共同体验。让家长带着亲情,积极地融入学校教育中,为的是和孩子们一起感受成长的快乐,分享成功的喜悦。

三、灵活多变的家长会

2012 年 4 月,洪都小学开展了一次别开生面的教学开放活动——邀请家长走进课堂并观看"中国梦·少年梦"演讲比赛。

下午第二节课,家长们陆续来到了校园,学生也在教师的带领下开始为演讲做着准备。演讲开始了,家长和孩子们都显得异常兴奋,孩子们个个热情高涨,精神抖擞,现场掌声声此起彼伏,不少家长拿出手机拍照、录像,好不热闹。演讲结束,刘校长分别为得奖学生颁奖,并邀请家长一同合影,留下十分宝贵的瞬间。

"第一次参加孩子们的活动,很感动也很受鼓舞,听到他们大声说出自己的梦想,仿佛又回到了自己的学生时代,有朝气,有激情,希望这样健康有意义的活动多开展一些!"2012 级 3 班一位学生家长说。

"其实,学校和家庭具有很多的共同语言,因为大家都有共同的目标——让孩子成长成才。为什么家校之间经常发生互不信任的事件,主要是因为家校之间缺乏一种常态化的联络。我们为什么不可以请家长做副班主任? 为什么不可以把社会课、健康课等课程让出来,让家长来上?"副校长周蕊这样表达她的"家校"观念。

基于此,洪都小学在全校教师中推行家校联系本"一本三记"制度。一是教师记,将学生在校的各种表现,尤其是学生的一点一滴进步都记录下来;二是学生记,记载一天中自己的优秀表现或对自己一天学习生活的自我评价;三是家长记,记录学生在家学习和生活中存在的问题,以及对教师的各种建议。

家校联系本的推行,让家长、学生得到了教师真诚温馨的指导,也使师生能像朋友一样进行心贴心地交流。许多教师反映,家校联系本振奋了学生的精神,促进了学生学习积极性的提高,师生关系和家校关系因此得到了较大的发展。

"当我们敞开大门,勇敢地接纳家长深入到学校教育的各个角落的时候,我们就重新架起了家校互动的联心桥。"周蕊不无感慨。

邀请家长参加亲情家长会,变家长会为交流会,改变传统的教师唱主角、家长当听众、教师成为学生的评判者的形式,采取学生与教师、学生与家长对话,教师、家长与学生共同对话等形式,共同对班级和学生中存在的问题开展讨论,使学生的问题在互相教育、自我反省中解决,班级的问题在相互讨论中达成共识。

四、新活亮的家长讲坛

在洪都小学,如果要问家长最熟悉的教师是谁,答案肯定是区小学语文学科青年骨干教师许婧。

从一年级开始,许婧老师就开始邀请家长到班上为孩子们开设家长讲坛,讲授所擅长领域的相关知识。第一个来讲课的是学生陈娟的妈妈,她不仅带来了教具,还带来了贴画作为学生的小奖品。虽然上课时间只有短短的30分钟,但家长很激动,孩子们收获也很大。

此后,许婧老师开始更用心地做这件事,论坛开始前与家长充分沟通,甚至让家长提供简单的教案。讲坛全程录像,并把"家长讲坛"内容制作成PPT,上传到家长群,吸引更多家长的目光。

几年的实践下来,飞机设计师家长讲科学、医生家长讲医,法官家长讲法、交警家长讲交通规则、银行职工讲理财。更有趣的是,一些家长发挥自己的特长,教孩子做蛋糕、叠衣服、织毛衣,这些"小知识"对学生有无穷的吸引力。

"我永远记得,当一个教做蛋糕的家长在'家长讲坛'上打出了双黄蛋时,孩子们惊奇的眼神。"许婧说,让家长参与到学校教育教学管理中,对于开拓学生的眼界和视野,绝对是一件好事。

如今,"家长讲坛"已不仅仅是许婧老师一个人的实验了,而是全校的制度创新之举。在"百家讲坛"风靡全国的今天,学校充分整合家长资源开办了"家长讲坛",让孩子的爸爸妈妈当"老师",走进课堂,走近孩子,弘扬时代精神,传播正确的知识、观念,或通过现身说法,变深奥为平易,以深入浅出的方式,使教育更具说服力、震撼力,为孩子们的学习生活添加了更加绚烂的色彩。

编织梦想的翅膀

校长的话

　　教师是立教之基，兴教之本，强校之源。打造教师队伍，培养学校名师，构建优秀教师团队，推动学校校园文化发展，促进学校成为更高水平名校。这是所有学校校长的美好愿望与奋斗目标。

——刘红英

老师合唱比赛

第6章

抱诚求真

为蓝梦文化秣马厉兵

第一节　师德如歌　上善若水

《道德经》有云："上善若水。水善利万物而不争,处众人之所恶,故几于道。"世界上最柔的东西莫过于水,然而它却能穿透最为坚硬的东西;不见其形的东西,可以进入到没有缝隙的东西中去。作为教育者,由此我们知道了"不言"的教益,"无为"的力量。我们的爱正像水一样,无处不在,无所不利,以柔德润物,于无声润心,这正是我们所追求的为师之道、圣人之德。

学校在营造"蓝梦文化"的同时,始终树立"师德如歌"的观念,在师德师风建设上力争做到"上善若水",学习水的品格,丰富我们自身的师德内涵。

一、明月清泉　自在胸怀

1.博爱无私

不管什么人继任校长,都会在既定的文化路线图上,依循学校文化精神理念的布局,阐释育人规律的求真之美;依照立德树人的根本任务,展示培养栋梁之材的至善之美。

在倡导以人为本,构建和谐社会的改革开放的时代,"上善若水"的精神,有其丰富而深刻的时代内涵:水有润物奉献精神,水有谦下美德,水有柔德胸怀,水有普惠情怀,水有利他品质。

在这个美丽的校园里,有这样一位痴情教育的优秀教师,博爱无私的知名校长,永葆共产党人先锋模范的优秀代表,在二十多年的教育生涯中,她以自己坚定的信念和高尚的情操诠释了一名共产党员先进性的内涵本质,她就是洪小现任校长——刘红英。

刘红英,青云谱区教科体局党委委员、市十五届人大代表、区人大代表,小学特高级教师。她"以促进学校发展为己任,让学生体验成长的快乐,让教师享受教育的幸福"为教育信念。自南昌师范毕业之后,就一直辛勤耕耘在基础教育战线上。寒来暑往,春华秋实,刘校长先后获得"首届江西人民最尊敬的十大校长"、"南昌市五一劳动奖章"获得者、"南昌市优秀教师"、"青云谱区名校长"、"'三八'红旗手"、"为青云谱教育争光先进个人"等荣誉称号。

刘红英校长与学生在一起

2010年,刘红英被任命为洪小校长。接到任命的第一天,她就在思考着,这个具有良好办学条件和基础的,甚至还有一定社会知名度的企业学校,能取得那么好的成绩,肯定是与历届学校领导班子努力工作是分不开的,过去形成的一套管理方法也是有独到之处的。那么,作为新来的一名校长,如何在原有基础上有着更大的进步,这是人们所期待的,尤其是工作作风、管理方式,个人好恶也是教职工要仔细揣摩的。面对可能出现的各种思想情况,要想抓好学校工作,抓出成绩,从管理工作角度上考虑,再从新的规章制度入手,是难有什么大的变化。作为高起点的学校必须用高层次的管理才能顺应时代的要求。

她认为:学校管理第一要素是"管人",但管人的关键在于管心。管理的目的是以人为本,而人以心为本。管理只有做到了人心上,才能使人心服口服,不管自理。当代管理学,将管理按方法分为五个层级:第一层级,利用明职权,使人驯服——这是"专制";第二层级,利用训诫,使人听从——这是"控制";第三层级,利用制度,使人约束——这是"法治";第四层级,因势利导,使人觉悟——这是"理治";第五层级,遵循规律,顺应人性——这是"心治"。心管理的核心是"和"与"合","和"是凝心聚力。学校管理的过程,就是团结与带领广大师生同心同德,去实现共同目标的过程。

对于学校的管理,心是管理的起点,也是管理的终点,更是管理的全程。

只有用心灵沟通心灵、用心灵点燃心灵、用心灵感动心灵、用心灵赢得心灵的管理才是管理的最高境界。心管理，是真正能够引发心与心和谐共振的管理。心管理的基本要素是"爱"与"情"。以爱育爱，唤醒"被爱"；以情燃情，激发热情。如果用心去对待每一位老师，用心去对待每一件事，将心比心，以心换心，让老师能够感受到相互传递的温暖、真情与正能量，能体会到被尊重，被期许，我们的老师一定会理解领导的管理方式，走进学校管理者的心灵深处，使之由心动到行动，从反应到回应。

刘红英校长由此拉开了用心管理的序幕：她带领班子成员深入教育教学工作第一线，听课、评课、座谈……辛苦着、忙碌着，做到尊重心、懂得心、敞开心、温暖心，点点滴滴无不凝聚着她的心血。现在她正带领师生员工努力营造幸福校园，办蓝梦学校。

刘红英校长具有强烈的品牌意识，注重教育理念创新。为了把洪都小学办成"全区第一、全省一流、全国知名"的现代化品牌学校，她说要用"营造"不要用"打造"，刘校长说："培养高素质的人才，需要从小打好基

学校荣获全国航空特色学校

础，让她们拥有圆梦的能力，我们的工作才刚刚开始，还有许多基础工作需要我们一起做。"刘校长说："芬兰教育是由联合国经济合作与发展组织（OECD）发起，国际学生评估项目（PISA）测评为世界第一"；"我们要以开放的心胸和世界的眼光办学，以国际化的视野来探究我们的教育，培养高素质的公民。"她总带给我们许多先进的理念并付诸实践；她以自己崇高的教育理念和大胆的探索精神，执着地实践着自己把教育当作一种艺术去追求的人生诺言。

春风风人，夏雨雨人。"我们的校长以其超然的心境和博大宽容的胸怀，感染了周围的老师"。这种胸怀，令我们敬重与爱戴。

2. 仁爱有情

"淡雅美丽、朴实无华"。龚春兰书记,人如其名。她以高尚的人格魅力,求真务实的工作作风,不畏艰难的刚毅性格,赢得了师生的称赞,家长的好评。三十年的从教生涯,她用自己的实际行动浓墨重笔绘出精彩的蓝图。她是学生心目中的好老师,是家长的知心朋友,更是老师们的良师益友。特别是走上领导岗位后,她本着"尽心尽责做事,踏踏实实做人"的原则,工作更加勤奋,更加努力。

2010 年 2 月,青云谱区委组织部任命她为洪都小学党支部书记,她深知这既是组织上对她的信任,也是一份沉甸甸的责任,更是一种无形的压力与挑战。洪都小学有着 60 余年的办学历史,教职工 250 余人,党员教师 66 人。这么大规

校党支部书记龚春兰

模的学校要想把思想工作做到位,达到整齐划一的效果谈何容易。为此,她经常深入调查,了解教师的思想状况,有的放矢地做教师的思想工作,工作中做到以人为本,关心人,爱护人,为人处事尽量做到公平公正,以理服人;既坚持原则,又富有人情味,既有法官的威严,又有慈母般的关爱。对出现思想问题的教师,她总是如春风化雨般耐心细致地与教师进行沟通和交流,把理说在面上,把情放心里,使教师真正感受到组织的关心、学校的温暖。教师们常常把她当作一位关心、爱护她们的大姐或心灵的庇护者,无论是工作上还是生活上遇到的事情,都愿意找她倾诉,而她又总是很热心地为大家分忧解难。

孔子曰"其身正,不令而行;其身不正,虽令不从"。龚春兰书记深知,要做好人的工作,靠的不仅仅是手中的权力,更重要的是靠个人的人格魅力。权力影响力可以由组织来赋予,而个人人格魅力只能靠自己打造。因此,她

把"爱己之心爱人,律人之心律己"作为自己的准则,她以身垂范,严于律己,经常深入教学第一线,了解教师的基本情况,摸清每位教师的特点特长,有针对性地展开工作。一年一度的教师职称评定是学校管理工作中一个棘手的问题,处理

组织党员学习活动

不妥,难免众说纷纭,影响团结,影响工作。她屡次在教师会上"敲警钟":不要上门或托人说情,一切按学校颁布的规章制度办理。为此,凡渗及群众的大事小事,均严拿按程序办。无论学校的职称评定方案,还是绩效工资分配方案,统统由班子成员共同商议,交由教职工代表大会讨论修改,再公之于众,避免了"暗箱操作"的嫌疑,从而营造出风正气廉,和谐竞争的机制,为正确履行校长负责制保驾护航。

为配合校长抓教师队伍建设,龚书记重视骨干教师队伍的培养。她抓党员,抓骨干,抓年轻教师,以点带面,促进教师队伍全面发展。她定期组织党员学习各种政治理论,开展创先争优及党的群众路线教育实践活动,建立党员师徒结对、党员联系群众、党员帮扶学生制度,发挥党员的先锋模范作用。她注重对优秀青年教师的培养,坚持做到成熟一个,发展一个,使党组织深深根植于群众之中,党员当之无愧地是学校教育教学工作的中流砥柱。

她特别关注年轻教师成长。从思想上、工作上、生活上给予了无微不至的呵护关爱。从细节抓起,她充分利用一切时间,走进课堂,听年轻老师的课,并参与评课,帮助青年教师在专业上尽快成长。她常与青年教师谈心谈家常,关心关注他们所思所想,把思想问题发现在前,实际困难解决在前。经过她悉心地言传身教,年轻教师很快地适应熟悉了学校的教育教学工作,很快地成熟起来,发展为家长所祈盼、社会所尊敬的优秀人民教师。

"事能知足心常乐，人到无求品自高"。在书记的岗位上，她奉行厚德载物、以德服人。她相信人格的力量，概括起来也就是四句话：一是"无欲则刚"。只有无私欲，一身正气，两袖清风，责在人先，利在人后，才能在教师中有威信，才能团

十八大新党章知识竞赛

结人、有感召力。这也就是古人说的"公则四通八达，私则偏向一隅"。她从来不把书记这一职务当作谋权手段或提升社会地位的阶梯，而只是视为在平凡的工作中实现自己人生价值的尺码。二是"雅量容人"。厚德载物，宽容得众。要想当好书记，器量须大，心胸须宽，要记人之功，容人之过，这样才能团结各种性格的人才，才听得进各种不同的意见，保护好、调动好、发挥好所有人才的积极性、主动性和创造性。三是要带着爱心工作。要想当好受群众欢迎的书记，就需要把所有的教职员工作为自己的兄弟姐妹看待，要爱群、乐群、利群。四是带着激情工作。一个想干事、会干事、能干成事的书记，是一个充满激情的书记。虽然学校个人业绩硕果累累，桃李满蹊，但她从不觉得自己功成名就——在她眼里，明天才是事业的开始。在名利面前，她显得非常淡泊；在她眼里，金碑银碑不如人民群众的口碑。

龚春兰书记就是这样三十年如一日，工作尽职尽责。不论是党务上的工作，还是行政上的工作，从不计较分内分外，总是积极配合和支持校长工作，做到分工不分家，到位而不越位，与校长一道共同抓好学校各项工作。"顾全大局、自身正、处事公、体恤下属、关爱群众，是我们都非常喜欢的好书记。"这就是学校教师对她的评价。

3. 红烛情深

教育家陶行知说："捧出一颗心来，不带半根草去。"王永生同志的教育历

程,是这句教育名言的真实写照。王永生,男,1962年生,中共党员,洪都小学副校长,参加工作三十几年来,工作成绩显著,尤其是他带领的航模队,不仅放飞了孩子们飞翔的梦想,也助圆了学校发展的梦想。

　　洪都小学有着悠久的办学历史,原来隶属中航工业洪都航空集团公司,有着深厚的航空文化底蕴,学校因此提出了打造以航空航天科技教育特色即蓝梦教育为办学特色,而航模队是体现"蓝梦文化"特色的重要载体之一。王校长不畏艰难的接受了这一项任务,压力巨大,责任也重大。此后的一段时间,在图书馆、阅览室,经常可以看到他忙碌的身影;夜幕降临的时候,他办公室的灯火依然亮着……最终,通过查阅了大量关于航空教育的书籍,王校长制定了详细可行的航空教育教学计划,并正式组建了"洪都小学校航模队"。在航模队的训练中,他总是以身示范,耐心地为每一位队员进行细心地讲解;在带队比赛进行中,他总是与队员"打"成一片,为他们做好指导和后勤工作;在队员家长不理解时,亲自上门与家长做沟通工作;每一次训练结束,总可以看到,一辆电动车载着两个学生远去的身影(这是王校长送两位路途较远的队员回家);在训练结束后,他总是最后一个走,在办公室,他总结着今日课程的得失,检查每一架航模的损耗情况……

副校长王永生在进行航模飞行指导

　　王校长以"孺子牛"的精神,诠释着一位优秀教育者的呕心历程。他凭借自身的努力,在较短时间里为实现了学校创建起步稳、发展快、普及率高、成果显著的特色办学做出了自己的贡献。自2011年开始,王校长每年组队参加江西省青少年航空模型比赛,连续三年荣获团体总分第一名;连续三年代表江西队参加"飞向北京—飞向太空"全国青少年航空航天模型教育竞赛总决赛,获两枚金牌,一枚银牌的好成绩;2012年南昌市第四届中小学生科技节"我爱祖国海疆"航海模型、水火箭竞赛中,获团体总分第一名;在"蓝天飞梦——2014 年全国青少年模拟飞行大赛"中,获航母五边起降赛小学组第一名,又捧回一个金杯,为江西省争得了荣誉,为学校争了光。2013 年学校被国家体育总局航管中心授予"全国科技体育传统校"光荣称号,被江西省体育局航空运动管理中心授予"江西省航空、航海、车辆模型重点学校"称号。王校长连续三年被评为江西省优秀辅导员,连续三年获得由国家体育总局颁发的"飞向北京—飞向太空"全国青少年航空航天模型教育竞赛总决赛全国优秀辅导员荣誉称号。

"路漫漫其修远兮,吾将上下而求索"。作为一名教育工作者,他丝毫没有懈怠,他坚信"痴心一片终不悔,只为桃李竞相开"!

二、大爱厚生 激发热情

任何行当的最高境界就是爱。当我们把关爱、仁慈、宽容、体谅推及于别人时,我们就创造了天堂。教师人格魅力的灵魂是一个"爱"字,爱事业,爱学生。有的学生是聪明的,抑或是迟钝的;漂亮的,抑或是难看的;家庭富有的,抑或是贫寒的。对他们都要用爱,爱就是一种教育,谁有爱心,谁就把握了教育的真谛。唐代诗人王维在《山居秋暝》中写道:"空山新雨后,天气晚来秋。明月松间照,清泉石上流。"我们正是以"空山"的胸怀,"新雨"的境界,严格地要求着自己,做到"明月清泉自在怀"。

1. 用爱点亮生命

教师和学生间的故事实在太多太多,每天都在发生,每个人都经历过。2012—2013 年,是我进入洪小工作的第一个学年,我担任了一年级两个班级的数学教学工作。这一年对于很多人来说,是极其普通的一年,可对于我们班的一个小朋友以及她的家庭来说是极不平常的一年。

她叫陈佳欣,是一个聪明伶俐的小女孩,学习成绩优异的她受到了老师和同学们的一致喜爱。我也不例外,让她担任了数学课代表,是老师的得力小助手。然而就在一年级下学期,小佳欣因为一次摔跤后屡次腿疼难忍,并多次请假就医。由于生病,小佳欣断断续续落了一个多月的课程,即便如此,小佳欣仍然坚持参加期末考试,并出人意料地考取了双百。

2013 年 9 月,正当大家高高兴兴地迎接新学年的到来时,小佳欣被确诊为白血病,现正在北京医治,其亲人来校为其办理了休学手续。白血病,这对一个年仅 7 岁的

成立爱心基金

小女孩来说是多么大的一个打击。学校得知后,向其亲人了解有关情况,得知小佳欣的家里并不富裕,父母为其治病双双辞去工作陪小佳欣在北京化疗,家里还有一个正在上初中的哥哥。学校立即召开了动员大会,号召全校师生自愿为小佳欣捐款。全校上至校长书记,下至素不相识的老师同学,都纷纷为小佳欣尽自己的一份微薄之力。而小佳欣的同班同学们更是踊跃献出自己的爱心,少则几十,多则几百。短短几天的时间,全校便汇集了数万余元的爱心善款,这对于这个急需用钱的家庭来说无疑是雪中送炭。

区领导听闻此事后更是专程去小佳欣家走访慰问,看到空荡荡的房间墙上张贴了小佳欣在校荣获的各种奖状,在场的人不禁感慨。简短的走访后,区领导向小佳欣家人传达了区教育局对小佳欣的关心和鼓励,并希望其家人能坚强地陪小佳欣共同战胜病魔,让其早日回到学校。

与此同时,小佳欣的病情一直牵动着全校师生的心。学校特意为小佳欣举办了蓝丝带祈福活动以及"传递爱心,点亮生命"的绘画活动。系在操场外围铁丝网上的蓝色丝带写满了同学们对小佳欣的祝福;而挂在学校围墙上的巨幅画作凝聚了全校绘画爱好者们对小佳欣满满的爱和祈望。同学们都坚信,远在北京的小佳欣一定看得到这些专门为她绘制的斑斓色彩,一定听得到这些充满爱的鼓励。

如今,快一年过去了,大家都还惦记着小佳欣的病情是否好转。5 月的一

天下午,小佳欣随父母专程来学校感谢那些帮助过她的领导、老师和同学。记得那天下午,我正巧没课,办公室里走进来两个大人和一个戴帽子的小孩,他们朝我走来并喊了声"黄老师"。一开始我都没反应过来,一年没见,小佳欣俨然已经变了一个模样,多次的化疗让以前瘦小的她变成了一个小胖子,原来爱扎辫子的她如今也变成了一个小光头。我脑子里一直在想要怎么安慰这样一个身患重病的小女孩,但在实际交谈过程中,你会发现她很乐观,她的坚强超出了她的年纪。她说她很想回到学校,她想念曾经和她朝夕相处的老师和同学们。据小嘉欣父母说在她身体状态还好的时候,经常主动要求看书,现在她已经自学完成了二年级上册的内容。小佳欣父母说,再过几天小佳欣又要去北京接受下一阶段的化疗。我从她父母脸上看到的满是长时间积累的疲倦和心疼,但在小佳欣脸上看到的却是童真的笑容和战胜病魔的勇气和信心。简短的交谈让我甚是感动,我不停地给她鼓励,同时,她的笑容也在不断地给我信心。我坚信,有爱生命就会发亮,有爱就会有奇迹。小佳欣有她自己的努力,有父母的陪伴,有周围这么多亲人、老师和同学的关心和鼓励,上天一定会还她一个更加健康的身体以及更加灿烂的笑容。

　　(本文作者黄欢,洪都小学青年骨干教师,曾获首届"蓝梦杯"教学赛一等奖。)

　　2.甜蜜味道

　　空气中开始透露着春日的和煦,满操场奔跑的脚步,满世界肆无忌惮的欢笑,阳光的灿烂停驻在孩子们的笑容里,连枝头叶间拂过的风里,都充盈着幸福的味道。

　　这是我留守六年级的下学期了,回想刚开学

江涛老师上课

的那会儿,新的班级、新的学生、新的家长,很多事都需要我努力地适应。每当我有疑惑、困难时,我们的年级组长江涛老师总是带着他特有的微笑,主动地给予我帮助。他的热心、爱心,就像一座大山,给人踏实的感觉。他的学生也特别喜欢他,总看见一群孩子簇拥在他身边,问东问西,嬉笑谈天,多幸福的画面。

值周的时候,我在楼下执勤,发现江涛老师对着教室的玻璃窗拢着头发,嘴里喃喃地说着:"老了哟!"我觉得甚是可爱,上前去拍了拍他的肩膀:"江老师,你工作多少年了呀?"江老师冲我一笑:"三十多年了咯!你看头发都白了!"言语中分明是洒脱、幸福的呀!可不是嘛!这是他热爱的职业呀!这是他享受的工作呀!幸福的味道从风中传来,落在江老师的斑白发间,凝结着三十多年的感悟,多漫长的年岁,多美妙的时光。

"江老师!江老师!"

"诶!"

奔跑而至的一张笑脸打断了我的遐想,江老师面前站着一个可爱的女生,她高举起的手中是一本练习册。"江老师,你快帮我检查一下,应该没有错了!"练习册上的名字是——万诗额。江老师爽快地翻动着作业,我凑过头去,干净、整洁的作业。"江老师,这孩子挺不错吧?""嗯!进步挺大的,幸亏当时没放弃。"原来,该同学曾经是一名所谓的学困生,成绩差、贪玩、不遵守课堂纪律,她曾经一度让江老师很头疼。每次看着她作业上、试卷上的红叉叉,每次看到她上课时背过身去说话,江老师也曾想过放弃。可是真的要放弃吗?每当她高声地喊着:"江老师,您好!"那声音里穿透而出的诚挚、尊敬,让江老师又不禁内疚起来。在生命的层面上,所有的人都是平等的,所有的孩子都是潜力无穷的,这是多么聪灵、多么富有生机的孩子呀。江老师看着我,眼睛里是坚定:"我有什么资格说放弃?"江老师开始关注她、关心她、鼓励她、表扬她。渐渐的,她能感受到老师的力量,她能感受到老师的爱,她的内心开始涌动着可贵的内驱力。她积极举手的样子,她端坐听讲的样子,她认真订正作业的样子,都让江老师感动,都让江老师有所领悟。一个下雨的黄昏,江老师还在办公室备课,一位家长推门而入,是万诗额的妈妈,满脸的笑容。他们谈了很久,但是唯有一句话让江老师幸福地想笑出声来——"江老师,谢谢您,幸亏您没有放弃!"连绵的雨、踟蹰的昏黄,都因此而灿烂。

是呀,孩子不够好,真实的原因是没有被关爱,没有被承认,没有被欣赏,没有被赞美,没有被鼓励,内心世界的缺乏导致精神营养不足,一旦给足养分,孩子自然就成长、进步了。如果当时江老师决定放开孩子的手,不知道会错过多少幸福的感受。这就是真正的教育,是爱的自然流动。

又是一天学习的结束,校园里渐渐地安静下来,我停歇在教学楼下,感受老槐树在阳光中散发着大自然奇妙的能量。和孩子们的相处是快乐的,是满足的,身体的疲惫因而消散。十班的几个孩子刚打扫好教室,从身边走过时开心地朝楼上打招呼,是江老师趴在阳台的栏杆上跟他们挥手。不知道是哪个孩子故意大声地喊了一句:"爸爸,再见!"然后是孩子们哄拥而起的笑声,是江老师更大声地说再见,我也随之大笑起来。是什么让孩子们如此亲切地称呼江老师为爸爸呢?听着我的疑问,江老师有点不好意思地笑了,又一个美好的故事沁人心脾。

去年初夏的一个下午,三四点了还弥漫着烈日的炙热,教室里的电风扇也转不来几分清凉。又有几个孩子学习跟不上趟,江老师只好用放学的一点时间给他们补习。教育孩子,引发孩子的良性情绪是根本法则,只有如此才能教育好孩子。江老师为此设计了一些与当下知识点有关的小游戏,以此激发他们能从枯燥的数学题中找到快乐,孩子们兴趣浓厚,一个个叽叽喳喳,开始自信起来。读题、解题,兴致益然。"爸爸,你看,手,我算出来了!"一个自豪、喜悦的声音,江老师和孩子们之间默契对视,时间凝固三秒钟,迸发的是冲破房顶的笑声。从那以后,孩子们时常会如此喊他,幸福的他湿润了眼角。

岁月的伟大给了江涛老师无数可贵的领悟,他用他的爱关注孩子们的人生,给他们自由呼吸的空间,看着他们学习、改变和成长。任时间的流掉走他的青春,任时间的流划伤他的容颜,他的人生因为孩子们而丰盛,时光也会因此而无限。春天了,桃李的芬芳浸透幸福的味道。

(江涛,现任二年级年级组长,平日工作负责、待人热忱、关爱学生,是一位德高望重的老师。)

第二节　润心无痕　真爱无声

一、仁爱之心护耀明

每天清晨,学校塑胶跑道上总能看到一个头部略微偏向左边,一瘸一拐,行动迟缓,但坚持走稳每一步的高大身影。这个熟悉的身影,这个步履维艰的身影,谁也想不到这是一位曾经带着孩子们在篮球场上灌篮,陪着孩子们在足球场上射门,领着孩子们在运动场上奔跑,从教了几十年体育教学,身体健壮、身材魁梧的徐耀明老师的身影。徐耀明老师是一个爱岗敬业、默默无闻、教书育人的中年教师,多次带学校足球队、田径队获得省、市、区各类比赛大奖,他本人也多次获得"优秀教师"、"优秀足球教练"等各种荣誉称号。

徐耀明老师原本有令人羡慕的生活,工作认真,家庭幸福。2009年的暑假,高温持续不退甚至闷热得令人感到有一点窒息。8月3日那天,正在家做饭的徐老师因高血压突患脑溢血躺倒在地下,经医院努力抢救徐老师还是病情危急,半身不遂偏瘫。术后一周,徐老师才逐渐恢复意识,治疗1个月后,他才出院,各种医药费花去6万多元。由于脑溢血后遗症,徐老师右侧身体完全没有知觉。只能说简单的词,能站但不能走路,右臂没有一点肌力。顿时一个家庭的依靠全没了,下岗的妻子失去了坚实的臂膀,刚跨进大学校门的女儿失去了踏实的父爱,家中年迈多病的父母心都碎了。

学校领导在得知徐老师入院抢救的第一个夜晚就关切地询问治疗情况,不少老师得知此事后担心徐老师家人长期照顾身心憔悴,主动向学校工会申请去病房守夜陪护。在校工会的安排下,老师们爱心接力,每人轮流一天悉心照顾,给徐老师翻身、擦洗、按摩……大家的爱心接力把病床上中风痉挛,手脚无力、不能清楚发音的徐老师从死亡边缘抢救了回来。学校领导多次带着慰问金和慰问品走进病房和家里,关心徐老师生活状况,鼓励他和家人保持乐观心境,积极配合医生,争取早日康复。徐老师和家人感动不已,真切地感受到了学校就是一个温暖的大家庭。徐老师在家人和同事们的精心照料下,半年后他凭着自己惊人的毅力和曾坚实的体质终于康复到拄着拐杖站起身来。

如今学校塑胶跑道上那个每天坚持百步走,每天坚持康复锻炼的徐老师完全可以独立行走,只是说话还是比较费力,只能含糊地吐出字音。但从他身边走过的每个老师,他总会缓缓地举起右手轻轻地挥动和老师们微笑问好,并从嘴里吃力地吐出"谢……谢……"这声音发自心底,这声音来自关爱,这声音传遍洪小!

二、烛光下的温情宴

"丁零零",下课铃声响起,接连上了两节语文课的我拖着略微疲惫的身躯来到办公室里,真想趴下来好好休息一下,可面对眼前一尺来高的作业本,我只有喝口水,润润干涩的嗓子,拿起红笔继续投身到这场没有硝烟又无休止的战斗中去。

突然,刺耳的手机铃声在耳畔响起。我嘀咕着,气不打一处来:好不容易有个喘气的时间,也不让人清静一下,又不知道有什么事!我无奈地拿起电话接听——"凤凰,马上就是你26岁的生日了,我代表学校工会提前祝你生日快乐,请今天下班后五点半赴家常饭参加生日宴会。"是呀,马上就是我26岁的生日了,可对于每天忙忙碌碌的我早已淡忘,远在千里之外的爱人也不曾想起,就连近在咫尺的老妈也记不起来,却没想到学校领导平日工作那么忙,更何况学校还有二百五十来号老师,居然还能想起我这么一个无名小卒26岁的生日……顷刻间,内心有一种莫名的感动和幸福,就连握在手中的红笔都有了一股新生的力量。

"有谁今天要去参加学校的生日宴会?"办公室的另一头传来几个声音,原来还有几个同事也接到了学校生日宴会的电话邀请,学校每年都要安排同月教师们在一起聚餐庆祝生日。今天的生日宴会不仅是我一个人的生日,更像是我们共同的节日。我们有说有笑地来到预订酒店,还没进酒店包厢,就传来了一阵说笑声,进去一看刘校长、龚书记、王主席等学校领导早已与一些年长教师和青年教师围坐在了一起。大家热切地交流着,说家长道里短,脸上平添了一份轻松与惬意,全场充满了温馨愉快的笑声,真像是一家人在大摆家宴。

宴会上,领导们举起酒杯,纷纷走到寿星们面前,送上了诚挚的生日祝福。一支支斟满香槟的高脚酒杯,碰撞出关爱的火花,在绚烂的灯光下折射出耀眼的人性光辉;一道道飘香四溢的美味佳肴,散发出阵阵集体大家庭的温暖,溢出朝夕共处、相互关爱之情;悄然关灯,摆上一个香甜可口的生日蛋糕,再点燃一支支希望之烛,一首欢快动听的生日歌响起。在烛光的映衬之下,一张张幸福的脸庞绽放出了最美丽动人的微笑,大家各自许下了最期盼的心愿,每一位教师都彼此见证了这个特殊大家庭带来的幸福时刻。虽然有的教师离家很远,但在我们过生日的时候有几十个兄弟姐妹在身边。虽然有的亲人离我们很远,但我们不会因此缺少关爱。大家平日里工作繁忙,彼此之间缺乏交流沟通,工会通过这样的方式让大家的心更近,建成了令教师们拥有归属感的"家"。在场每位寿星都充满感激:"谢谢我们学校的工会,让我们能在忙碌的工作之余感受快乐、幸福,还有家的温暖。"在洪都小学,这样的生日宴也举行了很多次了,每一次都会让我感觉到家的温馨,每一次都会让我感觉到一种真诚与团结的力量,每一次都会让我更加充满感恩之心地对待教育教学工作。

老子说过:"天下大事必作于细,天下难事必作于易"。洪都小学就是这样,大到学校的教育教学管理,小到每个教师的生日,每件事领导班子都会想得仔细,做得尽如人意,学校的教师们也因此更加紧密地团结着,更加奋力地工作着。这不正是洪都小学的精神吗?真诚对待每一件事,完美完成每一项任务,团结奋进,时刻充满凝聚力与战斗力,在工作中时刻都不忘抱有一颗感恩之心。正因为有了这种精神,洪都小学的教师们无论面临多么严峻的考验都能奋进地工作,无论遇到多么重大的困难都能积极地生活,因而洪都小学才能在众多学校中脱颖而出,屡屡创下骄人业绩,才能经得住每一次大、小检查的考验与推敲。

　　虽然未来的路还很长,虽然我们的队伍还很年轻,虽然我们还有很多不足,但我深信,学校的全体教师们在一个充满温情、充满关爱、充满阳光的大家庭里,必将会迎来一个更加美丽、更加灿烂的春天。

　　徐耀明等教师受到的关怀只是洪都小学关心教师成长和生活的一个缩影而已。多年来,学校以人为本,将人文关怀落实到促进教师身心健康中,落实到心坎之中。学校坚持在教师生日送上鲜花、蛋糕和祝福;在重阳节慰问退休老教师和职工;春节走访退休人员和生活困难的教职工,把党组织的关心关怀送到每个需要帮助的人,并且形成了关心"五必访"制(教职工病重、住院必访;教职工结婚、女职工生育必访;教职工遇危难、急事必访;教职工思想有情绪必访;教职工家庭有矛盾必访)。另外,学校积极为教师营造宽松和关爱的氛围,组织教师学习相关知识、听讲座,以科学的工作方式和生活方式改进工作方法,学会自我调节;关心教师的工作、学习和生活,积极为他们创造良好的工作条件和生活条件,实实在在为教师做一些实事好事。

　　我们很多老师,努力在平凡的岗位上做出不平凡的贡献,以至于"衣带渐宽终不悔,为伊消得人憔悴"。虽然牺牲了很多自己的东西,但内心是幸福的,就像有一泓滴吐不尽的爱的甘泉。拥抱党,拥抱事业,甘泉之上,我们更有一个精神的太阳——信仰,坚信教育事业是人类最崇高的事业,我们的人生因此而恒久、璀璨。

第三节　衣带渐宽　终无怨悔

　　当我们徜徉在艺术的殿堂,流连于精美的雕塑、传世的名画之间时,很少有人会想到艺术家探索之路的艰辛与执着。教育也是一种艺术,我们则是这种艺术的追求者与实践者,为了让教育的艺术渐入佳境,我们努力着,坚持着,可谓"衣带渐宽,终无怨悔"。也许从未有人知道我们所做的这一切,而我们却泰然一笑:"我是一名教师,本该如此。"

一、韩秀花的园丁情

在我们年级中,有一位老师,年龄最大,资历也最深。这样的老师,总会让我们与一个词联系起来——德高望重! 而对他们的描述最传统的版本是:花白的头发,架着黑框眼镜,手拿长长的教鞭,眉宇间不怒而威,眼神犀利。如果,现在你还是这么认为,那你就错了! 头发已半白的她,总是挂着慈祥温暖的笑容,她最常做的一件事便是轻拍手边的板凳,说一声:小蕾,过来,我给你讲故事! 这就是我们和蔼的韩老师,如竹子般高洁、如梅花般坚强地挺立于"风雪"中,这就是我们最为敬爱的韩秀花老师!

我经常问韩老师这样一个问题:要做一名优秀的教师,应该具备的最重要的条件是什么? 是优美的语言? 是广博的知识? 还是丰富的教学经验? 韩老师总是望向远方,眼里那睿智的光芒告诉我:作为一名优秀的人民教师不仅要有优美流畅的语言,广博的知识,丰富的教学经验,最重要的是要有爱心——对同事们的敬爱,对工作的热爱,对学生无私的挚爱。爱心就是师德的核心内容!

每一个老师都是学生心中的太阳,孩子如同一株株向日葵扬着笑脸沐浴阳光。教师对学生的关怀就是这和煦的阳光,照亮了孩子的脸庞,也温暖了孩子的心。记得去年冬天,冰冻三尺,天气恶劣,但在办公室的一个小角中发生的故事却让我温暖无比。韩秀花老师班上有一名学生,家里条件非常艰苦。可是,我却没想到孩子竟然连一双御寒的冬鞋都买不起。看到孩子可怜的样子,我心里猛地一紧。原来,韩老师特意在放学后把她叫到办公室将两双棉鞋交给她,当她拿过老师准备好的棉鞋时,我看到她的眼中晃动着无尽的感激。而对于韩老师来说,我相信此刻她并不在意孩子是否对自己心存感激,重要的是,这个冬天她已不再寒冷。同样,对于孩子来说,她不仅感受到了温暖,更体会到了善良的内涵、关怀的真意。相信在以后的生活中,她也会懂得"以爱己之心爱人,则尽仁"的道理,能够学会关心身边的每一个人。这不就是爱的力量吗?

快乐总是短暂的,这时,一件不幸的事情降临在韩老师身上,她的爱人身患重疾。渐渐的,我发现,韩老师那爱笑的眉眼被伤心、痛苦、纠结所取代,从而变成了深深的皱纹。她的背影、神情,无不释放出憔悴的气息。我想,这时候,韩老师更需要的是休息,全身心地照顾她的爱人,陪他对抗病魔。可是,每日的办公室里,楼道内,我总能看见韩老师一闪即逝的身影。细细问过后才知道,韩老师仍坚持每日在岗,完成每一课教学任务。我震惊了!

"为什么?"我听见有人发问了。

"我生病的时候也没请过假呀!""我也总是以教学任务为首要事情对待呀!"是呀,很多人都会发出这样的感慨!但是,这样平常的小事和韩老师爱人重疾的这种情况相比,怎能并论?试想而知,同样的情况发生时,我们真能做到韩老师如此吗?我们是否能还想着这群我们亲手培育了六年的"花朵"?我们还能顶着狂风暴雨不管自身而顾其他吗?"不能!"这就是我的答案。所以,面对韩老师,我怎能不发出感叹,怎能不心怀敬佩,怎能不大声说一句:"韩老师,你是我们学习的好榜样!"

"育苗有志闲逸少,润物无声辛劳多",在教育的殿堂中,韩老师的典范使我逐渐懂得:爱是人类最美丽的语言,教育要从爱开始!我会沿着这份光明,在我教育的旅途上探索、前进,成为真正的照亮学子的阳光,拂煦学子心灵的春风……

二、为梦而忘我工作

教师的精神生活不是孤立存在的,而是深深嵌在学生的精神生活的成长与发展中。不仅在师生之间,也在教师之间,彼此的精神之树注定不是独立生长的,而是以各种方式嫁接在对方的根脉之上,并在每一条枝叶之上显现出对话融通的繁盛景象。

——李政涛

"宁静是福,淡泊是美;纯洁是真,高尚是魂。虽然从事着太阳底下最光辉的事业,却从不追求太阳底下最闪亮的金子。愿在黑板与粉笔的黑白世界里展现崇高的信念和永恒的风采!不求轰轰烈烈,但求踏踏实实;不求荣华富贵,只愿青春无悔!"这就是洪都小学英语教研组长李明莉老师的心声。

李明莉老师上课

李明莉老师从教15年来一直担任着英语教研组长一职,温馨的教研组让她享受到如同"家"的快乐。在她的带领下,洪都小学英语教研组成了一个充满朝气与活力,具有开拓进取和团结互助精神的年轻教研组。教研组由12名英语教师组成,年轻化、知识化、专业化是这个教研组的特色;"挑战自我,超越自我,博采众长和开拓创新"是这个教研组教师的教学风格;培养自主学习、有创新意识的学生是这个教研组教师的终身任务。这个教研组多次被评为洪都小学优秀教研组。近年来,在区教研室和学校领导的关怀下,洪都小学英语教研组承接了多次南昌市教研活动及青云谱区教研活动,受到了大家的一致好评。

一路走来,李明莉老师是如何做好教研组长这项工作的呢?

首先,她有一颗踏踏实实认真工作的心。教研组长虽然一直以来扮演着"官非官"、"民非民"的尴尬角色,但同时又必须要充当类似于"小官"的角色。也只有将这些小官的角色扮演到位,教研组长的工作才能做到得心应手。李明莉老师作为英语教研组长总是以身作则,做好每一件小事:

1)组织本组教师的学习。她积极制定本组成员的学习规划,有针对性地选择学习内容,设计灵活多样的学习方式,如集中的教育教学理论和先进教学经验的学习,每学期推荐一本好书让老师们自学,定期组织观看教学录像或优秀教师教学实录等。通过有计划地学习,更新和转变了教师的教学观、学生观、质量观和教材观。

2)组织课堂教学交流。她每两周组织一次组内教师的相互听课评课说课;定期组织优秀教师的示范课、新教师的师徒汇报课、乐动英语课题的特色课、探讨同课异构模式的研究课。

3)组织课题研究。2014 年英语有效课题研究的主题是"乐动英语",作为课题主持人,她提出要坚持走两种模式:"问题求解模式的研究"和"理论应用模式的研究"。问题求解模式即通过教师的教学实践,发现教育教学中存在的亟待解决的问题,通过研究找出"问题的答案"。理论应用模式就是要研究和构建现代教育理论体系与我们自己的教育教学实践紧密结合的"桥梁"。

4)培养新教师和帮扶"薄弱"教师。李明莉老师作为教研组长经常在组内开展"师徒结对",为了督促新老师的提高,她采用了"集体诊断、大家帮忙"的方式,帮助新上岗教师陶获、黄玲老师尽快进入角色,尽早走向成熟,实现了全组成员整体水平的提高。

5)指导集体备课。她作为教研组长经常帮助和指导本学科的各年级备课组搞好集体备课。指导备课组分析和把握教材,制定出切实可行的学期教学计划,指导检查集体备课的质量和执行情况。

6)组织开展学科课外活动。作为教研组长,她经常思考、策划、组织开展适合本学科特点,有助于激发学生对本学科学习兴趣、拓宽学生对本学科知识面的课外活动,如英语诗歌朗诵比赛、英语歌曲歌谣比赛、英语毕业晚会、英语才艺大比拼、英语角、英语手抄报大赛等等。

7)形成教研成果。作为教研组长,她在日常的教学和教研活动中,特别注意勤收集、常归纳、多总结教育教学经验,积累教研教改成果,形成资料。在收集和积累中不断完善,在总结和反思中不断提高。

其次,她有一颗"活到老,学到老"的上进心。教学教研工作本身就是一个不断学习和反思的工作,因此,作为一个学科领军人物的教研组长,首先必须做学习型、反思型、研究型的教师。苏霍姆林斯基说过:只有当教师的知识视野比教学大纲广得多的时候,教师才能成为教育教学过程真正的能手。李明莉老师是一个学科明白人,她可以和兄弟学校的老师随时保持信息畅通,知己知彼随时了解兄弟学校的信息,及时总结自己教学中的经验教训,不断调整教学策略;她不仅明白所教年级的内容,而且明白各年级学科内容,能够指导各年级同学科的教学工作;她善于把想法和看法变成办法和做法。她喜欢向书本学习,广泛地阅读。除了阅读本学科的专业书籍,教育名著、教学专著、教育教学报刊等等,还要读一些政治的、哲学的、历史的、文学的等与教育教学"无关"的书,丰富自己的人文素养,拓宽自己的知识面。除了阅读,除了向书本学习,她还喜欢向他人学习,向身边的教师学习(如刘舒平、舒凯红等老师),向专家学习。她喜欢总结自己的失败,其实这也是一种很好的学习。她不断地学习,从书籍中学、从网络中学、从实践中学、从老师中学、从学生中学。她不断更新知识结构,提升专业素养,永葆教学艺术的鲜活,引领自己的教研组成为一个不断学习型的组。她带头做研究型教师,经常用研究者的眼光审视、分析和解决自己在教学实践中遇到的真实问题,并以自己的实际行动积极引导每位组员将各自关注到的问题在组内进行讨论分析交流,最后把达成共识的问题确定为教研组主题。她还经常通过反思深刻认识自己的长处与不足,善于分析、归纳、总结、梳理教研组的问题和经验。一个会主动反思的教研组才是真正好的教研组。俗话说:"罗马城不是一天造成的",所以她经常对组员说:"学会反思、善于反思,在反思中逐步提高自己的教研活动水平,一天不反思,你就失去了一次进取的机会;一周不反思,你就失去了一次专业成长的阶段,就应该在不断反思中前进,在不断反思中更新自己,在不断反思中成就自我。"她这样靠智慧点燃着智慧,引领着她的教研组在不断地学习中进步着。与此同时,作为教研组长的她不仅是学生的教师,她还是教师的教师,她总是说:"我在和教师学生共同成长时,一起进步着,很幸福。"

再次,她有一颗善良无私奉献的心。身为教研组长,她有一颗无私奉献的心、积极努力的进取心,以自己的人格魅力感染着周围的同事们;有一颗服务心,她把教研组当作自己的家,为这个家默默付出,把每个组员当作自己的家人,时时关心他们、爱护他们和鼓舞他们。她还特意为教研组建了个微信群:"幸福之家"。她有一副热心肠,当教师需要帮助时,她会不计得失地及时出现;她有一颗奉献心,甘于当幕后工作者,不计较名利,为组内教师提供展示的机会,为青年教师搭台唱戏,有甘为人梯、甘为教师作嫁衣的气度。在日常生活中,她是英语组的大姐姐和知心朋友,与人为善,组里的老师们总是开玩笑地喊她一声:"老大"!她总是帮助老师们克服生活中的困难、工作中的烦恼、出现问题后的不快,"先他人之忧而忧,后他人之乐而乐",使老师们从内心里觉得她是值得信赖的朋友。

有一种舞台,没有表演优美的歌舞,没有上映悲壮的剧目,而是三尺讲台教鞭粉笔演奏着生命的诗篇;有一种职业,没有生产稻谷蔬菜,没有制造机械商品,而是承载五千年古老文化,培育着国家的精英人才。有一种精神,没有无端索取,没有奢求回报,而是穿越红尘,青灯孤影下的默默奉献。点燃生命之光是蜡烛的使命,培育心灵之花是园丁的职责,指明人生之路是灯塔的责任,架起书海之桥是人梯的天职。忠诚人民的教育事业,待到鬓发雪染时,大江南北且看桃李满天下。每次看到这些书写老师的句子,我都会想起李明莉老师,而产生莫名的感动。

第四节 聚沙成塔 集腋成裘

不要忽视每一滴水,涓涓细流终会汇成大海;不要小看每一粒沙,颗颗土砾必能搭成高塔。我们认为,蓝梦的学校就应该是集众人智慧的乐园,不分彼此,休戚相关。

一、持之以恒的青蓝工程

为了促进青年教师快速、健康成长,推动学校教育教学质量进一步提高,学校发挥骨干教师的传、帮、带的积极作用,启动了"以老带新,以新促老,师徒结对,共同提高"的"青蓝工程"。特别是近两年,面对学校教师队伍新去更替,青年教师的增加,学校在以前相关制度的基础上加大了对青年教师的培养力度,制定出《洪都小学青年教师培养规划方案》,实行青年教师成长阶段过关制。青年教师要在成长过程中过必须过四关,即基本功关、教学技能关、教材教法关、教育科研关。学校启动"青蓝工程",有计划地进行省骨干教师、市学科带头人、区名师、区学科带头人、区骨干教师、校骨干教师培养对象等梯队建设,以教促学,教学相长。

为了确保方案落到实处,取得实效,学校专门制订了切实可行的实施细则。学校还专门组

教师培训

织"师傅"与"徒弟"在活动启动仪式上举行了师徒结拜仪式,并签订了责任合同。"青蓝工程"的启动为广大青年教师迅速成长营造了良好氛围,也为发挥骨干教师的模范带头作用,促进教师交流互动,搭建了有效的平台。

"青蓝工程"不仅仅停留在教学技术的传授与继承上,更帮助青年教师树立了敬业乐业、乐于奉献的职业精神。青蓝工程的实施与新课程的推进结合起来,让师徒共同进入课改佳境。

周志强(南昌市骨干教师)谈到对青年教师培养经历,深有感触。

"师傅,这是我下星期要上课的教案,麻烦你帮我看一下,指点指点,看看有什么问题需要改进的?"我刚上完两节课回到办公室坐下,就听到门口传来徒弟李老师的声音。"好的,来,你先坐。"忙着招呼完他,拿起他递给我的教案,仔细详阅起来。看到一半,我心里想着:"李老师应该是花了心思准备这节课的,为了使这节校骨干教师培养对象的培养课上得有特色,应该是搜集了很多资料,并且将几个现成教案上的精华都移花接木到自己的教案中,看得出有这样的痕迹。考虑到离他正式上课还有一点时间,于是就想让他亲身感受一下这样设计课的效果,毕竟百闻不如一见,百学不如一试!"待看完后,我问了一句:"你自己感觉这节课的设计如何?"

"我感觉还行,花了蛮多时间,参考了教参,设计也是为教学目标服务的。"李老师自信地回答。

听着他自信地回答,我心有所思,便接了一句:"这样,你安排一个时间,

就按照你的教案先试教一下,看效果如何,到时候我们再一起研讨一下,好吗?"李老师接受了我的建议,跟我约定好试教时间,便离开了。

第二天下午,我如约来到李老师班上坐下,听起他的课来。可是没超过多久,难堪的一幕来临了,李老师因为学生的回答不到位,让他一慌神忘了教案流程,于是完全被学生牵着鼻子走,虽然课中他也已意识到这一点,却不知如何是好。课也上得磕磕绊绊,颠倒轮回,李老师汗如雨滴。终于捱到下课,把学生放走后,我招呼他过来直言:"你感觉如何?""好乱,学生的回答让我慌了神,不知所云了……"李师有点脸红地说。

"大杂烩,思路不清晰!设计的每一个环节的意图是什么,你认真研究了教材吗?"我连续问了几句,直言切中要害。

"我……"李老师不作声了。

"其实当初我看到你的教案,我就知道你没有很好地钻研教材,应该是选定课题后直接就去查阅资料,从很多相关的教案中,把一些你认为较好的环节设计直接搬来使用。你是否知道,你这样做,你只'拿来'了其他教案的形式,却没能'拿来'灵魂。因为这些东西不是你的,而且你根本没有思考人家设计的意图和目的,没有很好地消化,而选择生搬硬套,当课堂中一出现突发事件,或者配合不顺,你就慌神,肯定就不知所云了……"我继续讲到。

"原来如此,怪不得会这样!感受深刻,听你解释犹如醍醐灌顶啊!"李老师听了我的话后,恍然大悟,不好意思起来。

"你回去好好钻研一下教材,教学思路做一些调整,别人好的东西可以借鉴,但首先一定是要能为你的课服务的。同时,你必须理解人家的设计意图,这样才能消化,运用自如。另外,备课时尽量多的考虑到学生可能出现的情况,做到有备无患,这样你才能胸有成竹。我的意见,你再琢磨琢磨,再想这课怎么上,好好再备备,再试教几次!"我继续给他提了一些建设性的意见。

这样又"磨"了几次后,一节较成型的课终于磨出来了。到了李老师上完课受到好评的那一刻,他有点兴奋和激动。我相信此时的他一定有一份沉甸甸的收获感,他的收获,更多在那个过程中。他的这次磨课经历,让他明白好课需要如何准备,如何设计,如何花心思、花工夫。常听人说:"好课是磨出来的",我想由衷地说:"好课是磨出来的,但更需要有平时锻炼,有师傅指点,有专家引领!"

青年教师邓蓉(学校青年骨干教师)回顾自己成长历程,感受到是在享受中成长。

从我毕业到学校工作,如今已经是第四个年头了。在这四年中,每一个学期我都至少上——节校级公开课。公开课的教学对我在业务上的提高帮助很大。每一节公开课的背后,都有我付出的汗水和帮助我的前辈老师的心血,也有着令

青年骨干教师邓蓉公开课

人难忘的磨课经历。然而,最让我难忘的是五年级下册的那节区级展示课。当时工作不到两年的我接到这个任务时既兴奋又紧张,兴奋的是我能够有这样的一个机会使自己的教学水平迅速提高;紧张的是教学经验不足的我是否能圆满地完成这项任务,会不会辜负了领导对我的期望。在办公室老师的鼓励下,我还是信心满满地接受了这个任务。

选择一篇适合自己的课文进行教学是公开课最关键的一步。在备选课文中,有的是古典名著,有的是名家散文,我担心自己不能驾驭,于是我选择一篇感人的课文《再见了,亲人》。这是一篇叙事抒情散文。课文感情真挚强烈,语言亲切感人。我认为这种蕴含深厚感情的课文更适合自己。虽然年代离学生较远,但如果能引导学生入情入境,应该会有不错的教学效果。

选定课文后,就要开始认真地备课。我先把课文认真地读了几遍,了解文章的主要内容、语言特色,再根据教参上的教学目标、教学重难点以及教学建议和平时上课一样开始写教案。但是这样写出的教案太过于平凡,缺乏新意,没有亮点,而且教学设计中重难点不够突出。在备课过程中,我得到了杨

欢、汪芳老师的很多帮助,我也从她们身上学到了许多如何备课的方法。二位老师都是在熟读单元导读和课文的基础上,根据自己对文章的理解设计教学,然后再来翻看教参进行修改。这样的教学设计思路清晰,同时又有自己的新意。杨老师将我自己设计的关于"亲人"的谈话导入改为了通过抗美援朝图片和简介的情境导入;汪老师则提出在引导精读第一段后总结学法,按相同方法自学第二段。在杨老师和汪老师的指导下,我修改了自己的教案。通过这次备课的经历,我深深地感觉到备课时教案应写得越详尽越好,对所教的课文要认真仔细研读,对自己设计的教学问题也要仔细思考,想想学生会如何回答;每个教学环节之间衔接的过渡语,也要写清楚。这些都是以往的备课中没有做好的。

有了成熟的教案,就要开始试教了。为了上好这堂课,我先后试教了十余次,每一次试教对自己都是一次历练。还记得第一次试教,我按照自己的教案上,结果不尽如人意,学生反应平平。但从中可以反映出许多问题,我找到突破口进行修改。第二次试教,修改教案后,我明显感觉思路更清晰,学生也显得更积极。在这一次次试教的过程中,我不断地熟悉课文,不断与学生磨合,不断地修改教学设计,使教学设计尽可能完善。令我印象较深的是板书设计的修改过程。开始,我设计的板书是"志愿军、朝鲜人民不是亲人,胜似亲人",这八个字不是出自课文,同时也不能准确表达中朝之间的友谊,而"比山还高,比海还深"八个字则是这篇文章的精髓所在,所以朱婷师傅建议把板书改为"中朝友谊,比山还高,比海还深","中朝友谊"四字还用红色粉笔,表示中朝两国友谊是用鲜血凝成的。板书修改后,我明显感觉到,新的板书设计更能让学生深刻感悟中朝两国人民之间的深情厚谊。

在后来的试教过程中,我还出现语言不精练的问题。朱婷师傅、徐蓉主任、杨欢老师、汪芳老师在这方面都给予我很多指导。有一次,她们一起给我一句一句地抠、一个词一个词地改,力求每句话都精练、精确,一直到晚上七点多才回家。而我在她们的指导下,一点点进步。我能够把这次展示课上好,与四位老师的无私帮助是分不开的。这篇文章感情真挚,要求老师同样也要满怀深情,而这正是我所欠缺的,为此我还特地去向杨波老师求教,把杨波老师的话录下来,回家练习,可是还是达不到朱师傅的要求。这时我觉得非常灰心,一个人站在空荡荡的电教室里,我觉得我似乎完成不了这次任务。可是我转念一想:不试试怎么知道自己飞不上去呢,我可以多练,

教学公开课研讨活动

笨鸟先飞嘛!于是一回到家,我就对着镜子练习,每天临睡前,背一遍教案,起床第一件事就是念一遍教案。我的努力终于看到了效果,最后两次试教中,在配乐朗读四至六段时,我发现有几位同学被这伟大的中朝友谊感动了,在偷偷地擦眼泪。我感到非常欣慰,我知道我做到了,我的努力有了回报。

这次公开课锻炼了自己的应变能力及心理素质,使自己自信心得到增强。通过这节课也使我深深地感觉到了团队的力量,我从每一个老师的身上学到了如何把握教材、如何把握学生、如何设计教学中的每一个环节,让我在教学水平上有了很大的提升,为平时上好每一节课打好一个基础。上好一节公开课,收获的是过程,积累的是经验。让我多多地享受这个过程,在教学方面不断成长吧。

俗话说,名师出高徒。因此,选好"带头人"非常重要。胡雯老师就是一位有着良好的师德风范,对青年教师有着满腔热情,具有诲人不倦的精神的师傅。

以下摘录的是胡雯(南昌市语文学科带头人)在一次"青蓝工程"会上发言。

领导、师傅、徒弟们,下午好!

今天,我作为青蓝工程师傅们的代表发言,深感荣幸,深表谢意。

荣幸之意:很荣幸学校为我们新老教师们搭建了"青蓝工程"这一共同交流、共同进步、共同提高的平台;很荣幸能借此机会袒露我的心声,抒发我的

情怀。我有一欣慰,品学兼优的徒弟黄丹执着从我至今,无怨无悔;更有一庆幸,庆幸又收一聪明灵气的新徒弟邓蓉。

感谢之情:感谢学校器重,感谢老师们给予我们的肯定和信任,由此感到一份荣誉、责任、庄严和使命。我们有责任要将爱岗敬业的精神、严谨治学的教风、丰富的教学经验、精湛的教学艺术以及"人人都能吃苦耐劳、忠于职守"的洪都小学的优良传统传承下去,这是我们的光荣使命。

在此,请允许我代表所有的师傅们,向学校和徒弟们郑重承诺:我们一定会在不断提高自我的同时,带动徒弟们的发展。

爱学校。因为这是我们成长的土壤。这里有我们代代相传的奉献精神,这里有我们与时俱进、开拓进取的创业传统,这里有我们的信念、汗水和辛苦、眼泪和欢笑,这些都是会化为我们继续前行的动力,化为我们生命的底色和灿烂。

爱学习。因为这是我们成长中的学习。向书本学,学教育教学的理论,学专业知识,从中领悟教育的精髓;向老教师学,学习他们的大家风范,学习他们的宝贵经验,学习他们的教学艺术;向同行学,学会交流,学会沟通,学会合作,学会相助。只有博采众长,才能在自己的教学中得心应手,挥洒自如。

爱自己。我们有责任教会徒弟要珍惜师傅的精气神,不要一味去模仿师傅的形,丢了个性迷失了方向。要取其之精,学其之神,力争做到"一年站稳讲台,三年站好讲台,五年成就讲台"。

徒弟们,我代表所有的师傅们送你们八个字:"诚实、仁爱、纯洁、敬业"。诚实是我们的人品,仁爱对待我们的学生,纯洁是我们的作风,敬业从事我们的教学。

亲爱的徒弟们,我羡慕你们,因为,你们有资本。你们年轻,年轻就是机会,但也是压力;你们有财富,你们精力旺盛,活力就是财富,但也是一种责任。

亲爱的徒弟们,我期待你们在洪都小学的三尺讲台上秀出你们各自独特的风采! 同时祝愿你们:青出于蓝而胜于蓝。

我们"青蓝工程"的师傅们,就像这样,以自己的言传身教影响着徒弟们,把自己的工作当成一种事业,而不仅仅是一种职业,教育徒弟们,热爱教育,热爱学生,树立把教育作为自己毕生事业的观念。

请看徒弟们思想的转变与进步(下面是罗曼老师的发言)。

首先请允许我代表所有青年教师向给予我们成长空间的学校领导表示衷心的感谢!

还记得去年的这个时候,我也作为一名青年教师代表在这里发言,当时对学校"青蓝工程"还不是很了解,只知道"青蓝工程"是师徒结对的一项活动。今天的我更多的是对这项活动的深刻理解。

去年学校给我这棵"青"安排的"蓝"是胡老师,让我成为胡老师的第二个徒弟。这期间,胡老师给了我很多的帮助,每个星期我都会坚持去六年级8班听她两节课,每次课上我都很兴奋,那种兴奋来自胡老师的课堂。听胡老师的课就是一种享受,里面有太多的精彩、有太多的闪光点,我不停地听、不停地记,总担心一不小心就会错过精彩片段。只有在同学们练习的时候,我才能整理自己刚刚做过的笔记,下课的时候我也会就课上一些疑问请教胡老师,胡老师也是毫无保留地把自己课前的设想及设计意图和盘托出,让我受益匪浅。

胡老师对我的指导远不止这些,她不时地来听我的课,课后则耐心细致地指出我的优缺点,大到教学内容的安排设计,小到课堂板书,不厌其烦。为了让我能学到更好的教学方法,她还带我参加南昌市的教研活动,

专家评课活动

让我对新课标新课程有更深刻的认识。

这一年的学习中我成长了许多,基本上完成了由大学生向专业教师的角色转变,能够全面把握整个课堂,能够上好每一堂课,课堂上遇到突发事件也能够从容处理。这一切离不开师傅的指导、帮助。在这里,我代表所有的青

年教师向各位师傅说一声"谢谢",谢谢你们收下我们这些幼稚的徒弟! 我们一定会继续虚心向各位老师学习,学习你们过硬的基本功,学习你们精湛的专业知识,更要学习你们无私的奉献精神。

作为青年教师,我们会坚守自己的课堂,专心写好每一份教案,细心上好每一节课,耐心批改学生的每一次作业。作为青年教师,我们会关爱每一名学生,用我们的爱心、真心去教育他们,影响他们,成为学生健康成长的指导者和领路人,努力成为学生的良师益友。

作为青年教师,我们充满着满腔的激情、满腔的爱。我们会把我们的智慧和知识奉献给洪小每一个可爱的孩子。我们愿意和各位老师一起托起洪小明天的太阳! 我相信,我们的加入,必将使洪小的明天更加辉煌,更加灿烂!

青年教师在教育教学方面也许有些稚嫩,但他们年轻、有干劲、有活力,有了经验丰富的师傅的指导,缩短了成长的历程,他们很快成了学校教育教学上的生力军。

二、崭露头角的名师工作室

南昌市洪都小学朱婷名师工作室组建于2013年年底,工作室领头人朱婷先后被评为"江西省小学语文学科带头人"、"南昌市小学语文学科带头人"、"青云谱区名师"、小学特高级教师、"全国特色教育优秀教师"、"教育部课

朱婷名师工作室成员

题研究工作先进个人"等。朱婷老师在教育教学上有着丰富的经验和独特的思想,除自身屡获教学竞赛大奖以外,还指导多位教师在省、市小学语文、品德课堂教学竞赛中获一等奖;多篇论文在省级核心刊物上发表。本着"努力

成为青云谱区名师的摇篮,教学的基地,研究的平台,辐射的中心"的建室目标,2013年9月,朱婷名师工作室正式授牌,成为青云谱区首批两个名师工作室之一。从青云谱区教科体局余强副局长手中接过牌匾,从刘红英校长鼓励和支持的话语中,朱婷老师深感肩上责任重大,暗下决心:唯有夜以继日地干好工作,方能对得起区教育局领导、学校领导的深厚信任和殷切期望。

(一)组建成员,共筑愿景。

工作室挂牌后,根据区教研室的统一安排,工作室采取"自主申报 + 学校推荐"的方式,面向全区汇聚了一批有发展潜力的青年教师,来自定山小学、楞上小学、石马小学、城南学校、昌南学校以及洪都小学的20位教师怀着对教育事业的满腔热情与执着追求,成了工作室的首批成员。

除完成成员组建外,工作室还制定了三年建设规划,确立了工作目标、形式,建章立制,了解成员情况和专业发展需求,确定近期重点工作,共筑发展愿景。

(二)开展研修,共同提高。

工作室将研修活动常态化、长期化,建设了名师工作室 QQ 群,实现日常工作网上管理。研修活动充分考虑到学员单位分散、集中不易的实际困难,采用分散研修和集中研修相结合的方式,通过布置研修任务包的形式进行分散研修,并将集中研修的周期定为每两月一次,首先由工作室负责人朱婷就语文教学领域的某一主题进行专题讲座,再对工作室成员的执教课进行点评,最后由学员对自身在学习和日常语文教学工作中遇到的问题提出疑问并进行答疑解疑,从而达到思想交流,智慧碰撞,专业提升。研修内容包括阅读教育专著、撰写读书笔记;成员间相互听课、撰写听评课意见;进行典型案例分析,撰写教学赏析等。

2014年5月23日上午,洪都小学朱婷名师工作室举行了研修活动。来自楞上小学、石马小学、城南学校、昌南学校以及洪都小学的18位工作室成员参加了研修活动。研修活动分三个阶段进行:首先,由工作室成员颜洁老师展示参加全省"赣教杯"古诗文教学竞赛一等奖的获奖课:六年级上册《观书有感》。展示课结束后,颜洁老师向全体工作室成员介绍了自己的磨课经历和感受,各成员从不同角度谈了自己的听课感受,朱婷老师就古诗课型的教学方法进行了培训,成员们对如何把握古诗文教学有了新收获。随后,朱婷老师还对四月份其他 4 位工作室成员上的展示课进行了点评,并就教学中"准确把握年段特点"、"提升文本细读能力"等方面提出了指导性意见。最后朱婷老师就下学期工作室研修活动做了布置,并向全体工作室成员布置了暑期研修作业,一是撰写颜洁课例赏析并投稿。二是阅读《叶圣陶语文教育论集》,做读书笔记,写读书体会。三是观看"汉字听写大赛"、"成语大赛"。四是积极准备下学期的工作室成员研讨课。此次研修活动历时 3 个小时,研修内容丰富,质量上乘。工作室成员纷纷表示受益匪浅。相信朱婷名师工作室研修活动的开展,将会更好地为教师的专业化成长搭建平台,培育出更多的骨干教师、名师,为青云谱教育做出更大贡献。

一年来,共有 6 位工作室成员上研讨课、展示课,成员间撰写听评课意见30 余篇。工作室成员阅读教育专著,撰写读书笔记 10 余万字。

(三)择优参赛,初结硕果。

朱婷名师工作室的成立,可谓是为青云谱区青年教师搭建了专业成长的快车道。工作室负责人朱婷现在正承担着南昌市"十二五"教育规划重点课题《关于青年教师专业化成长的实践与研究》的研究任务,在帮助青年教师专业化成长方面积累了丰富的经验。工作室抓住一切参赛机会,在成员中择优参赛,已初结硕果。2014 年 5 月,工作室成员颜洁老师在全省古诗文教学竞赛选拔赛中,通过区、市、省层层选拔,一举夺得江西省"赣教杯"古诗文教学竞赛一等奖。颜洁老师的巨大成功无疑是对工作室工作的莫大肯定和对工作室成员的巨大鼓舞,成员们纷纷以颜洁老师为榜样,对自己的专业成长又有了全新的规划和目标。

小荷才露尖尖角,朱婷名师工作室成立的时间虽然不长,但已小有成绩,相信在不远的将来,会有更多的工作室成员成长、成熟起来,工作室将真正成为名师成长的摇篮!

三、协作共进的发展团队

随着社会生活的日益复杂和科学文化知识的日益丰富,那种单枪匹马创造教育奇迹的时代已成为历史,教育教学活动由个人行为逐渐走向了由众多个人、众多方面共同协作才能完成的活动。这样一来,形成协作意识,妥善地处理好多方面的人际关系,就成为对教师的一项重要要求,成为教师道德不可缺少的内容。

马卡连柯说过:"假如一个学校里有这样的教师集体,在这个集体里的每个教师看来,全校的成功占第一位,而他班上的成功占第二位,至于教师个人的成功只放在第三位,那么在这样的集体里才会有真正的教育工作。"

教师工作固然应有一定的自主性,但是,工作性质也决定了教师不应该也不可能各自为政。在我们国家的教育方针中,强调的是学生德智体美全面发展。要实现这样一个目标,很显然,不是某一个教师能够独立完成的。你再努力,教好一个学科,最多教好两个学科,但你无法完成所有的育人工作。

同样,在学校各项工作中,教学、教育、管理、教辅、后勤服务人员都是重要的,我们最多只能承担其中的某项工作,不要搞本位主义并因此而否定其他工作的重要性。这是检验一个集体是否有凝聚力的重要方面。

马卡连柯在丰富的教育教学经验的积累中看到了教师在群体中的生命力,他说:"教师集体的统一是最有决定意义的一件事情。就是最年轻的、最没有经验的教师,如果在统一的、精诚团结的集体里,有很好的有才能的领导者来领导,那么跟任何一个与教师集体分道扬镳的有经验的、有才能的教师比较起来,也要做出更多的事情来。"他强调说:"凡是教师没有结合在一个集体里的地方,凡是集体没有统一的工作计划、没有一致的步调、没有一致的对待儿童的方法的地方,那里就不会有任何的教育过程。""如果有五个能力较强的教师团结在一个集体里,受着一种思想、一种原则、一种作风的鼓舞,能齐心一致地工作的话,那就要比十个各随己愿地单独行动的优良教师好得多。"

为构筑这样的教育环境,学校在处理教师之间教学关系方面要求:教师之间要相互尊重,取长补短,新老教师、名师与普通教师之间应互相学习,同一学科应相互切磋,不同学科的教师也应相互学习、甚至班主任与科任教师之间也应相互学习支持,以此培育竞争与合作关系的内外部环境,共同进步的校风,从而优化教师群体的职业文化。

请看这样感人的例子：

（陈璐嵘，现在担任学校大队总辅导员。）

自参加工作以来，深深得益于学校这个家一样的集体，使她成长为江西省"教学能手"。回顾她自己成长历程，她说：2007 年 9 月我带着美好的向往，踏上了教师队伍

陈璐嵘老师上课

的旅程，来到了洪都小学这所人们称赞、家长信任的名校。近五年来，在校领导的精心培育下，在同事们的帮助下，我起飞得很快。从 2009—2011 年，在这短短的 3 年中，我先后参加了全国、省、市、区多次教学大赛，也屡屡获奖，先后获得青云谱区小学教师教学基本功竞赛一等奖、南昌市青年教师声乐舞蹈大赛二等奖、青云谱区小学音乐学科"园丁杯"教学竞赛一等奖、南昌市中小学第六届"园丁杯"课堂教学竞赛一等奖、南昌市第二届中小学音乐美术教师基本功比赛综合奖一等奖；在江西省第二届"赣教杯"中小学音乐学科"教学能手"比赛中，获教案设计一等奖、现场教学一等奖、以总分第一成绩，被评为音乐学科"教学能手"；在第六届全国中小学音乐优质课评比中获三等奖。

在参赛和展示课后，每每听到许多同行老师的夸奖和专家们的肯定，我的心情激动，曾经觉得是多么的自豪和兴奋啊！但冷静下来思考，这些成绩的取得，应感谢学校的培养，领导的大力支持和厚爱，感谢团队的无私的帮助，使得我一步一步走上新台阶。我最庆幸的是，我个人快速成长完全得益于这个学校的领导，得益于一个懂教育、热爱教育的领路人——刘红英校长，是她为我们参赛的教师创作了一个良好的大环境，是她给了我勇气和动力，给我搭建了一个成长的平台，让一个只有 5 年教龄的青年教师，能够自由自在地在教育这片天地里去探索、去追求。

回想这三年来，从区、市、省、全国的竞赛，以及到外省献课的种种情景，

尤其在备战的日子里,在不同时间、不同地点、不同情态的学生面前,都是我们优秀团队在鼓舞着帮助着我,他们一次又一次造就了我,成就了我课堂教学的精彩。万夕昆主任高度热情,和我一起分析教材,研究教学方法。工会副主席兼教研组长叶昌锋出点子,策划课件的内容。吴建强和张文华两位副主任制作的课件震撼了整个赛场,评委们惊讶地问我:"你的多媒体课件做得真好!太有意思了,课上得太精彩了!"我多么幸运,真切地感到,我有多么好的领导、多么好的同事,我的激情一次又一次被点燃。试想一下,如果没有这么多人的关爱和帮助,我就不会拿那么多的"一等奖",假如不去参赛,我的生活和工作可能会很平静,也可能就会疏于思考和钻研。

2010 年 12 月,我在参加"园丁杯"比赛前期,突然咽喉发炎,细心的龚春兰书记察觉到了,来到我身边轻轻地说:"别太累、别紧张,注意身体。"周蕊副校长只要一见到我就鼓励叮嘱:"要有信心,你有能力赛好。"我们的刘红英校长更是智慧、精明决策,对各学科参赛人员分派领导专项负责到位,并抽选精英组成智囊团,帮助参赛老师积极备战。我很荣幸,由王震宇主席负责音乐学科,她很有经验,很有办法。从抽签到上课只有两天时间,整整两天两夜她没有好好休息,同我一起备课和指导课件制作,不落下每一个细节。更让我难以忘记的是,教导主任徐蓉在得知我没有教材的情况下,打电话给各所学校寻找人教版五年级教材,整整花了一下午的时间,分别在两所学校找齐了教材和教参,让我顺利备课。

就在参赛那天,天寒地冻,寒风刺骨,我想这么恶劣的天气,领导们是不会来了。哪知,当我一跨进教室大门。看到了三张熟悉的面孔,顿时我的心里有说不出的高兴和激动。领导亲临赛场对我来说是多么大的鼓舞,我热血沸腾、激情满怀。在"园丁杯"的赛场上,呈现了一堂别开生面,生动活泼的音乐课,获得了热烈的掌声与喝彩,还有素不相识的学生不舍地离开。

2011 年 11 月 1 日,我又接到了参加省级"教学能手"现场教学竞赛的通知。刘校长得知这个消息立即部署协作团队,由学管处主任万夕昆、工会副主席叶昌锋、学管处副主任吴建强与我共赴赣州参赛。我们常听人们说:"同行是冤家。"可是在洪都小学这个大集体中,我们是同行且是知心朋友。他们掏心窝,为我想办法,出主意。经过激烈角逐,我获得教案设计一等奖、现场教学一等奖,并以总分第一的佳绩,被评为江西省音乐学科"教学能手"。

这些比赛是个人的荣誉,站在领奖台上风光的是我。实际上,精彩的背后是领导的关切、同事们的帮助。我尊敬的领导,可爱的同事,是你们给了我无穷的动力与上进的心态,军功章里有你们一半。

区骨干教师,曾获省"赣教杯"品德与生活(社会)教学竞赛特等奖的赖琴华老师说:

"玉经磨琢多成器,剑拔沉埋更倚天"。作为一名青年教师,我很荣幸参加了区"青云杯"教学竞赛和省《品德》年会展示课。课虽已结束,但回望那段历程,内心仍有许多的感触。有"山重水复疑无路"的迷茫,也有"柳暗花明又一村"的

赖琴华老师上课

惊喜和收获;有赛前的紧张忙碌,更有赛后的反思与释然……

每次的公开课和比赛课对于我来说都是一件痛并快乐着的事情。痛苦的是在这期间,精神上的巨大压力。我是思品学科比赛的最后一名赛课老师,为了争口气,不拉后腿,跟上队伍,熬了多少个通宵,已经数不太清了。虽然痛苦,但整个过程里,知识的成长和能力的历练总是深深地吸引着我,长足的提高给我带来了巨大的满足感。赛课准备过程中,龚春兰书记、朱婷助理、周卫民主任作为我的分管领导,陪伴我度过了整个赛课过程。可以说,没有他们的帮助和支持,我很难取得这次的成绩。从搜集相关资料、确立教案,到一次次地试教、一次次地改教案,逐步地细化,他们给予了我许多的帮助。那段时间,学校领导,办公室的同事以及共同参赛的战友们,是他们对我无微不至地教导与关心,才使得我能顺利地通过了这一次次的考验;是他们的"金点

子"让我一次次地"柳暗花明",一次次地完善着课堂。荣誉不是我一个人的努力所能获得的,而是我们这个实力雄厚、坚不可破的"智囊团"带领我取得的。手捧获奖的证书,我很平静,但大家给予我的帮助我会铭记在心,感念一生。

曾获区"青云杯"《品德与社会》学科骨干教师教学竞赛一等奖的汤越剡老师说:

由学校推荐,我参加了区"青云杯"《品德与社会》学科骨干教师教学竞赛。虽然比赛的结果已经知晓,过程已经结束,但是心中却依然泛着涟漪……

最初的茫然——对于从未真正领略过品社课教学的我,眼前的一切

青年骨干教师汤越剡公开课

就像是一种重生。未知的教学,未知的环节,未知的学生,未知的结果,那么茫然却又绝望。三天的准备时间,在电脑前的脑子空白,对着教案的踌躇不前,对于设计的不能把握,在网上搜索着各色的教案,却明确都不是自己想要的,心里的焦虑一份更重一份。

最拙的试教——经过了一晚的熬夜,终于出炉了第一份的教案,还没天亮我就开始熟记,等待天亮后的试教。第一次的试教让最后的自信被冷冷拍下:烂熟于心的教案,在突发情况下却无力招架;答案乱七八糟不知如何扭回正途;甚至连课堂的主线都不清楚,不知道要如何将课堂继续下去,我的第一次试教在绝对的失败中结束。

最苦的磨课——失败的开始,艰难的踱步。我又重新研读教材,试教一遍又一遍,活动环节少了,加上"找规则",让孩子们下位询问,课上电话请教,向视频交警学习;激情少了,补上,要柔情时柔情,要亲和时亲和,要严肃时严

肃,像个演员一样地饱含激情;语言不精练了,斟酌,一句一个字,字字落实,明明白白。就这样从白天到黑夜,从黑夜到白天,没有睡过一个好觉,没有吃过一顿饱饭,没有真正露出笑容,心中的压力自己明了。

最真的感谢——从未有过的挫败感,从未经历过的狼狈不堪,如果不是他们,我早已选择草草放弃。我把最真的感谢送给他们:春风化雨的龚书记和周主任,如果没有她们那一句句的鼓励,我没有信心再来一次,他们的鼓励是我前行的动力;课课相陪,出谋划策的颜洁和吴勤耘老师,如果没有他们,又怎么能完成从贫乏到精彩的跨越?没有他们我又怎么能从容站在赛场上?从环节的设计、语言的精炼、细节的处理,每一处都有着他们的指导与帮助。为了我放弃休息时间的他们,为了我不遗余力的他们,为了我长途跋涉的他们,我要怎么才能说尽感谢?

最深的感触——对于老师而言,多读书最为重要,广泛阅读所得的广博学识对课堂有深远的意义。有着广博知识的教师,语言风趣、机智、有一种亲和力,是一种水到渠成、风行水上的自然随意;能俯瞰教材,全局把握,跳出教参来教。换言之,一个腹中空空,读书寥寥的教师,他的课堂都不会好到哪儿去,因为所有这一切都是无源之水,无本之木。同时感触,对于老师而言,想上好一堂思品课也应该会生活,因为只有会生活的人才能把生活的智慧运用到课堂中,不仅教会学习,更应该教会生活,活得安全、快乐、健康、精彩。

"教"后知不足,"赛"后促成长。

诗人席慕容说过:"一朵孤芳自赏的花只有美丽,一片互相依持而怒放的锦绣才是灿烂。"当今社会,既是一个充满竞争的社会,又是一个需要协同合作的社会。合作是事业成功的土壤,它能聚集能量,启迪思维,开阔眼界,激发创造性。任何事业的成功,都需要良好的合作。把学校办成一流名校,自然离不开上下一致,相互支持、密切合作的教师团队。

共建、共享、共赢,实现团队合作利益的最大化。在全校教师中着力打造命运共同体,将教师的个人发展与团队的进步拴在一起,捆成一体,已演化成洪都小学教职工的共同心愿。

土砾聚成了高塔,拾阶攀援,我们可以站得更高;

细流汇成了大海,扬帆起航,我们可以走得更远。

优秀的团队必定由优秀的成员组成,远见卓识的校领导、辛勤耕耘的园丁共同锻造了洪都小学的教师队伍,他们用高尚的师德、深厚的专业素养、协作共进的精神,共同架设了孩子们登上幸福山顶的天梯。

"问渠那得清如许,为有源头活水来"。洪都小学蓝梦文化创建活动的大力实施,换来了学校内涵发展取得了突破性的的成就。近年来,省内外众多代表团来校参观访问,众多媒体对学校办学理念、教育教学活动进行了宣传报道。我欣喜地看到,这些交流和宣传报道活动又促进学校走上了更加科学的发展道路。
——刘红英

校长的话

"阳光伙伴"训练

第 7 章

继往开来

为蓝梦文化加油喝彩

第一节　蓝梦绘就　发展进行时

早就听说洪都小学,但一直未曾到过,所以知之不多,缺乏感性认识。最近两三年,因为工作关系,几次走进洪小,随着了解的逐渐深入,越来越感觉到这是一所有活力、有内涵、有品质的好学校。

一、明确目标　凝心聚力

洪都小学创办于1952年,已有60年的办学历史,文化底蕴丰厚,在社会上享有良好的知名度和美誉度。面对新的形势、新的要求和广大人民群众享受优质教育资源的热切期盼,全校上下又在谋划学校美好的发展前景,提出以"师生为本、德育为先、技艺并重、智慧至道"的办学理念,秉承"励志蓝天上,求学大地中"的兴学校训,致力于创建"平安校园、书香校园、生态校园、数字校园、文明校园、人文校园",打造"规模大校、质量优校、实力强校、环境美校、素质好校、品牌名校"。学校坚持标准化建设、规范化管理、人性化育人、高效化教学,在办学传统优势中赋予时代元素,从环境文化、教师文化、学生文化、管理文化等多个维度关注学生的学习质量、生命质量,关注教师的工作质量、生活质量,让每一个"洪小人"在这片热土中吮吸营养、发展成长,为学生的终身发展奠基,为教师的职业幸福努力,使学校最终向着成为"示范全市、引领全省、闻名全国的,特色明、内涵深、品位高的现代化品牌名校"的办学目标豪迈前行。

一般来说,学校在发展的初级阶段,更多关注的是办学的硬件条件,当发展到一定阶段之后,就需要在高位上关注三个东西——使命、愿景、核心价值。有使命感,才能坚定"为国育才"的崇高信念、坚持"爱生忠诲"的职业定力,否则,很可能仅仅满足于"干活拿钱,养家糊口"的境界;有愿景,才能目标明确、思路清晰、方向坚定,否则,很可能就是"顺风船"——随风飘荡,或者

"信天游"——飘忽不定;有核心价值,才能统一认识,凝心聚力,否则,很可能就是各行其是、自由散漫。所以,有学者这样说:"一个缺少全体衷心共有的目标、价值观与使命的组织,必定难成大器","有了衷心渴望实现的目标,大家会努力学习,追求卓越,不是他们被要求这样做,而是因为他们衷心希望如此"。洪小的发展蓝图业已绘就,我们有理由相信,在学校领导班子的带领下,在全体师生员工的共同努力下,学校一定能够在原有基础上实现又好又快地发展,全体师生一定能够"创造并实现自己的梦想"!

二、文化浓厚　润物无声

走进洪都小学,我们能够深切地感受到浓郁的文化息扑面而来。

物质文化丰富。通过精心规划和不懈努力,学校的一砖一石、一草一木、一角一景都体现出了"洪小人"的育人理念,真正实现了"让每面墙壁说话,让每寸土地传情"的建设愿望。正如温斯顿·丘吉尔所说的"首先是我们塑造建筑物,之后,建筑物塑造我们",洪小美观、整洁的校园正在起着"塑造"万千学子的作用。

精神文化高位。通过丰富多彩的校园文化生活,让学生感受到教育教学"如沐春风";通过建立"悦心屋"心理咨询站、心里话信箱,为学生营造一个轻松而温馨的"心灵家园";通过"520 中队"为潜能生正确引航;通过"五蓝社团"为学生提供精彩纷呈的活动;通过提高"精神"薪资、实现人文化管理,培养教师的幸福情感,提高教师的幸福指数。

制度文化完善。制度文化从根本上讲是人们对制度的价值判断和对待制度的方式,洪小在制度建设过程中,充分尊重和吸纳教职工的意见,并且在制度执行过程中充分体现人性化。学校实行"大年级小学校"管理模式,以年级组为管理实体,坚持"年级能解决的问题学校领导决不插手,年级想进行的改革学校领导一定支持",尽量做到"一所学校,多种声音",充分尊重年级组长和年级教师的"行政管理权和课程管理权",保障教职工参与学校管理的积极性,体现"因材施管"的教育规律,实现管理效益最大化。

行为文化温馨。老师以得体大方的仪表、文雅优美的言谈举止传播文明,播种美丽;学生自信、健康、快乐地学习成长。"在课堂,在每个活动场所,都有关爱的眼睛和笑脸;在校园,在师生相遇的每一刹那,都有亲昵的问候",这种和谐、这份温情,如冬日暖阳,想想都是令人愉悦的。

文化对于人的成长是一个十分重要的软环境,可以这样说,在什么样的文化环境中,就会培养出具有什么样文化素质的人。洪小重视学校文化建设,已经收到了很好的成效,学校的文化品质迅速提升。只要持之以恒地坚持下去,必将结出更加丰硕的办学成果。通常人们说,"三流的学校人管人,二流的学校制度管人,一流的学校文化管人",因为,文化经过长期培养、历练、规范,一旦成为一种常态、一种意识、一种自然而然的状态、一种无须过多思考即可再现的回忆,那么,师生的一举手、一投足,便都是优秀的外化。在这种文化的影响下,就容易实现培养"品行文明、品性健康、品位高雅、品质高尚"的一代新人的目标。

三、打造品牌　特色鲜明

"农业时代竞争土地,工业时代竞争机器,信息时代竞争品牌。"当教育发展到一定阶段,学校与学校之间的竞争必然会反映在品牌竞争上,而要打造品牌,就必须在办学特色上"做文章"。

学校如何打造办学特色呢?应该说,途径和方法很多,课程、师资、生源、教学设施、经费投入和家庭、社会对学校的期望等,都是学校应该着力思考的,但众多因素之中,最重要的莫过于课程。课程包括显性课程和隐性课程,是学校的核心要素,学校的一切教育教学活动都是课程实施的过程。课程文化是一所学校课程的目标、内容、管理与实施以及在此基础上形成的行为习惯和价值取向,它是学校文化的核心,是学校的办学特色的直接体现。学校为学生提供什么样的教育,设置什么样的课程,学生就有什么样的素质;一所学校有什么样的特色课程,就有什么样的办学特色。没有特色课程支撑,就谈不上真正的办学特色,即使一时有了,也只能是短命的,不能持续发展。

洪都小学坐落在新中国第一架飞机、第一枚海防导弹的诞生之地,依托中航工业洪都得天独厚的航空航天文化,打造"蓝梦文化、空间教育"的品牌特色,以航空航天的母体文化为龙头,营造高远、宽松的发展环境和成长发展空间,给足师生们学习空间、心理空间和精神空间,引导学生形成远大坚卓的理想、达观向上的情怀、智慧严谨的态度、健康自由的个性,实行学生自主、健康、可持续发展。为此,学校出台了《"蓝梦文化、空间教育"实施方案》,并稳步付诸实施;组建"关于航空航天文化校本课程研究、开发和管理的研究与实践"课题组,校长亲自主持,历时一年多,编写出版了校本教材《航空梦飞无垠》,并进课表、进课堂;进行航空课程教师师徒结对,提供师资保障;学校校园网——"蓝梦网",以崭新的面貌与师生见面;开设航空航天开放日,举办"我的航天梦"征文比赛、航模作品比赛。

学校的特色教育收效显著。校本课程中,师生质疑问难,启智激趣渐成风气;社团活动中,学生动手参动脑,思考探索欲罢不能;航模队在全省青少年航空航天模型锦标赛、全国青少年航空航天模型教育竞赛总决赛等重要赛事中屡获佳绩……"励志蓝天上,求学大地中"的办学宗旨正在成为一种积极的教育实践,航空航天文化的品牌特色正在被唱响!

据悉,2014 年 7 月,洪都小学已设立洪都小学水榭花都分校。洪都小学水榭花都分校,占地面积近 12 亩,总建筑面积约 3048 平方米。校园内环形跑道、足球场、篮球场、图书馆、语音室、舞蹈房、计算机室等标准化

洪都小学小榭花都校区

建设一应俱全。学校还将为学生创设自主体验、探究的空间和场所。此外,校园网络、校园电视、广播系统班班通,高清晰、多端点的校园监控全覆盖,给师生创设了一个安全、多彩的成长空间。

洪都小学水榭花都分校毗邻江铃汽车城,校园环境精致灵秀,校园建筑分区合理,教学设施齐全先进。洪都小学领导班子决策打造"汽车文化"为洪

都小学水榭花都分校的办学特色可谓合天时、占地利、有人和。汽车是现代工业技术高度集成的作品,蕴含着无数人的创造力和探索精神,更承载了人们的情感、期望与梦想。汽车不是一般的机器,它们拥有个性,反映时代特征,体现丰富的文化思想。

洪都小学水榭花都分校将通过实施专门学科课程、特色活动课程、潜在个性课程等来倾力打造汽车文化,推行汽车科技特色教育,让学校的每一个孩子和汽车一样有灵气、有个性、有激情、有精神、有梦想、有不竭动力、有文明方向、有远大前景,追求自由,追求幸福。这和洪都小学母校"打造蓝梦文化、推行航空科技特色教育、培养有梦想能圆梦的人"可谓一脉相承。洪都小学发展又将迎来一个姹紫嫣红的春天。

(本文作者叶存洪系江西教育学院教育系主任、江西教育管理研究所所长、江西省教育管理学省级教学团队负责人,青云谱区教育发展顾问。)

第二节　蓝梦文化　成就教师梦

始终一致地追求目标,是获得幸福不可缺少的条件。作为一名教师,如果没有一份向上的追求,无欲无为,空虚懒散,便是精神的严重缺钙,这样的人很难拥有真正的幸福。著名特级教师徐世贵曾说过:"教师如果能把枯燥乏味的教育教学工作转化为其乐无穷的研究工作,这将是教师人生的一大幸事。"

学校也是教师的舞台,每一位教师在自己的一方天地里施展自身的才华,使出浑身的干劲来,专心去做好每一件事,成功之后的满足感极大地鼓舞着他们实践自己的梦想,成就自己的价值。学校经常采取请专家办讲座,外出参观学习等措施,为教师搭建施展才华的平台。引导教师树立专业理想,提升教育理念,学习并践行科学的教育策略和方法,用课题研究推动教师专业的发展和学校综合办学水平的提高。教师在研究中进步,在研究中发展,在研究中体会到了成功的快乐和幸福。

在创建"蓝梦文化"校园的过程中,学校充分发挥师生的主观能动性,积极地将"蓝梦"与课堂、与学生联系起来,积极主动地研究探索"圆梦"的方式方法,在这样的氛围中,师生员工对蓝梦学校的内涵有了更深的理解。"修德、强能、尚美、健体"的校风成为大家的共识,"乐教、善教、身教、研教"的教风成为全体教师自觉的行动,"蓝梦文化"成就了一大批圆梦的教师。

朱　婷　女,1978年5月出生,中共党员,江西省小学语文学科带头人,南昌市小学语文学科带头人,青云谱区名师,小学特高级教师,现任南昌市洪都小学校长助理。曾获"全国特色教育优秀教师","教育部课题研究工作先进个人"等多项荣誉称号;指导多位教师在省、市小学语文、品德课堂教学竞赛中获一等奖;多篇论文在省级核心刊物上发表。

万志明　中共党员,小学高级教师,南昌市青年骨干教师,现任洪都小学校务处主任。先后荣获区优秀教育工作者、师德标兵、优秀辅导员等荣誉称号;撰写的论文多次获国家省市级教育教学论文评比一、二等奖,个人论文著作多次刊登在《中国现代基础教育》《中学生导报·教学研究》《青云谱教育》等刊物上。

徐　蓉　本科学历,中共党员,小学特高级教师,现任学校教导处主任。在教育教学管理工作中,不断总结经验,积极撰写教学论文,其中多篇论文获得省、市、区级一、二等奖,并有多篇论文发表于《江西教育》等杂志;在南昌市语文素养大赛中获得一等奖,首届"青云杯"教学竞赛一等奖;指导学生参加各级各类竞赛多人次获得省、市、区一等奖。先后被评为南昌市"优秀教师","南昌市语文学科带头人","青云谱区级名师"。

杨贤炫　本科学历,小学高级教师,现任学校信息处主任。主持承担学校信息化建设,并积极参与学校视觉形象建设,学校宣传工作,全面负责校园网和学校web网站的建设和管理。多次指导学生参加省、市、区信息技术创新大寒活动获奖,总结撰写的教育教学论文发表专业刊物上和获奖,课件《田忌赛马》曾获全国中小学教师课件比赛一等奖。

万夕昆　学管处主任,中共党员,小学特高级教师,南昌市学科带头人、骨干教师,青云谱区学科带头人、骨干教师,江西省电教管特聘评委。曾荣获全国录像课二等奖,全国中航歌手大赛一等奖,组织参与多个省、市、个人课题,个人曾荣获"南昌市十佳少先队辅导员"、"青云谱区争光个人"等称号,组织学生参加各级各类比赛多次获一等奖,并被授予"南昌市艺术节最佳指导教师奖""南昌市少儿才艺大赛优秀指导教师"等称号。

范有娣　中共党员,本科学历,法学学士学位,小学高级教师,信息处副主任。先后获得"青云谱区小学语文学科骨干教师"、"南昌市第二批小学优秀青年骨干教师"、"为青云谱教育争光先进个人"等称号;2004 年,论文《语文学习重在积累》发表于《江西教育科研》;2007 年,教案《父母的爱》发表于《江西教育》,2012 年,论文《让爱悄悄走进学生心田》发表于《都市家教》;2009 年参与《阅读教学》教辅书的编写;参加了国家教育部"十五"和"十一五"重点课题。

吴建强　学管处副主任,小学特高级教师。制作的课件获第六届"全国中小学信息技术创新与实践活动"一等奖,多个课件获江西省一等奖,参与制作的《校园电视》获第二届中国校园电视节金奖,在南昌市中小学第六届"园丁杯"小学信息学科课堂教学竞赛中获一等奖,2011 年组织校管乐队参加"中港两地情青少年文艺汇演"获金奖,并连续三次被授予"为青云谱教育争光先进个人"称号。

周志强　中共党员,市骨干教师、区级名师,区数学学科带头人,现任洪都小学教导处副主任。多次参加各项教学竞赛,先后在市"园丁杯"教学竞赛、市首届数学教师素养大赛、省"赣教杯"教学竞赛获奖,被力邀参加国家级示范课,多次参与省、市级示范课、"送课下乡"活动。主持省、市级教育科研课题多项,在各级论文评比荣获一等奖,在各级刊物上发表学术论文数篇。先后指导青年教师荣获市、区级一等奖;指导学生参与各类竞赛取得好成绩。

陈璐嵘　洪都小学高级教师,学校团支部书记兼大队总辅导员,中共党员,大学本科学历(学士),中国音乐教育学会会员,江西省音乐教育会员兼秘书处秘书,江西省钢琴学会会员,江西省注册钢琴教师,南昌市音乐家协会会员,南昌市音乐学科带头人,青云谱区音乐学科带头人。曾获青云谱区小学教师教学基本功竞赛一等奖;青云谱区小学音乐学科"园丁杯"教学竞赛一等奖;南昌市青年教师声乐大赛二等奖;南昌市第二届中小学音乐教师基本功比赛一等奖;南昌市第六届"园丁杯"课堂教学一等奖;第六届全国中小学音乐优质课评比三等奖;江西省第二届"赣教杯"中小学音乐"教学能手"教学一等奖;江西省第六届中小学音乐教师基本功比赛小学组全能一等奖,四个单项(合唱指挥、钢琴、即兴伴奏、声乐)一等奖;获第六届全国中小学音乐教师基本功比赛三等奖;两次承担省级课题《智障儿童音乐课堂教学有效性研究》和《电子琴在小学音乐教学中乐感培养的研究》;多次指导青年教师参加各级各类教学竞赛及公开课展示活动。2011、2012 年连续两年被评为"为青云谱教育争光先进个人"。

胡　雯　本科学历,小学高级教师,中共党员。南昌市青云谱区骨干教师,南昌市语文学科带头人,现任学校教导处副主任。多次被评为"教坛新星"、"十佳青年教师"、"优秀少先队辅导员"、"青年岗位能手"、"先进生产工作者"、"优秀教师"、"优秀班主任"。2012 年 9 月被青云谱区评为"优秀教育工作者"、"为青云谱优秀教育争光先进个人"。积极参与并研究省级、国家级课题,并取得较好的成果。多次参加各级各类的竞赛课、示范课、观摩课,并获得不错的成绩。撰写论文 30 余篇,并有论文分别在区级、省级、全国的刊物上发表,并相继获区、市、省及国家级奖项。

戴良印　中共党员,本科学历,小学特高级教师,1998 年参加工作,现任学校教导处副主任,南昌市青年骨干教师,青云谱区数学学科名师,青云谱区数学学科带头人,青云谱区青年骨干教师;连续两届被评为"全国华罗庚奥赛优秀教练员";参与了教育部十五规划重点课题《新课程小学数学教学策略与培训模式的研究与实验》的实验工作顺利结题并取得可喜的成绩,主持多个省级课题;先后参加区级、市级教学、教案、说课等竞赛均获奖,另有多篇成果分别发表于 14 份区级以上的刊物上。

叶昌锋　洪都小学高级教师,学校工会副主席,音乐教研组长,中共党员,中国合唱协会会员,江西省音乐教育学会会员,江西省学校艺术教育先进个人,南昌市音乐家协会理事,青云谱区音乐学科带头人。曾获得南昌市音乐教师基本功大赛最佳指挥奖;南昌市优秀鼓号训练师称号及南昌地区首届"校园歌手"大赛最佳辅导奖;指导学生参加南昌市小学生合唱比赛多次获一等奖;两次获青云谱区鼓号队列比赛一等奖;多次指导教师大合唱获市、区一等奖;并三次获青云谱区校园文化展示周活动一等奖;主持省级课题《"听赏"在小学音乐教学中的地位和作用》已成功结题,并撰写同名论文获得江西省教育教学科研论文评选活动一等奖;《浅谈小学低年级视唱训练》论文在南昌市中小学艺术科学论文评比中获小学组一等奖,并在《航空普教》杂志上发表;指导学校音乐教师参加国家、省、市、区各级教学竞赛均取得优异成绩。

赵莉雅　女,小学特高级教师,南昌市品德学科带头人,南昌市优秀青年骨干教师,国家教育部"十五"、"十一五"重点课题组成员,国家三级心理咨询师,江西省首届青少年心理健康教育宣讲团成员,南昌市网上家长学校及青云谱区管理站指导专家,中共青云谱区"优秀共产党员",区"优秀教育工作者"。曾参加南昌市中小学第六届"园丁杯"教学竞赛——小学思想品德与生活(社会)课堂教学竞赛获二等奖。她在青云谱区语文教研活动、区班主任培训活动,学校家长培训活动上都做过精彩发言,还受邀到区兄弟学校——鹰潭三小去讲座,均获得高度认可。她撰写的论文多次在省市乃至国家级论文评比中获一、二等奖,有3篇论文分别发表在省市级刊物上。而且多次指导学生参加各级各类作文比赛获得一二等奖。她所带的班级也得到学校的认可、家长的赞扬、学生的喜爱。

熊　静　大专学历,小学高级教师,中共党员,南昌市优秀班主任。曾被评为"优秀少先队辅导员"、"青年岗位能手"、"优秀教师"、"优秀班主任"等。多次指导学生参赛获奖,指导学生参加南昌市"金色童年"舞蹈《井冈妞》获一等奖、优秀编导奖;指导学生参加南昌市"金色童年"舞蹈《春江水暖》获一等奖。

吴勤耘　本科学历,小学高级教师。本着"一切为了孩子,为了孩子的一切"的教育信念,为教育事业耕耘不止。从教二十余年来,所带班级成绩突出,得到家长、学校的一致好评。个人先后获得"全国十一五课题研究工作先进个人"、"南昌市十佳班主任专业技能能手"、青云谱区"优秀班主任"等荣誉称号。

胡小美　中共党员,本科学历。她有自己的教学风格,阅读教学和习作教学。曾获市级教学竞赛一等奖;她勤于动笔进行理论总结,论文、教案参与国家、市、区级比赛获奖 20 余篇;参与编写江西教育出版社《品德与社会》练习册;参与课题 3 个,主持课题 2 个,曾获"全国优秀教师"、"为区争光优秀个人"、"区骨干教师"等称号。

颜　洁　本科学历,小学高级教师,南昌市小学语文学科带头人,江西省小学语文学科优秀教师重点培养对象;2009 年 11 月执教《我爱我的家》在南昌市小学品社学科教学观摩比赛中获一等奖,2014 年 4 月执教《观书有感》在"赣教杯"江西省古诗文教学竞赛中获一等奖;所著论文在省级刊物发表并在国家、省、市获奖;多次参与国家级、省级课题研究;所带班级在各项活动中取得了优异的成绩,并被评为年度"优秀辅导员"。

杨　波　先后获得"南昌市骨干教师"、"南昌市优秀教师"和"青云谱区学科带头人"等称号,执教的优质课在全省经验交流会上进行了展示,深获好评;在全省小学语文教师基本功比赛中荣获一等奖;她撰写的论文多次在省市乃至国家级论文评比中获一、二等奖,并有多篇论文发表在《江西教育》等刊物上;她还代表江西省在全国小学语文教师素养大赛中荣获一等奖。

叶卫华　本科学历,小学高级教师,教学业务精良,所任班级学生数学基础扎实,学生乐学、爱学,教学成绩突出。近 3 年获区"青云杯教学竞赛"一等奖、南昌市"小学数学教师素养大赛"一等奖;南昌市"园丁杯"教学竞赛全市第一名。先后获得青云谱区"师德标兵"、"优秀教师"、南昌市"青年骨干教师"等称号,主持并参与过多个省、市级的课题研究,多篇论文在省、市、区获奖。

刘　飞　本科学历,小学高级教师,现任南昌市青年骨干教师、青云谱区英语学科带头人,曾获青云谱区优秀班主任称号。

赖琴华　本科学历,区青年骨干教师。积极参加各级比赛,先后荣获江西省"赣教杯"品德与生活(社会)教学竞赛特等奖、南昌市品德与生活(社会)教学竞赛一等奖、青云区"青云杯"教学竞赛一等奖等。

谭 琴 本科学历,小学一级教师。2008 年 10 月,在南昌市优质课教学观摩比赛中荣获一等奖;2008 年 11 月,在青云谱区优质课比赛中荣获一等奖;2009 年 9 月,被评为"为青云谱区争光先进个人";2012 年 11 月,被授予青云谱区"小学数学学科青年骨干教师"称号;2013 年 10 月,制作的课件《认识厘米》荣获江西省一等奖;撰写的多篇论文获省级市级一、二等奖并发表于教育教学刊物上;辅导学生参加竞赛均取得良好成绩并被授予优秀辅导员奖和指导奖。

熊凤凰 中共党员,小学语文高级教师。先后获"区骨干教师"、"区优秀班主任"、"区优秀团干"等称号;全国"十一五"重点课题成员,撰写的教育教学论文、案例多篇获国家级、省市区级一、二等奖;获区中小学教师基本功竞赛二等奖,辅导学生参加市、区级习作竞赛获一等奖;所带班级被评为"区先进班集体"。

陈乐轩 本科学历,区级骨干教师。论文多次在省、市、区各级论文评比中获奖;在青云谱区小学数学优质课教学比赛中获二等奖,在青云谱区小学数学教学竞赛中获二等奖并获学校首届"飞翔杯"教学竞赛一等奖,执教的《分数的意义》获江西省中小学、幼儿园教师优秀教学资源评比活动三等奖及市级一等奖,2011 年参加青云谱区"青云杯"教学竞赛获青年教师组二等奖。

许 婧 本科学历,小学一级教师。先后被评为南昌市洪都小学青年骨干教师、青云谱区优秀团员、青云谱区小学语文学科青年骨干教师。获校首届班主任素养大赛一等奖;校"蓝梦杯"教学团体赛三等奖、江西省教师基本功比赛三等奖、《中国教师报》征文比赛二等奖、江西省"与课改同成长"征文比赛二等奖,多次承担学校公开课教学任务。近年来,参与南昌市课题研究两个,发表教育教学论文五篇,近二十篇教育教学论文和案例获奖,其中全国三等奖 1 篇;江西省一等奖 3 篇、三等奖 2 篇;南昌市一等奖、二等奖各 6 篇。辅导学生参加南昌市习作比赛获一等奖,全省写作大赛获二等奖。

饶 玉 本科学历,小学高级英语教师。曾经获得过多项荣誉:"为校争光先进个人"、"区骨干教师"、"省基础教育网络课程优秀执教教师"。参加市教师基本功比赛获二等奖,参加市园丁杯获二等奖,设计的课例《Where is the shoe store?》以及制作的课件《What does she do?》均获市一等奖,撰写的论文《拨动小学英语课堂》等多次荣获国家级、省级奖项。多次参加市、区组织的观摩课和示范课,均受到好评。指导学生多次参加各级各类英语竞赛,学生多次获得国家级、省级一等奖。

　　周芳静　南昌幼儿师范学校毕业,幼教高级教师、小学高级教师,南昌市青云谱区音乐骨干教师。论文《浅谈幼儿期情商教育》获南昌市二等奖,论文《浅谈素质教育在小学语文教学中的方法》获南昌市一等奖,2008 年训练青云谱小学团体操比赛荣获青云谱区二等奖;2009 年论文《浅谈小学语文教学中的快乐教学》南昌市一等奖,青云谱区音乐教学三等奖;2010 年全国优秀课件比赛获得小学组个人二等奖;2011 年青云谱区音乐教学竞赛笔试一等奖;2013 年《蓝梦之旅》获得第十届中国中小学校园影视校园专题评比铜奖,本人获得音乐剧《蓝梦之旅》"优秀指导老师"称号;2012 年被评为青云谱区小学音乐骨干教师。

　　邹文娟　本科学历,小学高级教师,区骨干教师。所执教的《学习建议书》一课荣获市级习作教学竞赛一等奖;积极参与国家教育部"十五""十一五"重点课题研究,撰写的多篇论文分获国家级、省级一、二等奖;所任教的班级成绩优秀,多次被评为优秀班集体;指导多名学生参加市级区级小学生阅读习作竞赛获一、二等奖,个人获优秀指导教师奖;先后被评为洪都小学"教坛新星"、"语文学科骨干教师"、"优秀辅导员"等。

　　王娜霞　本科学历,小学英语高级教师。曾多次指导学生参加全国小学生英语竞赛分别获省市级一等奖,指导学生参加全国 CCTV 英语风采大赛多人获全国一等奖。积极撰写教育教学论文,其中十余篇获市级二等奖,一篇获全国二等奖。在 2011 年区"青云杯"教学竞赛中获三等奖,2012 年被授予青云谱区"小学英语学科青年骨干教师"称号,2013 年被评为青云谱区"优秀教师"。

第三节　蓝梦文化　助圆学生梦

　　孩子们是充满梦想的,孩子们的好奇心是无限的,孩子们的精力是充沛的。作为教师如果我们想到的只是堵,怕得是每天疲惫不堪又不见效果;想不出更好的方式将孩子们旺盛的精力加以疏导甚至利用,那我们就是"教不好的教师"。

　　对此,我们做足功课,想尽办法给孩子们提供各种活动的平台,让大家在活动中发展智能,在活动中逐梦、圆梦,在活动中成长。

一、军训感想

学生军训

　　说到军训,由陌生到相识,再由结识到后来的难舍难分。对我来说,军训不但培养人吃苦耐劳的精神,而且能磨炼人的坚强意志。它让我明白了很多人生哲理,其中让我感触最深的是,一分耕耘,一分收获;特别是面对艰苦环境时,我们应该坚强,勇敢面对,而不是逃避,畏首畏尾。

　　经过这三天的军训,我深有体会,每天的立正、稍息、下蹲、摆臂、踏步这些基本动作我们要反反复复地不停地做着,这些动作看起来非常简单,而做起来却没那么容易了。教官对动作的准确性要求得非常严格,对同学们也拥有很高的期望,所以我们每稍微做错了一点,都要重做十个乃至几十个,每天半个小时的体能训练几乎把我们班的同学累得上气不接下气,全身发痛。不过,我们并没有因此而对教官有半点的怨言。我们知道教官心里还是挺关心我们的。有一次,一个同学忽然在训练的时候摔跤了,摔破了皮,但按照军训的规矩,仍然要继续跑。只见那位同学的伤口流出越来越多的血,教官决定破例一次,把同学扶去医务室。这艰苦的三天军训生活,我们每天都一起体会军人生活的艰辛与乐趣。

　　这短短的三天时间在我们在人生的驿站中留下不少难忘的印记。校园里不但有我们班整齐的步伐,也回荡着我们班阵阵洪亮的口号声……

(2009 级 13 班邓礼暄)

二、航模赛感

　　2013 届学生李宇松回顾自己圆梦的经历。他说:去年暑假,我参加了江西省青少年航空航天航海建筑模型锦标赛,获得了小学男子组"天戈"遥控直升机障碍赛个人第一名的好成绩。随后,我又代表江西省参加了第十三届"飞向北

航模表演

京,飞向太空"全国青少年航空航天模型教育竞赛总决赛,获得了小学男子组"天戈"遥控直升机障碍赛个人二等奖。参加航模训练和比赛,使我受益匪浅,终生难忘。

　　我从小生活在洪都大院,听着飞机的轰鸣声长大,对航空非常有兴趣,大家都叫我"航空迷"。去年学校开办了航模班,我立即报了名。6 月份,当得知我要参加江西省航模比赛时,距离比赛时间只有一个月了,暑假里,学校组织

我们进行集训,我参加的项目是"天戈"遥控直升机障碍赛,这是一项难度大并且很有挑战性的比赛,主要考验选手的左右手协调能力及操控能力,需要大脑快速反应和极强的应变能力。开始我很感兴趣,基础训练也比较顺利,很快学会了遥控直升机上升、下降、前进、后退、左漂移、右漂移等,但最难的是遥控螺旋桨直径为25厘米的直升机,穿越直径35厘米的圆环"山门",因为飞机偏离圆环中心一点儿,飞机就会碰到环而坠落下来。我很紧张也很恐惧,生怕把飞机摔坏。在教练的指导帮助下,我鼓起勇气尝试了几次,但都没有穿越过去,有一次飞机重重地摔了下来,螺旋桨摔断了,我心疼极了,也很沮丧;另外总是反复做同一个动作,我感到很厌倦。教练对我说:"失败乃成功之母,一定要有战胜困难的信心和勇气,找出失败的原因,刻苦训练,坚持就会胜利。"我想着要参加大赛,为学校争光,暗下决心一定要好好训练,取得好成绩。在教练的帮助下,我战胜了恐惧心理,按照教练告诉我的飞行要领,我一边仔细琢磨,一边全神贯注地遥控飞行。经过多次训练,我终于成功了,能够顺利地使遥控直升机穿越直径35厘米的圆环"山门"了!

暑假集训中,为了保证飞行方向的准确性,我每天顶着烈日坚持到训练场地训练。在37.8度的高温天气里,我们不仅不能开电风扇,而且还要忍受蚊虫的叮咬,一练就是几个小时,每次都是汗流浃背,人也晒黑了,就连一向支持我的妈妈也心疼得不得了,委婉地劝我说:"参与一下就行了,没必要每天都去。"但我像着了迷似的坚持要去,我对妈妈说:"我不怕累,我一定要取得好成绩,不仅参加全省的比赛,还要参加全国的比赛,我一定行的,您就让我去吧。"在我的坚持下,妈妈只好答应了。一分耕耘一分收获,辛勤付出的汗水最终浇灌出了成功的花朵,在之后的全省和全国的比赛中,我沉着应战,最终取得了好成绩,全国比赛还获得了满分。这是我第一次参加大型比赛,但是成绩和荣誉是属于昨天的。通过航模训练和比赛,我收获了成功的喜悦,更增强了我以后战胜困难的信心和勇气,磨砺了我的意志,提高了我的动手能力,也使我从小立志:献身建设强大祖国。

三、管乐训练

四年级徐沐月说:我早就听说女孩子吹长笛的样子很优雅,长笛很轻巧,不管走到那里都能随身带着,我还听说长笛是西洋乐器,已流传了好几个世纪,在交响乐队中常担任主要旋律,还是重要的独奏乐器。每次看见学校铜管乐队的同学们精彩的表演我就羡慕得不行。

校管乐队参加演出

学校管弦乐乐队终于要招新队员了!我第一时间就报了名,选择了我最喜爱的长笛。报名后我只要一想到马上要学吹长笛了,心里就会有一种说不出的快乐。

可真正学起来,我才知道学习长笛并不如我想象得那么轻松。记得我第一次学吹长笛,吴老师先让我拿着笛头练吹气。我张着嘴大口吹,只听见低弱的"嘘嘘"声。在吴老师的帮助下才把长笛吹响,但吹得时间长了,就会头昏眼花。这时,我对长笛的印象也不像刚开始那么好了。吴老师知道后对我说,刚开始吹可能会有头昏眼花的这种现象,但是经常吹后就会慢慢好的。妈妈知道后笑着鼓励我说:万事开头难,只要你坚持,一定能行的!真的,我坚持了一个学期,虽然还会头昏眼花,但比刚学的时候好多了。现在我能吹简单的小曲了,还参加过学校的演出呢。

通过学习吹长笛,我体会到:凡事开头难,只要努力就会有收获。我相信只要努力,在不久的将来我一定能和万老师一样自如地用长笛演奏出婉转动听、热情奔放的声音。

四、我爱书吧

"作文没有秘诀,但有规律可循。学习名家名著,领悟其中精妙⋯⋯"这是我在蓝梦书吧里的一本书中看到的一句话。

以前我们学校没开设蓝梦书吧时,我们个个在校园里跑来跑去,你追我打,闹得校园有失安宁。自从开设了蓝梦书吧后,我们一个个都"弃暗投明",每天一有时间就到蓝梦书吧看书。我最喜欢看《皮皮鲁之鬼车》《校园幽默系列》《安徒生童话》等等。蓝梦书吧的开放,对我来说是上

蓝梦书吧

天给我的一个丰厚的礼物,它就是我每时每刻都少不了的亲密伙伴。每当我悲伤时,我会走进蓝梦书吧,拿起一本幽默故事集,悲伤就挥之而去了;每当我愤怒时,我会走进蓝梦书吧,拿起一本哲理故事书,愤怒一下子就被我抛到九霄云外去了,取而代之迎接我的是快乐;每当我无聊时,我不由自主地走进蓝梦书吧,拿起一本故事书,一下子就觉得不再那么无聊了。蓝梦书吧有很多好处,第一,可以收获课本上没有的知识;第二,对我们提高作文的水平有帮助;第三,可以舒畅我们的心情,让我们的心平静下来……

同学们,蓝梦书吧对我们有百利而无一害,我希望大家多多到蓝梦书吧去领略知识。

五、成就梦想

五年级学生晏子喻在谈到个人成长历程时说:在我的人生道路上,许多事就像天上的云朵渐渐远去、消逝,但是能参加学校合唱团,却是我在小学阶段最令人难忘的事。

由于声音条件出色,我被挑选参加学校的合唱团。当时因为要参加各种比赛,所以训练任务很重,我们每天在辅导老师万老师的带领下紧锣密鼓地训练。

每天下午一下课,我便背着书包飞快地来到训练室,老师给我们整好队,分高低声部按要求排练起来。在优美的钢琴伴奏下,在万老师刚柔并济的指挥下,终于有一天,我们唱出了活泼优美的《爱我中华》和深情款款的《妈妈教

我一首歌》。这让我们这群入团时五音还识不全的小孩无比自豪。

一天天过去了,临近期末考试,各级别的比赛也接踵而至,而训练任务也越来越重。一边是繁重的学习任务,一边是紧张的合唱训练,同学们常常感到很辛苦,在训练的

学校文艺活动

休息时间,经常可以看见同学们抓紧时间在座位上写作业、复习。集合令一响,同学们就赶忙站起来认真地排练起来。六月的气温很高,排练室又没有空调,老师和同学们要训练整整一个下午。大家忍受着高温的煎熬和蚊子不断地骚扰,嗓子唱得直冒烟,但大家从不喊苦,喝口水,又继续唱;汗沿着发梢直往下流,用纸巾擦擦;蚊子叮得脚上直痒痒,擦点风油精。听到优美的钢琴伴奏,看到老师刚柔并济的指挥,我就忘记了这一切辛劳。优美的、活泼的、深情的旋律从大家的口中唱出来,从大家的心里飞出来。终于,我们在参加各级比赛时,力战群雄,取得了市里第一名的好成绩。

合唱团的训练仿佛就在昨天,令我难以忘怀。经过那一段时间的训练,我明白了一个道理:只要努力,才会有收获。这正是:宝剑锋从磨砺出,梅花香自苦寒来。

第四节 蓝梦文化 促飞学校梦

随着素质教育的深入实施,"蓝梦文化"的真谛深入人心,学校迎来了翻

天覆地的变化。围绕教育理念、育人目标、教学内容,培养方式发生了颠覆性、革命性变化,学生对学习的情感、态度、价值取向发生了质的变化,教师的精神面貌、职业道德、专业素养发生了根本性变化,学校的管理模式、文化氛围、制度建设发生了本质性变化。洪都小学的党员干部由此形成的"德能勤绩廉",即"德高品优人格强,能决善导敢担当,勤政务实作风良,绩效显著屡争光,廉洁自律心坦荡";洪都小学的教师凝聚成的"五让",即"让学校工作因我而精彩,让教师团队因我而自豪,让师生关系因我而和谐,让学生素质因我而提升,让家长心情因我而舒畅"。让别人因我的存在而感到幸福,已成为全体"洪小人"的共同追求。蓝梦进而内化为精神与物质的双重收获,丰富和诠释了素质教育内涵。

在学校精神方面,思想观念、情感道德、心智意志,起到了引领思想、凝聚力量的作用,充分体现了学校发展的意志。

在核心理念方面,从启迪育人智慧、人文取向、求真求善的培养方向将抽象变为具体,恰当地把握了发展取向。

在育人目标方面,倡导崇德论智、弥新尚美、志趣生命、立德树人,并且实施可持续性发展,体现了人的生命的逻辑性,蕴涵了生命发展的道理。

在办学特色方面,体现了鲜明特点,表达了审美观念,展示了个性,做到了因地制宜、实事求是,又注重了独特风格,展示了不可复制的魅力。

在校风校品方向,做到了积极培养德行,造就品性,培育人性,在纯洁道德、强化能力上做文章,使师生养成具有高尚的美德,具有报效国家的责任心和能力。

在教风教德方面,提倡择善慎独、沉钩致远,以维护职业的神圣,培育良好的习性,教人以方法,内图个性发展,外图贡献于社会。

在学风学养方面,努力培植追索原理、展示风姿,树立博大胸襟,坚定笃志理性,做到知行合一,自主自立,倡导合作共赢的理念。

在校训校格方面,确定了精神信念,激励了师生思想,昭示学校发展方向,确立了核心价值取向、特色发展的航标。

在校长文化方向,自觉践行当代教育理念,力做教育思想的探究者、教书树人的智者,示范了职业境界,传播了道德与道义,确立了精神之典范。

在组织文化方面,制定了结构严整、内容缜密、格局远大、情智相融的章典制度,既规范了行为,彰显了关心关注个人的需要,又规范了长效愿景。

在课程文化方面,汇集了人本精神,代言了时代声音,深度挖掘了地方资源,回归到了自然生活。

在课堂文化方面,注重了生命意识、人本意识、能力视野的培养,注重师生尊重平等、全面育人观念,打造出开放的模式,形成发展的方向。

在活动文化方面,学校的社团组织、兴趣活动小组,蓬勃了学生精神,张扬了学生个性,培育了学生心智,和谐了学校氛围。

在教师文化方面,做到了教书育人先善其德,学为人师,行为世范,厚德载物,化育天下,示高尚之情操,行育人之规则。

在学生文化方面,倡导行为尚美,讲道德存道义,襟怀远大,群体气象昂扬,价值取向求真求实,尊重个性禀赋,养育高尚之志趣。,

在班级文化方面,力求充实生生之情感,平和生生之心态,追求审美,强化和谐氛围,滋养人的生命,营造归属感,形成互帮互助的人际关系。

在楼宇文化方面,无论楼宇命名、风格格调,做到让墙壁说话,既美化了环境,又陶冶了情操,形成了审美艺术的向往。

在校门围墙文化方面,充分展示了学校特色,升华了学校气质,创意了审美,形成了学校文化的窗口,办学理念得到物化。

在校道文化方面,传播了教育理念,记录了育人风格,表达了学校意志,体现了学校意境,形成了空间教育长廊。

在雕塑文化方面,物化了理念时空想象,焕发出喷薄的激情,释放了学生灵性,震撼了学生心灵,绵长了宏伟志向,凝成了理想的旗帜。

在角域文化方面,延伸了活动,导航了兴趣志向,拓展了智慧碰撞,进一步激励了情感,丰富了学生志向,形成共知共鸣群体。

在展室文化方面,记录了学校往事,承重了时代精神,联想到峥嵘岁月,激励了情感,形成继承光荣传统的场域。

如此巨大而深刻的变化,自然不是"蓝梦"二字所能涵盖的。为什么我们对她情有独钟？因为"蓝梦"二字，源自学生的视角，发自学生的肺腑，出自学生的口中，是学生感受这一切变化的质朴无华的描述！

促进学生健康发展，是学校一切工作的出发点和落脚点。对学校办学特色的归纳与提炼，还有什么比学生自然真实的感受与评价更为贴切、更为经典？

我们在圆梦的路上积极探索，在获得良好社会声誉的同时，也引起了各级领导和同行的广泛关注。

曾经，江西省中小学实施素质教育工作督导评估组对学校开阔的办学视野、师生的幸福感受感到欣慰，对学校深化改革全面、有创新思维特色感到高兴，对现阶段扎实有效开展的师德和学生德育工作、科研工作给予充分肯定；

曾经，航空部普教司何处长亲临学校视察，对学校办学成就给予了高度的肯定；

曾经，洪都集团历任领导吴铭望、李万新、姜亮、田民、吴方辉、郭学勤、熊敏等，给予学校极大的关心，为学校的发展注入了强劲的发展动力，奠定了展翅飞翔的基础；

曾经，俄罗斯专家夫人莅临学校参观，强化了中俄两国文化交流；

曾经，江西省人民政府教育督导室主任王晓阳、巡视员熊焰来校视察工作，对"蓝梦文化"的打造给予了充分的肯定；

曾经，南昌市副市长罗慧芬来校视察工作，对学校办学理念给予了充分的肯定和高度的评价；

曾经，南昌市教育局党委书记、局长熊晓武、魏国华、副局长喻水保、邵梅珍莅临我校视察指导工作，希望继续发挥优势，办好人民满意教育；

曾经，南昌市政协副主席刘运来来我校视察工作，高度评价了学校近年来各项工作发展和所取得的成绩，对学校注重学生全面发展的做法、团结务实的领导班子、行之有效的管理措施和坚忍不拔、艰苦奋斗的创业精神表示赞许；

曾经，中共青云谱区委书记朱志群、周亮、胡晓海，区长罗蜀强、黄之猛、孙毅来校视察。他们指出：洪都小学要发扬"航空精神"，传承八大山人文化，服务全区发展大局;打造品牌,突显特色,引领青云谱区教育发展! 围绕"全区第一、全市一流、全省知名"的目标,明确"德育示范校、智育先进学校、体育品牌学校、美育特色学校、劳功实践学校"五个定位,树立"开放、争先、和谐、看点"四种理念,坚持以人发展为本,深化教育教学改革,凸显学校办学特色,把洪都小学办成"管理科学、理念先进、队伍优化、特色鲜明"的现代化品牌学校;

　　曾经,广州市教育考察团以及福建校长考察团来我校参观考察,对学校的教育理念表示高度赞同,对学校平安、和谐、温馨的校园环境给予了很高的评价;

　　曾经,全国航空航天部普教协会考察团来我校考察交流,对学校综合办学水平给予了高度评价;

　　曾经,全国特级教师支玉恒、王松舟,省教研室黄建国主任、教育专家肖鉴铿、孙恭伟来校指导,给学校予以巨大的智力支撑;

　　曾经,全国部分企事业办学校校长来我校参观交流,高度评价了我校的办学水平、学生管理工作的创新理念和特色教育方法,赞扬了学校开展素质教育取得的成效;

　　曾经,参加全国城区基础教育研讨会的校长来校参观指导;

　　曾经,航空部第 5 期全国中小学校长研修班学员莅临我校学习交流,相互学习,相互取经,力求更好;

　　曾经,进贤县校长考察团来校参观学习,与学校结成友好帮扶学校,许多老师在听完课后深有感触地说:"这样的业务对接活动,让我们受到很大启发,对我们提高教学水平、教学质量,培养孩子们的创造力,推进素质教育的确有很大的帮助。"

　　曾经,全省"内涵式发展"课题研究组的同仁们,一起汇聚到洪都小学,共同研讨洪小发展模式,大家认为洪小以其筚路蓝缕、卓有实效的探索让大家明白:教育是朴素的。洪小模式,一个显著的特点是学生从"宾语"变成了"主语",学生不再是沉默的大多数,而是学习的真正主人;

　　曾经,全国课程专业委员会秘书长张廷凯,华东师大范国睿院长,李念金博士、叶存洪教授、多次亲临学校，为学校发展做高端指引，关心、关注学校每一步的发展……

这些都是曾经的荣耀，我们决不满足，更不会止步，因为历练是拥有教育智慧之关键。我们将一如既往地奋发向上，赢得更多的属于洪都小学的荣誉。

在探索"蓝梦文化"教育的路上，我们经受历练，收获着幸福的果实。这是一个体验"梦"的过程，更是一种充满创造的过程。这个过程是艰辛的，更是幸福的，因为我们在走我们开创的路，纵有风雨，依然前行！我们永远不会满足，更不会裹足不前，因为我们还要在不断超越中成就更加美好的人生。

从初创时期的国营 320 厂子弟学校，到 21 世纪的南昌市洪都小学，

洪小一路风尘，一路撒播文明与希望。

无数精彩的回眸，不过是挂一漏万的时空讲述，刷新的只是起跑线，

还有冉冉东升的太阳。

教育，是一缕东风，吹开大河两岸的万千桃李。

教育，是一首诗，感恩的行人在跋涉的路上反复吟唱。

教育，是一个梦，洪小就是梦飞翔的地方。

梦在前方，路在脚下，

洪都小学，让梦飞翔

因为努力，我们终将超越梦想！

附录1 洪都小学学校建校情况及历任领导

一、建校初期 1952—1959 年

1951 年 4 月 17 日,中央人民政府、人民革命委员会和政务院颁发了《关于航空工业建设的决定》。在江西省邵式平主席亲自指挥下,在南昌青云谱区原国民党政府遗留下来的飞机修理厂组建了江西机械厂,代号 320 厂。为解决职工子女读书问题,根据"国家鼓励企业、事业单位和其他社会力量,在当地人民政府统一管理下,按照国家规定的基本要求,举办义务教育法规的各类学校,1952 年建立起职工子弟学校,命名为"洪都机械厂职工子弟学校"。当年招收首批一至六年级学生 326 名,教职工 30 余名。学校隶属行政总务科管理,教师分别从全省各师范学校选调组成,校长由厂党委委员、组织部长徐莲娇兼任。黎汉元为学校筹备主要负责人,后转任校长,陈常英为教务主任。

校园规划占地 78 亩。整个校园完全按照苏联设计师设计实施,一排排教学楼布局有序,运动场地、教学设施、路面硬化,校园绿化美化均按照城市化标准配备,连学生使用的桌椅都采用苏式连凳翻盖书桌,使之成为当时全新式、高标准、高起点的学校。学校的建立,为职工子女入学创造了优异的条件。

学校建立起来了,如何进行有效管理,黎汉元校长率领领导班子做了大量基础性工作。根据国家和上级教育主管部门的有关规定,制定了各项管理规章制度,树立学校"以教学为中心"的办学理念。

1. 教育教学管理制度:包括教学大纲、教学计划、教师工作量制、集体备课制、考试考查制、教学质量评估制等。学校领导把凯洛夫的教育思想引进到教学管理之中,强调钻研教材是改进教学的中心环节,掌握教材的思想性、目的性和科学性是教学中的重要环节。教师在实施教学过程中必须掌握五大教育原则,即直观性、积极性、巩固性、系统性、量力性。上课要求把握好"组

织教学、检查复问、进行
新课、巩固知识、布置作
业"五个教学环节。

2.学生学习制度：包
括学生守则、课堂常规、
预习制度、听讲制度、作
业要求、考试纪律、考试
评价、实验规则、课外活
动等。在教学质量评价
方面，学校全面推进五分

黎汉元校长

积分法。五分为优，四分为良，三分为及格。

3.思想政治教育制度：包括德育目标管理制、考勤考核制、奖惩制、班主任
工作制和德育评价制度。其中奖励制度方面：包括"三好学生、优秀学生干部
和优秀班集体"评选制。学校坚持对学生进行正面教育，明确提出了争创先
进班级、优秀学生的要求，鼓励他们上进，号召大家争创优秀班级，做优秀学
生。为激发学生的荣誉感，优秀班集体都用革命先烈的名字来命名，如邱少
云班，黄继光班，董存瑞班等。

4.学生自我教育制度：包括一日生活制、小组生活制、班会制、教室值日
制、少先队组织管理制度等。学校明确要求：少先队必须抓好队龄前儿童的
队前教育，采取直观、形象、生动、活泼的教育手段，帮助儿童初步了解少先队
的性质、任务、光荣历史及奋斗目标；逐步明确少先队员的权利和任务，从而
引导他们热爱少先队，向往少先队，早日加入少先队；同时教育他们学习做队
组织的主人，用实际行动为红领巾增添光彩。

5.行政管理制度：为实施有效的管理，学校制订了教师的教书育人、管理
育人、服务育人的工作制度和表彰奖励制度。

为加强落实党对学校的领导，设置了学校党、团组织机构和教育行政管
理机构。实行党支部领导下的校长负责制。校长负责全面领导全校行政工
作，主管副校长分别领导教导处和总务处两处。

学校党支部认真贯彻执行党的教育方针,围绕提高教育教学质量做了大量的工作,取得了相当优异的成绩。学校主张以思想好、学习好、身体好"三好"作为评价学生的基本条件。为了贯彻党的教育方针,学校采取了一系列行之有效的措施:一是重视学生的思想品质教育,对学生的成长全面负责;二是开展了《学生守则》的教育,把贯彻《学生守则》作为这个时期政治思想教育的主要内容;三是进行学习目的性教育,逐步培养独立思考的精神,使学生能牢固掌握科学知识;四是加强集体主义教育,使学生关心和爱护集体,能生气勃勃精神饱满地学习;五是加强健康教育,重视体能训练和文体活动。

6.班主任工作制度。为了使全体学生能健康成长,学校对班主任提出了明确的要求:班主任必须经常接触学生,基本了解每个学生的思想、学业、健康、个人爱好特长、家庭情况等;一年至少上门访问学生家长一次,一学期必须举行一次家长座谈会;平时经常与任课老师保持联系,每月召开一次班级任课教师会议,研究教与学工作;同时,还要求班主任每月向学生作一次时政报告,发现成绩下降的同学及时研究原因,与任课老师商量出具体帮助办法等。

1958 年学校工作报道

上述措施的制订及执行,为洪都小学今后的发展奠定了基础。

1958 年,一场大规模的"大跃进"运动,在全国各地蓬勃兴起,学校师生员工全部参与了进去。学校的校办工厂、校办农场就是在这种国家工业大发展的形势下创办起来的,目的是为了配合学生的学工、学农,做学生劳动实践场地。学校在工厂主管领导和有关部门支持下,派遣技术人员,调拨各种设备,供学校使用,主要为工厂生产辅助配件鱼口钳、扳手等产品,生产效益较好,一度解决了学校办学经费问题。这年接着又开展了一场轰轰烈烈群众爱国卫生运动。按照要求,学校室内卫生要求做到“六面光”,而除“四害”中的灭老鼠、打麻雀是学生必须完成的两项任务。为此,不少学生学会了自制弹弓打麻雀,自制捕鼠器抓老鼠,每天上课学生将自己的战利品逐个清数上交。为了达到“六面光”,学生把课桌椅搬的搬、抬的抬、拖的拖,全部弄到水塘边,几个人挽起衣袖,在塘边洗刷;有人干脆拿了脸盆,端着水往桌子上冲,地上的污水向塘里沟里流。教室里也一片忙碌,擦玻璃窗,打扫屋梁,抹亭柱。还有更多的学生走上街头参加义务劳动,帮助打扫家属区、街道等公共场所卫生。在学生个人卫生方面,学校按照要求加强了学生个人卫生检查,如理发、剪指甲、洗手、刷牙、勤洗衣裤、传染性肠道疾病的预防等。这些文明举措,为学生养成良好卫生习惯打下了基础。在“大跃进”中,学校建立了数个“工厂”,还有小型农场。这些工厂和农场通过师生的努力,取得了惊人的成绩,试制成功新产品十余种,为国家完成产值六万余元。为此,全市教育系统勤工俭学工作会议选在洪都子弟学校举行,这是南昌市第一次因学校工作出色而举行的会议。会议认真总结了学校依靠工厂的支持,立足学校,充分发挥师生的聪明才智,群策群力,积极融入社会主义建设事业之中,走出了一条“厂校结合,学、教、做相结合”的发展道路,是“教育与生产劳动相结合”的典范,为国家的发展做出了积极贡献。《江西日报》1958年6月11日第一版对于学校的办学成果作了专题报道。

随着国家的重视和支持,工厂快速发展壮大,职工队伍迅速扩大,学校生员也逐年增加,设施设备进一步完善,逐步发展成为全日制完全学校。小学生由二、三个教学班,发展到七、八个教学班,初中学生开始每年有两个教学班毕业,毕业后的学生进入南昌市内学校深造。1959年,厂领导根据省政府鼓励企业大办教育的要求,同时,为解决子女进市内读书不方便的问题,决定在学校原有基础上,自行增办高中教育。由此形成小学、初中、高中十二年一贯制学校。学生各类升学考试到南昌市内条件较好的五中、二中进行。由于工厂领导的重视,加强了教学思想的领导,防止重复教学与政治、生产、现实相脱节的老路,在教学过程中以教育方针为指导思想,坚持红专统一,教育(理论)与实践(劳动)一致,树立一种认真读书、关心政治、热爱劳动的新学风。学校师生迸发出冲天的干劲,教师勤教,学生勤学(见《江西日报》报道)教育教学质量迅速提升,学校一跃成为当时教育战线一颗耀眼的新星,受到南昌市教育局表彰,并在学校召开了隆重的经验交流会,省、市教育行政部门领导,南昌市各学校校长、主任百余人参会,一炮打响了洪都教育品牌。

中小学校长:黎汉元

副校长:熊政文

教导主任:王京、王寿山负责中学,黄时健、徐曼霞负责小学

总辅导员:徐曼霞(兼)

二、1960—1964 年

六十年代,由于国民经济遭受严重的自然灾害,食物短缺严重影响到师生的健康,1960 年 6 月,国务院发布了关于保证学生、教师身体健康和劳逸结合的指示。工厂主管领导亲自来校做了传达,学校领导把关心师生健康,注意劳逸结合作为一项重要的政治任务来完成,对教育教学、劳动、生活作了合理的安排,制订了具体措施:

1.调整作息时间,坚决保证学生每天学习劳动自修不超过八小时,要求教师结合教学实际,精简教材内容,提高讲课质量,尽量减少学生课外作业。

2.控制开展各种社会活动,尽量减少不必要的会议。适当调整教师的工作量,保证教师每天有八小时的睡眠时间。

3.党支部书记挂帅,工会、团干部参加,组织生活福利委员会,负责管理生活,帮助解决群众危难。同时,学校进一步明确要控制开展文体活动,运动量大的不搞,不开运动会,不搞评比竞赛,只要认真做好早操和课间操即可。同时,还加强了对疾病的预防和治疗。

由于措施得当,教师有了充分的休息时间,生活得到了初步改善,健康情

况大有好转,发病人数逐渐减少。

为了缓解国家经济严重困难时期造成的生活困难,国家教育部制定了《中华人民共和国全日制中小学暂行工作条例》(草案初稿),江西省教育厅随后制定了《江西省全日制教育若干问题的暂行规定》(草案)。这两个文件都明确指出:全日制中小学必须以教学为主,把提高教学质量作为经常的中心任务,教学中必须发挥教师的作用,切实保证足够的教学时间。学校按照文件精神,全面贯彻以教学为主的原则,整顿了教学组织,调整了学制,整编了教材,加强了学生的基础知识和基本技能教学。

4.加强了学生的教育管理。针对低年级的学生刚跨入学校大门不久,在这学习的初级阶段,虽然有学习的热情和欲望,但一时还摆脱不了儿童养成的以玩为主的习惯,表现在课堂静不下、坐不安,缺乏学习的持久性和刻苦性。针对这种情况,学校结合贯彻《规定》精神,注重培养学生良好的学习品质、学习习惯、学习兴趣,为他们今后的学习和生活打下坚实的基础。学习上要求遵循由浅入深、循序渐进的原则,不能随意削减上课时间和降低要求。学生应该遵守学校规定的学习纪律,按时上课、实习、完成规定的作业,在学业上必须达到一定的标准。同时,帮助学生树立正确的学习态度,用名人好学精神、科学家的伟大成就,来激励学生热爱学习、勤奋学习。

1962年,学校在加强基础知识和基本技能的教学和训练方面,提出了新的要求:以教材系统为经,以学生的实际为纬,依照教学大纲提示的重点内容进行教学;严格教学纪律,教师要上有准备的课,保证教学质量;学生按时上课学习,独立自修,按时完成作业;课堂教学强调精讲多练,多用启发式教学法,引导学生积极思维,做好"学和思"结合、"学和练"结合;教师的课外辅导抓好两头,一头是拔尖子生,一头是帮学困生,还组织学生之间开展"一帮一"的互帮机制,弥补教师的帮教面;教务处还组织领导开展教育和教学科研活动,研究的课题有"少而精""启发式"教学的成功经验、"双基教学"如何综合运用知识和技能进行灵活训练、课堂教学如何培养学生逻辑思维能力和创造精神、怎样指导学生主动扩大自己的知识领域向有益的方向发展、教师管教又管导既教书又教人等等。

随着学校发展成为中小学全日制完全学校,教育管理、教学交流工作与市教育局接触日益增多,为加强对口管理,厂党委决定单独成立学校党支部,行政直接归人事教育副厂长主管,派遣李定佐同志担任学校党支部书记,全面负责教育系统党务工作。

第一校长:敖海瑞全面负责

党支部书记:李定佐

第二校长:黎汉元(主管中学教育)

副校长:熊政文(主管后勤)

金玉英(主管小学)

小学教务主任:黄时健

教务副主任:徐曼霞、黄赞平

中学教务主任:蔡宜祥

教务副主任:王京、王寿山

团总支书记:郭勋渭

敖海瑞校长

三、1965—1967 年

为加强学校思想教育工作,学校深入开展"向雷锋同志学习"活动,在少先队员中开展少先队知识教育,引导他们在日常的学习生活中,以雷锋叔叔为榜样,以"人民的利益高于一切"为准则,懂得工人、农民、解放军和其他劳动者都是人民;广泛地进行爱祖国、爱人民的教育,要求从入学的第一天做起,从教学简单常用的礼貌用语开始,通过儿童所喜爱的唱歌、游戏、舞蹈、讲故事等形式,向学生集中进行初期的起点教育,引导少先队员逐步养成心中有他人、懂礼貌、讲谦让、言行一致的好习惯。

1965 年 8 月由于入学学生人数不断增长,原有的办学格局已经不适合学校迅速发展的需要。小学一年级新生达 1000 余人,其他每个年级都拥有五六百人,教职员工达二百余人,中、小学生累计达到四千余人,学校已发展成为南昌市第一大规模学校。中小学继续在一起办学已不适宜,为此,厂领导及时对学校组织机构做出调整,正式成立"洪都机械厂职工子弟学校(中学部)"，同时决定中、小学分开办学，中学部搬出至洪都工学院学校校舍（现洪都中学）。小学部分成两个小学，分别成立洪都一小、洪都二小。洪都一小校长金玉英，副校长熊政文；洪都二小校长郭勋渭，副校长黄时健。中小学仍属一个党支部，小学部重大工作要报告给中学党支部和校长。此种组织管理形式一直维持至1968年小学部成立革命委员会，才完成正式分成中小学两部。

随着青年教师大量地进入到教师队伍，学校加大了新教师培养培训力度。首先，对他们加强了政治思想的领导，帮助他们熟悉业务，教育他们发扬刻苦钻研的精神，做好教学工作。对其中业务水平较低的教师，督促他们参加函授学习，或用以老带新的办法具体帮助他们。为了使教师在教学中充分发挥主导作用，不断提高教学水平，要求原有教师和新任教师都要继续在教学实践、社会实践、劳动实践、在职学习（包括政治理论和业务学习）和科学研究中，不断改造自己的思想，提高自己的学识和教学能力，使自己成为又红又专的人民教师。其次，为了进一步贯彻三个为主的原则（即学校以教学为主，教师以教书为主、教书以教师为主），学校党政领导分工深入教研组备课组，深入到教师和学生中，加强对教学工作的领导。党支部书记亲自担任政治教研组长，校长、副校长也分别兼任教研组长，以保证教学质量。第三，为了提高教学质量，以党支部为核心，成立了教研室，以便有力地领导领导各教研组，隔周举行一次科任教师与科任学生代表的联席会议，听取师生意见，研究教学中的重大问题。同时，用各种方式大力加强辅导工作，开展对学生补课，组织学生互助小组，推行小先生制等措施，推进教育目标的达成。

在广大少年儿童教育中，全面贯彻党的教育方针，大力开展读书活动，开展"毛主席是怎样学习的"、"做时间的主人"、"人人读几本好书"的主题活动，掀起一个"多读书、读好书、好好读书"的热潮。通过读书活动，教育他们懂得读书是获得知识的重要源泉，进而树立为祖国而学习的观念，并培养他们的读书兴趣和刻苦钻研、坚忍不拔的毅力，为获取丰富的知识而努力。同时，在少年儿童中开展了种植、除四害讲卫生、讲普通话、饲养四项活动，让少年儿童在力所能及的劳动中，受到教育和锻炼。

党支部书记：李定佐

第一小学校校长：金玉英

副校长：熊政文

教务主任：徐曼霞

教务副主任：黄才森、江雪琴

总辅导员：汪水仙

第二小学校校长：郭勋谓

副校长：黄时健

教务主任：黄才森

教务副主任：江雪琴

总辅导员：高克英

金玉英校长

四、1968—1977 年

1966 年"文化大革命"开始后,学校成立了"造反派"组织并且夺权,由此拉开了学校"文化大革命"的序幕。学校领导班子分别由军宣队、工宣队组成,直接归"厂革委会"管理,并得到当时的"厂革委会"认可。

为适应当时管理态势,学校实行分年级管理,按照部队连、排建制,即一个年级为一个营,每个教学班为一个排,三个排组成一个连,进行军事化管理。学生以"红小兵"、"红卫兵"身份参加社会活动,开展革命大批判,基础文化知识学习内容和学习时间受到很大的冲击,教师的教与学生的学基本处于涣散阶段,从而整整耽误了学生十年的最好的学习时光。

革委会主任：刘春林

副主任：熊政文、郭勋谓、杨炬、黄才森、黄玮

后调胡建中任学校革委会主任、熊靓任副主任

五、1978—1982 年

"文化大革命"结束后、学校恢复正常运作,厂党委决定两所小学合并,正

式成立"洪都机械厂洪都小学",学校实行党支部领导下的校长负责制。为消除"文革"对学校教育工作造成的破坏,重视教育,重视教师,恢复正常的教学,建立起必要的规章制度,提高教学质量,加强学生组织纪律教育,是学校的主要工作。通过思想教育、纠偏扶正焕发出了教师的工作热情,教师热心教育、精心施教蔚然成风,促使学校教育教学工作迅速回到正确的轨道上。同时,学校领导班子本着解放思想、团结一致向前看,充分调动教师积极性,坚持信任、尊重的原则,制定出各项规章制度,分别对学校领导、教师、学生做出了明确的规定:要求学校领导把主要精力放在教育教学上,既当指挥员,又当战斗员,坚持做到"四个一",即教好一门课、蹲点一个教研组、分管一个年级、抓好一个班级。学校把这些制度印发给每位教师,自觉接受群众监督。针对班级多、难管理的现状,学校在机制上进行了大胆的改革,设置学管处和教务处,有侧重、有针对性地抓教育和教学工作。进一步强化年级组管理制,将年级组、党小组、工会小组三组合一,以形成强有力的管理机制。同时、进一步强化了思想政治教育力度,开展"一对一、一对红"的帮扶活动,树立模范典型,促进一般,带动后进。

为提升学校教学质量,对参差不齐的学生学业成绩,分别提出了不同教学目标要求。在普遍提高学生学业水平的前提下,兼顾优秀学生和一般学生的接受能力,优秀学生的学业目标主要面向重点中学目标,一般学生则侧重基础知识的培养,反对用一把尺子衡量全体学生的做法。由于教学指导思想对路,各种不同层次的学生都有了不同程度的进步,整个学校呈现出重学习、守纪律、讲团结,敢拼搏的良好学风、校风。洪都小学的教育呈现出一派兴旺发达、人心思教的良好局面。为了有效地做好"后进生"的挽救工作,学管处创立"帮教"制度,帮助那些在思想上、行动上犯有各种严重错误的学生,将他们从违纪违法的边缘拉回来,这种帮教制度进而发展成为一个优良传统,为扭转校风校纪,创立良好的学风,营造良好的学习氛围发挥了很大的作用。

面对大批量的新教师进入学校,为提高教师专业素质,打造一支合格的教师队伍,学校领导在教师培养方面,采取以下几项措施:

1."师带徒"。开展师徒结对,指定一部分教学经验丰富的老教师教、带青年教师,让他们迅速适应教育教学工作的需要。青年教师以三年为期限,达到熟悉教学大纲、教材内容,熟练地掌握教学过程所需要的业务能力。

2.“熟带生”。指定长年从事教学工作的老教师,通过集体备课的形式,抓住教育教学的重点、难点问题开展集体备课,要求所有任教老师做到“三备二先”。“三备”即“备教材、备学生、备教法学法”;“两先”即要求教师自己钻研在先,阅读参考资料在后;个人准备在先,集体讨论在后,促使每个教师自己学习掌握教材。然后通过集体备课,集思广益,发挥集体的智慧,使初到者迅速融入这个集体,在教学上少走弯路,能较好地把握重点、难点关,进而普遍地把握好教学质量。

3.“老教师引路”。为给青年教师起示范作用,学校要求老教师对自己的课,不仅要上得精彩,起示范作用,还要成为青年教师模仿的典范,这样无形中给老教师在身心上增加了很大的压力。但是,学校一批老教师,以高尚的品格,为青年教师做出了榜样,他们总是细心地指导新教师如何备课、上课,甚至自己先行讲授,在前面示范,让青年教师有个听课、反思过程,再让青年教师修改自己的教案。

4.开展“示范课、公开课”竞赛。为整体提高教师的教学能力,教务处定期组织教师开展“岗位练兵”活动,通过汇报课、示范课、公开课的形式,为每个教师提供展示平台,促进教师相互学习,开展评教评学,进而达到广大教师迅速提升教学能力和教育水平的目标。

实践证明,这些举措使学校青年教师迅速成长起来,使他们都能独立地承担起教育教学任务,并成为学校教学骨干。

党支部书记:郭勋谓

校长:金玉英

副校长:黄时健、施寿祖

郭勋谓书记

教务主任：徐曼霞、曹凤南、汪水仙

教务副主任：万益显、杨荣华

校办主任：张莹（兼工会主席）、魏艳香

总务主任：张其寿

六、1983—1986 年

按照中央文件精神，南昌飞机制造公司开始在中小学校实行校长负责制，以加强校长责任制。

1983 年，邓小平同志提出"教育面向现代化、面向世界、面向未来"的教育思想。为切实贯彻"三个面向"的教育思想，学校组织教职员认真学习，端正办学思想，转变教育观，加强了理想教育，纠正片面追求升学教育的问题。为此，学校开展了"向课堂 40 分钟"要质量教学竞赛活动，并引进邱学华数学教学"四个当堂"教学法，以提高教学质量，减轻学生课业负担。"四个当堂"，即"教师当堂完成教学目标、当堂检测教学目标，学生当堂达成学习目标、当堂完成作业"。通过教育探索与实践，有效地提升了课堂教学效果。

学校足球活动蓬勃开展，参加南方十省、市比赛多次荣获冠、亚军，使小足球活动走向了全国。航模小组在 1976—1986 年的十一年中，参加南昌市航空模型比赛，十次获团体总分第一，一次第二名。航模比赛连续 8 年获市团体总分第一。

被评为福州军区、江西省军分区"军民共建"先进单位

为加强以共产主义思想为核心的理想教育，在全校开展"五讲四美三热爱"活动，成立了"五讲四美三热爱"（五讲：讲文明、讲礼貌、讲秩序、讲道德、

南方十省市"少先杯"小足球邀请　合影

讲卫生;四美:心灵美、语言美、行为美、环境美;三热爱:热爱中国共产党、热爱社会主义、热爱祖国)活动办公室,广泛地开展"五讲四美三热爱"创文明单位活动。学校师生走出学校、走上街头,开展形式多样的改变环境、净化思想的社会实践活动。学校被市教委、厂团委评为"五讲四美三热爱"先进集体。

学校还在少先队员中开展"向英雄少年赖宁学习"活动;组织开展向解放军叔叔学习,并与驻厂警卫团八中队开展"军民共建"活动,他们派出校外辅导员协助学校培训小干部,帮助组建"少年军校",开展军事训练,成效显著,双方单位被评为福州军区、江西省军分区"军民共建"先进单位,获得了很好的社会声誉。表彰大会在厂第一招待所礼堂隆重举行,省军区、南昌军分区领导、厂党委书记李金瑞、厂长姜亮参加会议,徐曼霞校长在大会作了专题经验介绍。1990年,学校被中共南昌市委、南昌市人民政府评为"学校德育先进集体"、"精神文明建设先进单位"。

校长:徐曼霞

副校长:曹风南、万益显、魏艳香

党支部书记:郭勋谓

工会主席:蔡和娣

教务主任:汪水仙

教务副主任:徐宏、王丽珍、符明辉

徐曼霞校长

总务主任:张其寿

总辅导员:

七、1987—1994 年

1993 年,学校在一年级开始使用九年义务教育新教材,为提高教师对新教材的理解,在语文课教学上率先采纳了外地先进的"说课"制,在教学方法上推行"动手操作法"、重视"语言训练"教学法。

在管理方面,学校按照公司普教处的要求,积极推行"管理上台阶、质量上目标、学校上水平"三上工作。学校领导全心全意抓质量,做到"三坚持,三个一",即坚持兼课、听课;坚持深入一个教研组,抓好典型,以点带面;坚持每月召开一次行政会,专门研究教学工作;带一名徒弟,上一次示范课,写一篇关于提高教育质量的经验总结论文。学校广泛开展练好教学基本动活动,分别举行高级教师"优质课展示赛",青年教师"新秀杯"竞赛,一级教师以下教师"上台阶、攀新高"练兵赛。"三上"活动使整个教师队伍在不同程度上有了很大的提高。

少先队是学校学生最基层的组织。为最大限度地发挥少先队的作用,增强少先队的活力,有效地体现少先队自己特有的教育功能,学校按照"兴趣相近、自愿结合"的原则,组建了各种兴趣活动队,以丰富学生课余生活。队员们按照自己的意愿组成的新型小队,然后学校正面引导,开展生动活泼的创造性的活动。一时各种类型的小队可谓百花齐放,不拘一格。如

文艺方面:百灵歌咏队、孔雀舞小队、哆睐睐电子琴小队、手风琴小队、小提琴小队、口琴小队、二胡小队等。

体育方面:有松鼠踢跳小队、田径队、球类小队、武术小队、棋类小队等。

科技方面:有航模小队、小制作小队、生物小队、气象小队,农技小队、数学爱好者小队等。

美术方面,有书法小队、美术小队,泥塑小队、雕刻小队等。

文学方面:有通讯员小队、朗诵小队,故事大王小队,创作小队等。

新型小队的活动具有不同特色,为广大队员所喜闻乐见。各小队在辅导员引导下,开展了各种有益身心健康的校外活动,如成立小队之家、开展"护路小

联哨兵"、"送温暖"、慰问军烈属、为民服务、参观访问、考察游历等活动,极大地丰富了学生学校生活,锻炼了才干,增长了知识。为增强学生对活动的认识,并进一步调动他们的积极性,学校每年举行一次全校性的教育成果展示和艺术节,为他们搭建展示自己、表现自己的机会。而学校大阵容、大气魄的鼓号队、腰鼓队在参加省、市比赛中,分别获第一、二名,充分展现出学校的气势。

与此同时,随着计划生育政策的实施,成批量的独生子女进入到学校,学生思想教育问题已成为学校教育的新课题。为加强家庭教育和学校教育的有效结合,学校从1986年起建立家长委员会,开展家庭教育工作培训学习,举办各种形式的教育孩子的知识讲座,包括独生子女的家庭教育问题、学习方法、行为习惯养成教育、劳动教育、道德教育等课题。学校在家长中开展"我做孩子好榜样"活动。随着家庭教育活动的广泛深入地开展,得到了广大家长的广泛的认同和热情支持,并逐渐改变了原有家教方式,家教水平和家教方式有了显著的变化,学生综合素质得到有效的提升,形成很好的尊师重教、爱生爱教、勤学守纪、积极向上的精神面貌。为此,学校先后被评为南昌市厂办学校"家庭教育工作先进单位"、共青团江西省委、江西省教育委员会创"三优"少先队先进集体、共青团江西省委"红领巾单位"、被全国少工委评为全国少年儿童"心中有祖国、心中有他人"先进集体。

校长:曹凤南

党支部书记:徐曼霞

副校长:魏艳香、卢昭艳、徐宏、符明辉

工会主席:张海金

教务主任:王丽珍、徐瑞珍、奚蔚燕

总务主任:张其寿

总辅导员:蔡美华

八、1994—1998 年

根据中央文件要求,企业实行全面改制,原"南飞公司"更名为"洪都集团公司"。学校主要领导按照副处级岗位配置,副职按照科级设置。这时,学校

生员近 4000 余人,六、七十个教学班,成为
省、市大规模小学。为探索大型学校管理方
式,大面积提高教学质量,学校着力抓了教学
常规的建立与实施,采取领导与群众管理相
结合的方法,从备课、上课、教研活动三个方
面入手,进一步完善了有关制度。

备课制度。根据学校年级平行班多的特
点,坚持个人—备课组—教研组三个层次的
备课制度,保证了每周两小时的集体备课时
间。其中个人备课要求做到五个明确:教学
目的、要求明确,教材难点、重点明确,教学过
程明确,板书设计明确,作业布置明确。集体

曹凤南校长

备课也要求做到二个明确:教学大纲、教材、内容明确,中心发言人明确。这
最大限度地促使了教学目标的基本达成。

上课制度。要求教师上课坚持"一遵守、两讲制",即严格遵守按时上下
课制,确保有效教学时间;严格"四十分钟效益",讲学法、讲重点和难点,确保
教学目标的完成。

为强化"上课"这个重点环节,又制订了几项细则:上试验课制度、听课制
度、评课制度、说课制度、研讨会制度、校级研讨课制度、外出学习制度、征文
制度。为使这些制度发挥其管理作用,学校从教学管理系统下功夫,实行分
级管理,层层负责,环环把关。学校强调领导深入一线,每人负责抓一条线
(一个学科),一个点(一个年级),一项专题(一项实验课题);强化教学工作
的督导,看教案、看作业、开学生座谈会,从中发现问题,及时纠偏。通过上述
举措,有效地促进了教师备课、上课、教研工作。学校被南昌市教育委员会评
为"南昌市课堂教学观摩展示活动综合优胜学校",被中共江西省委宣传部、
江西省教育委员会评为"爱国主义教育先进学校"。

同时,学校认真贯彻国家《关于落实小学生每天一小时体育锻炼时间的
规定》和《条例》,广泛开展全员达标活动。学校从中选拔了出具有体育天赋

的苗子,组成田径队、乒乓球队,足球队等。这些队员经过刻苦训练,在南昌市运动会上,都取得了很好的成绩。1994 年度小足球赛荣获市甲组冠军;1994 年在南昌市田径运动会上,荣获团体总分第四名;乒乓球队荣获女子组第二名,为省、市

公司领导看望学生

体校输送了 36 名运动员。在青云谱区学校体育达标检查中达标率 100%、良好率 56%,优秀率 32%,学校被评为"市体育达标工作先进单位",被南昌市教育委员会、南昌市体育运动委员会评为"南昌市第二届小学生童星杯体育节学校体育先进单位",被南昌市体委、南昌市教委命名为"南昌体育传统项目学校",被江西省体育运动委员会授予"全省群众体育先进集体"称呼号。学校被评为 1996—1997 年度南昌市"文明单位"。自 1983 年开始,学校连续 11 年被评为省、市少先队先进集体,两个中队被评为"全国红旗中队",学校大队评为"全国红旗大队",学校成为首批荣获"全国雏鹰"大队称号的学校。

校长:魏艳香

副校长:徐宏、王丽珍,卢昭艳,奚蔚燕

党支部书记:张海金、万益显

工会主席:蔡美华

总辅导员:王震宇

教务主任:张淑民、

教务副主任:吴胜友、杨根英、黄云

魏艳香校长

总务主任:邵传惠、蔡菊梅、魏长金

九、1998—2000 年

为提升学校教育科研能力,提高教师的教育科研水平,学校从 1997 年起参加江西省质量局 QC 质量协会开展的质量年活动。学校语文教研组先后承担了三个国家级课题,本着培育教师,提升教育质量展开研究活动。三个国家级课题是:1997—1998 年"开拓思路,培养学生遣词造句能力",1998—1999年"课内外结合,培养学生独立阅读能力",1999—2000 年"从激发学生兴趣入学手,提高作文整体水平",并连续获得国家级优秀课题一等奖。语文教学QC 小组被中国质量协会等四个部门命名为"一九九九年全国优秀质量管理小组"。通过课题研究活动,培养出一批优秀教师,并发展成为学校的骨干教师、名师,推进了整个学校教育科研氛围。江西省质量管理局副总经理王建勤、省国防工办王处长、省质协高级工程师王克林亲临学校为课题组颁奖。

为增强学生生活能力,学校根据独生子女学生的实际,不断地探索学生思想政治教育工作新思路,先后开展了系列的"爱国主义教育"、"争当小主人"、"热爱科学"、"热爱劳动"、"文明礼貌"等教育活动。

活动中,学校根据不同学生年龄的特点,分别对小学高年级的学生进行"热爱劳动,爱护公物"的教育,对劳动教育提出了具体的要求,并根据其生理年龄特点,明确了劳动要从简单的自理性、服务性劳动向较复杂的技巧性、生产性劳动过渡,并使劳动逐步成为少年儿童的义务。由学校组织、家庭实践、学校强化的劳动锻炼活动,为提高学生参加劳动的自觉性和创造性,造就社会主义新型劳动者的奠定了基础。

在小学生中开展劳动能力的培养锻炼,主要取决于学校在办学过程中是否全面贯彻执行党的教育方针,是否把"升学教育转到为当地经济建设服务"这一轨道上来,是否从大多数学生将来切身利益来考虑。为此,学校领导班子从学校培养目标出发,从社会需求出发,认为他们中的主体力量将来都是社会主义建设的普通劳动者。从小养成热爱劳动,尊重劳动成果和劳动人民的习惯,是学校教育必不可少的一环。而小学劳动,则主要是培养学生的劳动观念、养成尊重劳动,勤于劳动,乐于劳动的思想基础;具备一定的劳动知识,手脑并用的劳动技能。追寻的是劳动过程的体验,并非劳动的成果多少。劳动的内容主要包括:编织、缝补、家务、种植、饲养、制作、节俭等七个方面的训练项目。主要途径和活动形式有:

(1)在手工劳动中进行培养:手工劳动是教学计划中设的一门新课,它能促进学生智力的发展,训练学生灵巧的双手和手脑并用的能力,养成创造性劳动的习惯。引导高年级学生学习编织技法、练就缝纫技能、掌握刺绣技巧;创造条件组织学习简单的木工、竹工、泥工技术。为配合手工劳动教育,学校举行了模型设计或制作比赛,手工操作现场会或手工劳动成果展览会等。

(2)在自我服务性劳动中进行培养:自我服务劳动是指照料自己的生活、保持环境整洁的劳动。学校要求学生在家洗涮生活用品、打扫家庭卫生,做饭炒菜等等,有责任关心家里的一切事情,自己能做的事情自己做,不能依赖大人;在学校不只是为自己服务,还应为自己生活的集体服务,为同伴们服务,培养关心集体、关心他人的好品质和天天劳动、生活自理的习惯。家庭配合开展"小厨师献艺"、"小小美容师"、"红领巾理发店"、"生活自理"等活动。

(3)在生产劳动中进行培养:学校为此创造条件,开辟了学农基地,利用学校植物园,引导学生学习种树、育苗、种菜或其他农作物,在家开展饲养鸡鸭小动物。在生产劳动中培养种植小能手、养殖小能手、节俭小能手。为此、学校定期举行劳动成果展示汇报会,展示学生的劳动成果。因此,学校评为中共南昌市委宣传部、南昌市教育委员授予"南昌市德育示范学校"。

校长:万益显

副校长:徐宏、王丽珍、奚蔚燕

党支部书记:蔡美华

工会主席:范兆宏

总辅导员:王震宇

教务主任:张淑民

教务副主任:吴胜友、杨

万益显校长

根英、黄云

总务主任:邵传惠、魏长金

十、2001—2009 年

2002 年,洪都集团公司根据企业转制的要求,将长江小学与洪都小学合并,统一合并称"洪都小学",从而使学校规模进一步扩大,生员增长到 5000 余人,发展成基础教育超大规模学校。根据素质教育发展规律,提出了创建"平安校园、书香校园、生态校园、数字校园、文明校园、人文校园"的办学思路。在教学上,积极推进新课程改革和探索,开展了多种形式的教学研究,其中全国教育"十五""十一五"教育部规划课题,"趣味识字,享受阅读,快乐习作,提高学生自主学习能力"的系列研究,既提高了学校教育教学质量,又培养造就一批科研型教师队伍,促进了学校教师爱教善教的教学风气的形成。在管理上,针对学校规模大的特点,审时度势,率先开辟了"大年级小学校"这一新型管理模式,积极探索"管理下移,服务上升"这一有效管理方法,致力于学校向规模效益型发展、内涵式发展。为改善办学条件,解决教学面积不足、大班额的状况,在洪都集团公司的大力支持下,新建了一栋 5 层高 1200 平方米的教学楼,改建了一个标准的塑胶操场,构建了一套校园网络信息系统,完善了一个学校规章制度体系,使学校迈上了现代化、规范化、信息化的高速发展轨道。为此,航空部基础教育协会先后两次组织全国航空系统基础教育学校校长来校参观交流教学管理、德育工作,高效的管理、优质教学质量使洪都小学先后被评为"中国航空工业基础教育先进单位"、"全国中小息技术创新实践活动先进集体"、建设中的"义务教育阶段省级示范学校"。

2005 年根据国办[2005]号文件精神,洪都集团将洪都小学移交南昌市青云谱区政府管辖,使学校回归到政府教育行政部门管理。

校长:孙以琼

党支部书记:奚蔚燕

副校长:饶晓红、王永生、周蕊

工会主席:王震宇

校长助理:朱婷

校办主任:胡育清
(陆田汉、胡宝卫曾任)

总辅导员:何玲(万
夕昆曾任)

教务处主任:朱婷
(兼)

教务处副主任:范兆
宏、周卫民

孙以琼校长

总务处主任:陈本昌

总务处副主任:胡卫民

教研处主任:李明亮

教研处副主任:徐蓉

信息处主任:杨贤炫

十一、2010 年—至今

校长:刘红英

党支部书记:龚春兰

副校长：王永生、
周蕊

工会主席:王震宇

校长助理:朱婷

校务处主任:万志明

校务处副主任:熊
静、黄云

刘红英校长

教务主任:徐蓉

教务副主任:胡雯、周志强、戴良印、范兆宏

学管处主任:万夕昆(李明亮曾任)

学管处副主任:赵莉雅、吴建强

总务处主任:陈本昌

总务处副主任:喻慧平、刘扬琴、何红兰

信息处主任:杨贤炫

信息处副主任:范有娣

工会副主席:叶昌锋

校团支部书记:陈璐嵘

总辅导员:陈璐嵘(兼)

附录 2 南昌市洪都小学近年来获奖情况

序号	获奖时间	授奖单位	表彰奖励内容（名称）
1	2014 年 9 月	青云谱区加快教育 事业发展领导小组	2013—2014 学年度为 青云谱区教育争光单位
2	2014 年 6 月	中国航空学会	全国航空特色学校示范学校
3	2014 年 5 月	南昌市教育局	南昌市首批中小学文化魅力校园
4	2014 年 4 月	南昌市普法教育领导小组	2011—2013 年全市 普法教育工作先进单位
5	2014 年 2 月	江西省教育工会	全省教代会制度建设工作先进单位
6	2014 年 1 月	江西省教育学会 音乐教育专业委员会	电子琴基础教育课型 创新意义研究实验基地
7	2014 年 1 月	南昌市教育局	赣剧新苗大奖赛优秀剧目奖
8	2014 年 1 月	南昌市教育局	赣剧进校园推广组织奖
9	2014 年 1 月	中共南昌市纪委、监察局	2014－2016 廉政文化建设示范点
10	2014 年 1 月	江西省教育学会 音乐教育专业委员会	电子琴基础教育课型创新意义 研究实验基地
11	2014 年 1 月	南昌市教育局	赣剧新苗大奖赛优秀剧目奖
12	2014 年 1 月	南昌市教育局	赣剧进校园推广组织奖
13	2013 年 12 月	江西省教育厅	江西省校园文化特色学校
14	2013 年 12 月	南昌市青少年 校园足球活动领导小组	优秀组织奖
15	2013 年 12 月	南昌市青少年 校园足球活动领导小组	南昌市青少年校园足球小学组 二等奖
16	2013 年 11 月	南昌市教育局	南昌市"我们的节日—中秋" 经典诵读小学组优秀奖
17	2013 年 9 月	青云谱区 加快教育事业发展领导小组	为区争光先进单位一等奖
18	2013 年 9 月	青云谱区教科体局	青云谱区教学常规管理优秀学校
19	2013 年 7 月	江西省体育局	江西省青少年航空航天车辆模型 活动重点单位

序号	获奖时间	授奖单位	表彰奖励内容（名称）
20	2013 年 7 月	江西省青少年航空航天模型锦标赛大会组委会	江西省青少年航空航天模型锦标赛小学组综合团体第一名
21	2013 年 7 月	江西省青少年航空航天模型锦标赛大会组委会	江西省青少年航空航天模型锦标赛体育道德风尚奖
22	2013 年 7 月	青云谱区第四届校园文化特色展示周组委会	校园文化周特色展示专场一等奖
23	2013 年 7 月	青云谱区第四届校园文化特色展示周组委会	校园文化周朗诵专场一等奖
24	2013 年 7 月	青云谱区第四届校园文化特色展示周组委会	校园文化周校园剧专场一等奖
25	2013 年 7 月	青云谱区第四届校园文化特色展示周组委会	校园文化周阳光体育专场二等奖
26	2013 年 7 月	青云谱区第四届校园文化特色展示周组委会	校园文化周舞蹈专场一等奖
27	2013 年 6 月	江西省教育科学研究所江西省家长函授学校	家长函授学校"先进教学点"
28	2013 年 6 月	中共南昌市委、南昌市政府	南昌市第十四届文明单位
29	2013 年 5 月	南昌市妇女联合会	《飞得更高》获南昌市庆六一少儿才艺大赛特等奖
30.	2013 年 5 月	江西省教育厅课题基地办、科教部、教育部	江西省中小学校内涵式发展研究与实验基地
31	2013 年 4 月	体育总局航管中心	全国科技体育传统校
32	2013 年 3 月	江西省教育厅	江西省普通小学一级图书馆
33	2013 年 2 月	南昌市教育局	南昌市"中华经典诵读－豫章诵"小学组一等奖
34	2013 年 1 月	青云谱区教育学会	青云谱区第十八届年会团体一等奖
35	2013 年 1 月	青云谱区教科体局	青云谱区第四届科技节优秀组织奖
36	2012 年 12 月	南昌市教育局	南昌市青少年科技教育基地
37	2012 年 12 月	中共青云谱区纪律委员检查会青云谱区监察局	青云谱区廉政文化建设示范点
38	2012 年 12 月	南昌市教育局	南昌市教育系统首届教职工运动会小学组团体第七名
39	2012 年 12 月	南昌市教育局	南昌市第四届中小学生幼儿科技节海模竞赛团体第一名

序号	获奖时间	授奖单位	表彰奖励内容（名称）
40	2012 年 12 月	江西省教育厅	江西省"暑假读一本好书" 优秀组织奖
41	2012 年 12 月	中国教育学会外语教学专业委员会	"新课标形势下小学英语网络作业 形式探究"十二五课题实验基地
42	2012 年 11 月	南昌市教育局	南昌市德育工作先进单位
43	2012 年 11 月	南昌市青少年校园足球 活动领导小组	南昌市青少年校园足球联赛 优秀组织奖
44	2012 年 11 月	南昌市青少年校园足球 活动领导小组	南昌市青少年校园足球联赛一等奖
45	2012 年 11 月	青云谱区教科体局	区中小学田径运动会小学组第二名
46	2012 年 10 月	共青团南昌市委、南昌市教育局	全市中小学"心系雷锋薪火相传" 主题书信活动组织奖
47	2012 年 10 月	南昌市体育局	南昌市群众体育先进单位
48	2012 年 9 月	南昌市政府、南昌市教育局	南昌市名校
49	2012 年 9 月	区教育事业发展领导小组	为青云谱区争光先进单位一等奖
50	2012 年 9 月	江西省教育厅教研室	江西省小学课堂教学有效性 整体推进改革首批研究基地
51	2012 年 8 月	中国航空学会	校本教材《航空梦飞无垠》在全国 航空科普教育校本教材评选活动 中获优秀表现形式奖
52	2012 年 8 月	中国航空学会	校本教材《航空梦飞无垠》在全国 航空科普教育校本教材评选活动 中获三等奖
53	2012 年 8 月	江西省体育总局	江西省青少年航空航天模型锦标赛 小组第一名优秀组织奖
54	2012 年 7 月	教育部中国教师发展基金会	全国特色学校
55	2012 年 6 月	南昌市宣传部、南昌市教育局	南昌市庆六一少儿文艺演出一等奖
56	2012 年 6 月	江西省家长函授学校	省级函授学校先进教学点
57	2012 年 3 月	中国航空学会	全国航空特色学校
58	2012 年 2 月	中央电视台"希望之星" 英语风采大赛南昌组委会	江西赛区优秀组织奖
59	2012 年 1 月	青云谱区教育科技体育局	2011 年度区教体系统信息宣传工作 先进单位
60	2011 年 12 月	青云谱区教育科技体育局	青云杯教学竞赛团体一等奖

序号	获奖时间	授奖单位	表彰奖励内容（名称）
61	2011 年 12 月	江西省教育厅	2011 年"暑假读一本好书"活动优秀组织奖
62	2011 年 12 月	南昌市委宣传部、文明办南昌市教育局、团市委	2011 年全市青少年学生"纪念建党九十周年"主题读书活动"组织工作先进单位"
63	2011 年 12 月	青云谱区教育科技体育局	青云杯教学竞赛团体一等奖
64	2011 年 11 月	中央电化教育馆、中国教育电视协会	宣传片《发现洪小》获专题银奖
65	2011 年 11 月	南昌市教育局、体育局	市青少年校园足球活动一等奖
66	2011 年 11 月	南昌市教育局、体育局	南昌市青少年校园足球活动优秀组织奖
67	2011 年 9 月	区加快教育事业发展领导小组	区级语文名科
68	2011 年 9 月	区加快教育事业发展领导小组	区级数学名科
69	2011 年 9 月	南昌市教育局	市"喜迎建党 90 周年"歌咏比赛小学生组一等奖
70	2011 年 9 月	南昌市教育局	市"喜迎建党 90 周年"歌咏比赛小学教师组一等奖
71	2011 年 8 月	区加快教育事业发展领导小组	区校园文化展示周课本剧《下雨咯》专场一等奖
72	2011 年 8 月	区加快教育事业发展领导小组	区校园文化展示周《炫舞》阳光体育专场三等奖
73	2011 年 8 月	区加快教育事业发展领导小组	区校园文化展示周合唱专场一等奖
74	2011 年 8 月	区加快教育事业发展领导小组	区校园文化展示周闭幕式暨特色展示专场一等奖
75	2011 年 8 月	区加快教育事业发展领导小组	区校园文化展示周优秀组织奖
76	2011 年 8 月	南昌市市委宣传部	南昌市德育示范校
77	2011 年 8 月	南昌市教育局	2010－2011 学年度市网上家庭教育工作先进集体
78	2011 年 8 月	青云谱区人民政府	全区"五五"普法教育先进单位
79	2011 年 7 月	中国关工委华夏青少年文化交流中心	"中港两地情青少年文艺交流"艺术教育先进单位
80	2011 年 7 月	国家体育总局	第十三届"飞向北京—飞向太空"全国青少年航空航天模型竞赛金奖
81	2011 年 6 月	青云谱区委	先进基层党组织

序号	获奖时间	授奖单位	表彰奖励内容（名称）
82	2011 年 5 月	区科学技术协会	青云谱区科普示范学校
83	2011 年 5 月	中央电视台"希望之星"英语风采大赛南昌组委会	2011 年度中央电视台"希望之星"英语风采大赛"最佳组织奖"
84	2011 年 2 月	省教育学会教育管理专业委员会	首届省人民最尊敬的十大校长
85	2010 年 12 月	江西省教育厅	全省中小学"素质教育月"活动先进单位
86	2010 年 12 月	南昌市教育局	南昌市中小学实施素质教育工作示范学校
87	2010 年 12 月	中央电化教育馆、中国教育电视协会	作品《童心飞翔》获"校园文艺"类铜奖
88	2010 年 12 月	中央电化教育馆、中国教育电视协会	作品《我爱校园,我爱老师,我爱万花筒》获"教育教学"类金奖
89	2010 年 12 月	青云谱区教育学会	青云谱区教育学会第十七界年会论文评比"团体一等奖"
90	2010 年 12 月	南昌市教育局、体育局	南昌市第四届中小学生幼儿体育节（足球比赛）小学组第二名
91	2010 年 12 月	中共南昌市市委、南昌市市政府	南昌市第十三届(2009 - 2011 年度)南昌市文明单位
92	2010 年 12 月	南昌市教育局	南昌市图书馆管理先进单位
93	2010 年 12 月	江西省教育厅	江西省中小学实施素质教育工作示范学校
94	2010 年 11 月	青云谱区教育科技体育局	2010 年青云谱区中小学田径运动会"体育道德风尚奖"
95	2010 年 11 月	青云谱区教育科技体育局	青云谱区中小学田径运动会团体总分（小学组）"第二名"
96	2010 年 9 月	青云谱区教育局	为青云谱区争光先进单位
97	2010 年 9 月	南昌市青少年校园足球领导小组	南昌市青少年校园足球联赛优秀组织奖
98	2010 年 9 月	南昌市青少年校园足球领导小组	南昌市青少年校园足球联赛一等奖
99	2010 年 7 月	全国中小学信息技术创新与实践活动组织委员会	2010 年"全国中小学信息技术创新与实践活动"示范学校
100	2010 年 6 月	江西省教育厅	省学校阳光体育先进单位
101	2010 年 6 月	青云谱区科技教育体育局青云谱区安监局	2010 年青云谱区"小手牵大手,安全进万家"征文比赛优秀组织奖
102	2010 年 6 月	南昌市教育局	南昌市依法治校示范校

序号	获奖时间	授奖单位	表彰奖励内容（名称）
103	2010 年 5 月	江西省电子学会	第十九届中国儿童青少年威盛中国芯计算机表演赛（江西赛区）优秀组织奖
104	2010 年 3 月	南昌市教育局	市科技节科技教育先进集体
105	2010 年 1 月	江西省教育厅	全省教育系统"创新发展年"活动先进单位
106	2008 年 2 月	南昌市综治委	南昌市平安学校
107	2007 年 12 月	江西省教育厅	江西省人民群众满意学校
108	2006 年 1 月	江西省体育局	江西省群众体育先进单位
109	2005 年 9 月	江西省教育厅	江西省体育项目（足球）传统学校
110	2004 年 11 月	江西省教育厅	首批义务教育阶段省级示范学校

图书在版编目(CIP)数据

编织梦想的翅膀:洪都小学蓝梦文化特色办学研究
与探索/刘红英编著.—南昌:江西人民出版社,2015.4
ISBN 978 - 7 - 210 - 07203 - 4

Ⅰ.①编… Ⅱ.①刘… Ⅲ.①小学—办学经验—南昌
市 Ⅳ.①G629.285.61

中国版本图书馆 CIP 数据核字(2015)第 074870 号

编织梦想的翅膀

洪都小学蓝梦文化特色办学研究与探索

编著　刘红英
责任编辑:王醴颉
书籍设计:杨贤炫
出版:江西人民出版社
发行:各地新华书店
地址:江西省南昌市三经路47号附1号
学术出版中心电话:0791 - 86898983
发行部电话:0791 - 86898815
邮编:330006
网址:www.jxpph.com
E - mail:web@ jxpph.com
2015 年 4 月第 1 版　2015 年 4 月第 1 次印刷
开本:787 毫米×1092 毫米　1/16
印张:18.75
字数:350 千字
ISBN 978 - 7 - 210 - 07203 - 4
赣版权登字—01—2015—203
版权所有　侵权必究
定价:68.00 元
承印厂:南昌市红星印刷有限公司
赣人版图书凡属印刷、装订错误,请随时向承印厂调换